数字政府

DIGITAL GOVERNMENT

王益民 ◎ 著

中共中央党校出版社

图书在版编目（CIP）数据

数字政府 / 王益民著. -- 北京 ：中共中央党校出版社，2020.4（2020.9 重印）

ISBN 978-7-5035-6682-0

Ⅰ. ①数… Ⅱ. ①王… Ⅲ. ①电子政务—研究 Ⅳ. ① D035-39

中国版本图书馆 CIP 数据核字（2020）第 018850 号

数字政府

策划统筹 李 云
责任编辑 王玉兰
版式设计 苏彩红
责任印制 陈梦楠
责任校对 马 晶
出版发行 中共中央党校出版社
地　　址 北京市海淀区长春桥路 6 号
电　　话 （010）68922815（总编室）　（010）68922233（发行部）
传　　真 （010）68922814
经　　销 全国新华书店
印　　刷 北京盛通印刷股份有限公司
开　　本 700 毫米 ×1000 毫米　1/16
字　　数 238 千字
印　　张 16
版　　次 2020 年 4 月第 1 版　2020 年 9 月第 3 次印刷
定　　价 78.00 元

网　　址： www.dxcbs.net　**邮　　箱：** zydxcbs2018@163.com
微 信 ID： 中共中央党校出版社　**新浪微博：** @ 党校出版社

代　序

推动政府数字化转型
引领经济社会高质量发展*

王钦敏

坚持以习近平新时代中国特色社会主义思想为指导，深刻把握电子政务发展趋势，统筹推进国家电子政务工作，推动政府数字化转型，引领经济社会高质量发展，是落实“网络强国”战略，加快建设“数字中国”的必然要求，是全面深化改革，以信息化推进国家治理体系和治理能力现代化的重要途径。

党的十八大以来，以习近平同志为核心的党中央高度重视网信事业发展，主动回应人民群众日益增长的对政府治理多元化、综合性、高质量的新要求，提出了新时代网络强国战略，做出了建设“数字中国”的决策部署。各地各部门大力推行电子政务，推动政府数字化转型：中央网信办牵头开展国家电子政务综合试点，为破解制约电子政务发展体制机制积累可复制、可推广经验；国办牵头开展“全国一体化在线政务服务平台”和“互联网＋监管平台”建设，为老百姓和企业办事提供跨部门、跨地区、跨层级的一体化政务服务；发改委

* 节选自十二届全国政协副主席、国家电子政务专家委员会主任王钦敏在 2019（第十四届）中国电子政务论坛上的主题报告。

牵头开展中央部门政务信息系统整合共享工作，以促进政务信息资源整合共享和业务协同。各地围绕有效支撑“放管服”改革和营造良好的营商环境，深入推进“互联网＋政务服务”，形成良好工作格局，特别是广东、江苏、浙江、上海、贵州等先行地区，分别开展“数字政府改革”“不见面审批”“最多跑一次改革”“一网通办”“集成套餐服务”等各具特色的探索，为全国其他地区推进政府数字化转型积累了可复制、可推广的经验。

当前，机遇与挑战并存，成绩与问题同在。这就要求我们在以下几个方面下更大功夫，统筹推进我国电子政务建设和发展。

一是更加重视自主可控的关键技术研发，牢牢地掌握自己的“命门”。习近平总书记指出核心技术是我们最大的“命门”。要坚持国家整体安全观，发挥我国制度优势与巨大市场潜力，处理好自主与开放、政府与市场的关系，加快自主可控的关键技术研发，提高我国新技术产业的整体能力和国际竞争力。建议相关部门要在符合法规规定、保障信息安全的前提下解放思想、大胆尝试、勇于探索，在电子政务领域不断创新、取得突破；建立并完善新装备、新技术在电子政务应用的风险评估机制，加大新装备、新技术在电子政务建设中的创新应用，推动技术创新与公共治理变革深入融合，牢牢地掌握自己的核心“命门”，筑牢我国电子政务发展和数字政府建设的“地基”。

二是以“全国一盘棋”的全局思维、系统思维统筹推进电子政务。将国家电子政务发展置于加强和改善党的执政能力和领导水平、全面深化行政体制改革的全局来统筹考虑，大力推行电子政务，加强信息能力建设，推动政府数字化转型。以服务为导向，构建面向电子政务发展的全面、客观、科学的测定、监管及评价体系，形成安全可靠、共建共享、无缝对接的电子政务应用服务系统。以共享和集约化利用为导向，打通信息壁垒，构建全国公共信息资源共享体系；推进基础设施集约化利用，理顺垂直系统建设的行业云和横向的地方区域云之间的关系，消除政务数据整合汇聚、跨机构流程优化等方面存在的障碍。加强国家电子政务重大项目建设的管理体制建设，完善国家电子政务重大项目建设经费分配和使用制度，统筹电子政务技术标准和管理规范，避免各自为政、重复建设和资源浪费。

三是以“互联网 +”为牵引，加快推动政府数字化转型。坚持以人民为中心的发展思想，主动适应我国社会主要矛盾的变化，把增进人民福祉作为推动政府数字化转型发展的出发点、落脚点。新形势下，政府应平衡好电子政务的技术理性和公共治理的价值理性，深化“放管服”改革，探索更加智慧的公共治理模式，推动公共治理从“管理变革”向“价值创造”跃迁，创造政府与市场、社会、公民之间的共同价值。聚焦人民群众最关心、最直接、最现实的利益问题，以更大的力度，更实的措施来推进“互联网 + 政务服务”“互联网 + 教育”“互联网 + 文化”“互联网 + 医疗健康”和“互联网 + 扶贫”，促进基本公共服务均等化，让优质的政务资源、教育资源、文化资源和医疗资源更加广泛，更加有效地惠及人民群众。针对“互联网 +”新业态发展给传统政府监管带来的新挑战，加快“互联网 + 监管”建设，推动监管模式创新，形成线上线下协同，政府、市场、社会多方协作，实现精准有效地监管治理，切实增强人民群众的获得感、幸福感和安全感。

四是进一步完善数据治理体系，发挥数据资源的战略价值。数据资源将成为国家的战略性核心资源，一个国家的数据资源富集程度及信息能力强弱直接影响着其在世界上的地位。目前我国处于从“数据大国”迈向“数据强国”的历史进程，必然要求推动数据治理体系和治理能力现代化，走出一条具有中国特色的数据治理之路。发挥制度优势，由党统揽全局、协调各方，顶层设计国家数据治理体系，推动数据资产立法工作，做到数据治理“于法有据”。条块结合，发挥人大、政府、政协、监察、司法等部门优势，完善部门信息化职能，压实部门数据治理责任，摸清部门数据资源“家底”，打破数据孤岛，推行“一次采集、多方共享、同数同源、多方校核”的数据质量长效机制，深挖数据价值驱动业务创新，主动向社会开放数据。调动社会各方面的积极性，发挥各自资源优势和技术优势，实现政府、企业、社会之间数据资源的有效汇聚、高效流动和综合利用，提升政府治理现代化水平。

五是营造更加有弹性、包容性和可持续的电子政务发展环境。构建“统筹有力、统分适度、社会广泛参与、人才法治保障”的电子政务发展格局。各地各部门应充分发挥本级电子政务统筹协调机制，牵头部门要敢于且善于协调解决好电子政务发展过程中涉及全局性、根本性的“硬骨头”。理顺并优化电子政务主管部门、大数据主管部门、业务职能部门之间，在规划审批、项目建设、经费管理、绩效评价、人力保障等方面的权责关系，形成“统分适度、权责明晰”的协作机制，即电子政务主管部门“管规划建设”、大数据主管部门“管数据”、业务职能部门“管应用”。充分调动社会各方面力量参与电子政务建设，开展政企、政事合作，发挥企事业单位的比较优势，拓展公众参与渠道，落实“好差评”制度，提高公众在电子政务规划、绩效评价中的话语权。打造一支政治过硬、信息能力过硬的人才队伍，牢牢掌握信息化发展的指挥权，加强各级领导干部、信息化领军人才、专业技术人才的培训培养，提升全民数字素养和信息技能。加快完善相关法律框架及标准规范体系，吸纳地方实践经验上升为法律规章，狠抓相关法律规范在各地各部门的遵从落实工作。

前言

习近平总书记在首届数字中国建设峰会的贺信中强调，加快数字中国建设，就是要适应我国发展新的历史方位，全面贯彻新发展理念，以信息化培育新动能，用新动能推动新发展，以新发展创造新辉煌。数字政府作为推动国家治理体系和治理能力现代化的战略支撑，是数字中国的重要组成部分，是优化营商环境、推动社会经济高质量发展的重要抓手和引擎，是践行新发展理念、增强发展动力、增强人民福祉的必然选择。

党的十九届四中全会通过的《中共中央关于坚持和完善中国特色社会主义制度 推进国家治理体系和治理能力现代化若干重大问题的决定》明确指出："建立健全运用互联网、大数据、人工智能等技术手段进行行政管理的制度规则；推进数字政府建设，加强数据有序共享，依法保护个人信息。"建设数字政府成为"创新行政方式，提高行政效能，建设人民满意的服务型政府"的重要途径和关键抉择。

2019 年 7 月 21 日，第十四届中国电子政务论坛暨首届"数字政府"高峰论坛在广州召开，论坛以"推动政府数字化转型，引领经济高质量发展"为主题，对数字政府的建设发展进行了深入探讨。中央党校（国家行政学院）电子政务研究中心在会上发布了《2019 数字政府发展报告》。报告聚焦数字时代政府数字化转型的历史性变革，从数字政府的环境与支撑、数字政府的发展与演化、数字政府的架构与评估、数字政府的实践与创新、数字政府的趋势与方向等方面，对国内外数字政府的发展进行了深入的分析，形成了数据驱动的数字政府架构，提出了数字政府评估体系，助推各地数字政府建设可持续发展。在该研究报告的基础上，课题组持续深化数字政府的框架体系研究，分析数字政府的基础、核心、价值、关键与实现，总结数字政府的国际国内实践，形成了本书的主要内容。

当前，全球范围内的数字化转型步伐正在加快。世界各国纷纷提出了政府数字化转型战略，强调以公众需求为导向，以提升政府治理与服务能力为目标，致力于建设开放、共享、高效、协同的数字政府。本书从政府数字化转型的时代背景入手，研究分析数字技术应用推动政府数字化转型，实现从提升政府效率到改进内部流程、扩大公众参与和创新公共价值的转变；在剖析数字政府内涵和成熟度模型的基础上，提出了数据驱动的数字政府框架；在系统梳理国内外数字政府研究与实践的基础上，深入分析了数字政府建设发展过程中的治理与协同、服务与创新、开放与参与、决策与支撑、能力与评价等关键问题；最后归纳总结了数字政府建设的中国经验和国际实践。

本书由王益民著，刘密霞、丁艺、陶勇、翟云、魏华、傅建平、张腾、蒋家平、朱锐勋、余坦、王鹏等参与了部分章节的编写。同时，本书还得到了广东、福建、浙江、上海、湖北、安徽、贵州、河南和河北等地方政府政务服务和数据管理部门的大力支持，在此一并表示感谢。

由于时间仓促，作者水平有限，书中难免有错误和不妥之处，欢迎业界同仁批评指正。

目　录

第一章
政府数字化转型

第二章
数字政府整体框架

第三章
数字政府的基础——治理与协同

第四章
数字政府的价值——服务与创新

第五章
数字政府的核心——开放与参与

第六章 数字政府的关键——决策与支撑

第七章 数字政府的实现——能力与评价

第八章 数字政府建设的中国经验

第一章

Digital Government

政府数字化转型

信息技术创新日新月异，全球范围内的数字化转型步伐正在加快。各个国家纷纷开启了数字化转型之旅，推进新兴数字技术在政府治理创新中的深化应用，以公众需求为导向，以提升政府治理与政府服务能力为目标，致力于建设开放、共享、高效、协同的数字政府。

第一节 时代背景

随着新兴信息技术的发展，全球数据量呈现爆发式增长，世界进入数字时代。信息技术极大地推动了各国社会生产力的发展和生产关系的重塑，引发了各国在政治、经济、社会、文化等重要领域的深刻变革，显著地改变着政府、市场和社会的关系，数字经济成为带动经济增长的核心动力，成为国家创新发展、提升国际竞争力的重要影响因素。

一、政府治理中新技术应用不断深入

自 21 世纪初互联网技术和智能设备普及以来，信息和通信技术迅速发展并在全球范围内广泛传播，尤其是大数据、人工智能、物联网、云计算和移动互联网的应用深化为智能社会提供了无限的可能性。这些新兴技术从根本上改变了人们的工作、学习、生活和交往方式，将使经济和社会处于前所未有的规模、范围和复杂性水平上。技术进步是促进经济发展的重要力量，是衡量综合国力的重要标志，尤其是以信息技术等为代表的新兴技术迅速发展和在经济社会各领域的广泛渗透，对人类的生活、工作产生了巨大而深刻的影响，成为经济发展的重要推动力。技术的融合与应用也改变着人们对政府提供公共价值能力的期望，要求政府重新检验其治理方式和模式。因此，在信息技术发展方兴未艾的背景下，政府需要充分使用数字技术和信息技术，与公众、企业和其他社会组织进行紧密的合作。

各国政府需要主动把握信息化发展机遇，全面应对新时代的风险挑战。如何平衡好数字时代政府的技术理性和公共治理的价值理性，让创新更多惠及全社会，则需要更加智慧的公共治理模式。数据智能、高性能计算和量子计算、人工智能及区块链等新技术为全球公共治理创造了巨大机遇，世界各国正在积极探索新技术在数字政府建设与公共治理实践中的创新应用。经济合作与发展组织（OECD）公共治理委员会于2010年11月在威尼斯召开的部长级会议上提出，技术作为核心要素在政府治理、公共管理和公共服务交付中培育创新的重要性，以及技术在构建开放、完整和透明环境中维护信任关系的重要作用。

一是公民数字身份成为数字社会的先决条件。数字身份是公民在网络空间的信息存在的主要标志，也是构建数字社会的先决条件。全球约有11亿人没有法律身份，为了在2030年以前解决这一问题，提供数字身份将成为加快这一进程的有效手段。在这方面一些发展中国家实现了弯道超车，例如秘鲁政府建立了全国数字身份文件（DNIe），持证人能够签署与手写签名具有相同效力的电子文件，通过数字身份证可以享受电子投票、处理具有完全法律价值的官方文书等所有数字化公共服务。印度政府Aadhaar数据库项目收集了由虹膜扫描、指纹和照片组成的生物特征，向印度全国公众提供数字身份，并作为各级政府业务互动的基础。这为政府推动数字身份登记和改善社会经济成果提供了良好契机。

二是包容性的电子参与扩大了公众参与渠道和提高政府透明度。包容性的电子参与是“绝不让任何人掉队的电子政务”的理念延伸。在这方面一些发展中国家取得了显著成效，例如哥伦比亚政府创立了Crystal Urn倡议，鼓励公众电子参与，以改善公共政策决策，并收到了良好的效果，扩大了公众参与渠道，提高了政府透明度，推动落实了2030可持续发展议程目标。土耳其政府利用人工智能和机器人程序建立了一个隶属于总理的咨信呼叫中心，提供了一种快速、有效的渠道，方便公众反映与行政管理相关的要求、投诉和意见，支持公众的请求权和知情权，提高了政府透明度和响应速度。

三是电子弹性助力各国有效应对灾害风险。电子弹性是指各国在防灾、减灾、备灾、救灾和恢复等阶段，使用人工智能、社交媒体、空间技术和地理空间信息技术，提升灾害管理的能力。不丹水文气象部（DHMS）网站主动向公众提供与气象、水文、冰雪相关的风险预警信息服务，成为该国减灾、备灾和救灾措施的重要组成部分。一些发达国家在灾害风险管理中应用了人工智能，如奥地利和德国的“城市共享（City-Share)”，会在灾害发生时帮助分析社交媒体上出现的大量数据、视频、图像和文本，向社区内的志愿者组织和应急团体提供整合救济活动。另外，在亚太可持续发展区域空间应用计划中，空间技术和地理信息系统被广泛应用于评估脆弱性、减灾、防灾和救灾等方面，帮助区域内国家作出及时准确的决策。

二、政府服务交付能力不断增强

丹麦、澳大利亚、韩国、英国、新加坡、美国等发达国家一直引领公共服务模式创新，致力推动建设以用户为中心的共享型、包容型公共服务模式。美国在教育领域倡导“以用户为中心、共建服务创新”的理念，大型开放式网络课程（MOOC）的兴起，使得身处世界各地的人，只要能上网，就能获得优质的教育资源。新加坡在卫生保健及社会服务方面有所建树，2002 年围绕用户生命周期内的人生事件捆绑相关服务，设立全球首例eCitizen门户；2018 年，新加坡又进一步将 eCitizen 发展成为一种“一体化的公众体验、一站式公共服务商店”。英国政府网更加聚焦用户行为方法和设计思维，抛弃了“多站式”方法，转向建设“基于智能搜索的一站式公共服务商店”。葡萄牙推出“公众商店”，把若干公共和私营实体召集到同一个空间，提供以公众为中心的服务。

近年来，越来越多的发展中国家应用新技术推动数字包容，多渠道提供公共服务。《2018 联合国电子政务调查报告》显示，各国在应用新技术推动数字包容方面取得了很大进步，目前 80% 的联合国成员国提供了惠及妇女、儿童、青年、残疾人、老年人、土著居民、贫困人口或其他弱势群体和社区的具体计划和倡议，而在 2012 年该比例还不到 30%。一些低收入的发展中国家和新兴经济体，在公共服务供给方面因地制宜，发挥传统的非数字渠道和现代化数字渠道各自的优势，采用简单但行之有效的方式为目标群体提供精准服务，收到了良好的效果，走出了一条适合本国国情的可持续发展之路。一方面，坚持以传统的邮局、电话呼叫中心、市民中心的柜台服务以及电视和广播等非数字化服务供给渠道；另一方面，借助互联网、大数据、云计算、物联网等新技术，大力增加数字化服务供给渠道，逐步实现公共服务的"后台"数字化和业务协同，使公共服务供给效率得到明显提升。

根据联合国电子政务调查报告，2012—2018 年全球各国平均在线服务指数（Online Service Index, OSI），除在 2014 年有所回落外，呈现逐年上升趋势，2018 年上升比较快，达到了 0.5691 的较高水平。这说明全球在线服务水平不断提升，国家之间在线服务的差距在不断缩小（如图 1–1 所示）。

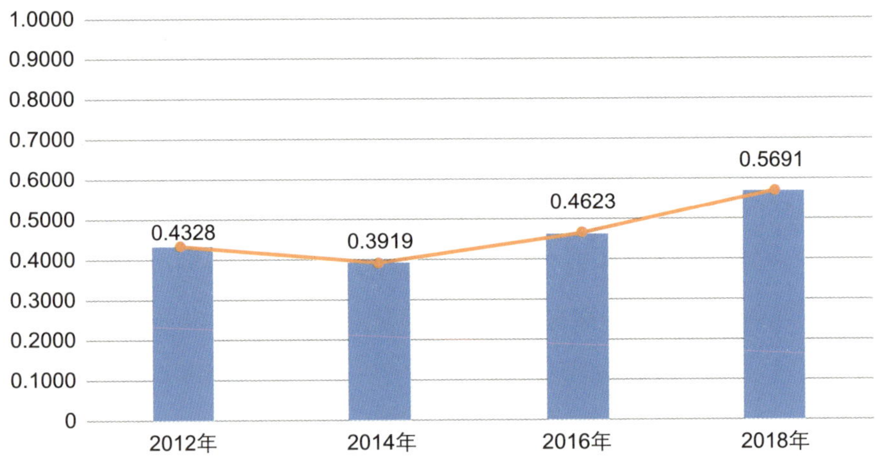

图 1–1　2012—2018 年全球平均在线服务指数

各国利用电子政务提供负责、高效、包容、透明和可信任的公共服务的复杂性不断增长。在全球范围内，通过电子邮件、推送更新、移动应用程序和短消息等提供的服务增长了一倍，在健康和教育方面尤为明显。例如，2018

年有 176 个国家通过向公众发送邮件提醒的方式提供在线教育服务，而 2016 年只有 88 个国家提供；2018 年有 152 个国家的医疗卫生部门提供这类服务，而 2016 年仅有 75 个国家提供。还有越来越多的国家正在向弱势群体提供更有针对性的在线服务，包括 86% 的美洲国家、79% 的亚洲国家、57% 的非洲国家以及 15% 的大洋洲国家。有 140 个联合国成员国提供至少一项在线交易服务，并且保持了强劲而持续提升的服务水平，服务项目包括公共事业缴费、收入所得税缴纳、新公司注册登记、缴纳罚款与费用、申请出生和结婚证书、机动车注册、申请驾照及个人身份证明等。

三、数字经济规模不断扩大

数字经济是新一代信息技术快速发展，促使数字化的知识、信息成为重要生产要素，并与实体经济深度融合，推动传统产业不断向数字化转型而产生的新经济形态。随着新兴信息技术的创新发展，运用新技术、提升企业数字化水平成为企业可持续发展的必备能力。国内外领军企业纷纷主动适应变革，将数字转型作为企业发展战略核心。在技术创新方面，企业率先构建数字技术与传统技术融合发展的新技术体系，加速布局物联网、工业机器人等新兴领域，如西门子打造生产制造过程全数字化的示范工厂；在企业架构方面，通过建设智能工厂，加速向数据驱动、在线协同、弹性扩展的服务商转型，如通用电气设立数字创新坊，全面构建数字化 DNA。

近年来，越来越多的国家正加速布局数字经济，数字经济规模不断扩张，已成为全球经济增长的核心动力。《全球数字经济竞争力发展报告（2018）》从数字基础设施、数字产业、数字创新和数字治理四个方面对全球 50 个国家的数字经济竞争力进行测度。最终数据显示，美国竞争力水平以 84.24 的总分位居第一，处于绝对优势地位；中国竞争力水平得分 63.05，位居第二。《中国数字经济发展与就业白皮书》显示，2018 年我国数字经济规模达到 31.3 万亿元，增长 20.9%，占 GDP 比重为 34.8%。其中，产业数字化规模超过 24.9 万亿元，占 GDP 比重为 27.6%。农业、工业、服务业中数字经济占行业增加值的比重分别为 7.3%、18.3% 和 35.9%。我国数字经济规模不断扩大，商业模式不断创新，为加强政府与企业在信息化领域的合作提供了经济支撑。企业为政府提供 IT 产品和服务，满足政府信息化需求，推动建设数字政府，而数字政府则能够为企业提供更高质量的数字化服务，在充分发挥各自优势的情况下，实现政府与企业在多领域的深度合作，构建数字社会化大生态。

第二节 数字技术应用促进政府数字化转型

数字技术是数字时代的基础，是建设数字政府的必要条件，政府数字化转型需要借助数字技术的创新动能，通过在政府各方面深化应用数字技术，提高政府信息的数字化水平和共享程度，优化组织结构和流程，改善公共服务供给，扩大民主参与渠道。应用数字技术促进政府数字化转型包含四个方面：提升政府效率、改进内部流程、改善公众参与、创新公共价值。

一、提升政府效率

数字技术应用到政府管理领域最初是为了提升政府内部的效率，涉及技术环境的操作、维护和发展，进而在政府组织内部和政府机构之间提供技术能力、服务和基础设施。基于这一情境，这一时期把以前由政府组织持有的数据、文件和其他信息以数字格式表示，并提供给政府组织内外的工作人员、合作伙伴和其他利益攸关方。这一时期主要有两大目标：一是在数字化信息及其通过数字网络进行交互的基础上，使现有进程、服务和办事流程自动化；二是使公众能够以数字化格式通过数字网络获得服务。

数字技术应用的初期不涉及重新设计、改进或以任何方式改变现有流程、服务或做法，而只是将现有的内容数字化和自动化，并通过数字网络向同样的利益攸关方和客户提供这些结果。如果一个流程或一个工作实践在数字化之前是无效的，那么它们很可能在数字化之后仍然同样无效。因此，数字化阶段本身在改善政府机构内部运作、适应不断变化的运作条件和社会期望以及向公众提供价值方面所起到的作用是有限的，但这是政府数字化转型后续阶段的必要步骤。为了充分发挥公共部门数字化的潜力，必须消除对政府机构工作和结构转变的制约，推进数字化进程，这一转变是向改进内部流程演进的实质。

二、改进内部流程

数字化转型的进一步目标旨在通过应用数字技术改进政府组织的内部流程、结构和工作实践。这种改进往往是作为政府更进一步的行政和体制改革的一部分，其目的是实现内部效率提高、效能优化、合理化、简单化和其他与改革有关的目标。这一阶段的改革包括但不限于在一个单一组织内进行，甚至包括整个部门和各级政府的合作。这种改进的主要机制是技术和组织创新，包括从根本上重新思考以技术为支撑的政府、组织或部门在数字化方面做什么或应该做什么，以及如何调整其业务和技术发展。促成这种改进的主要因素是作为最初提升效率的数字化的一部分而建立的数字和技术环境，包括相关的能力和结构。

数字技术应用改进政府内部流程是对政府组织内部，以及内部各部分相互作用的改进。由于这是一种内部改进，公众、企业和其他外部行为者可能会在与政府互动中获得更好的体验，但其影响是间接的。对政府组织内部流程和结构改革的限制不仅错失了将公众和其他非政府行为者纳入通过新数字方式与政府机构进行工作和交易的机会，而且未能利用新的数字渠道让公众参与政府决策过程，从而无法在被治理者和治理者之间建立信任，并增强公众的权能。为此，必须消除在数字化过程中政府内部工作的变革限制，包括转变政府与非政府行为者之间的关系。

三、扩大公众参与

数字化转型的深入推进是改善公共参与，旨在利用数字技术改变政府与公众、企业和其他非政府行为者之间的关系，以增加公共服务供给系统的可得性，提高便利性和有效性，让公众参与政治和民政事务，发展基于知识的社会和经济，并追求其他高价值的公共政策目标。随着政府网站“政民互动”栏目的广泛开设，越来越多的公众通过政府网站参与互动交流，不论从政府服务的角度还是从公众意识觉醒的角度来看，公众通过电子方式参与公共事务都成为一种新趋势。

数字化的公众参与提高了政府业务和公共服务供给者业务的透明度，并建立健全问责制，进而在公众和公共部门之间、被治理者和治理者之间建立信任。实现参与目标的基础是政府部门的能力，而能力的提升得益于在数字化和政府转型阶段，通过数字渠道与外部行为者进行互动、在各种数字平台上建立其存在和运作模型、跨组织边界开展协作、展示在技术驱动的政府内部运作方面的业绩改进。

四、创新公共价值

数字化转型创新公共价值旨在利用数字技术提升政府创造公共价值的能力，以满足公众对政府能力的期望。依靠由不同政府角色组成的数字政府生态系统，包括非政府组织、企业、协会和个人，政府应用数字技术进行角色间交互，支持数据、服务、内容的生产与访问，以创建公共价值。经济合作与发展组织（OECD）认为公共价值指的是根据愿景和角色的不同，对社会产生的各种益处。如满足公众和客户需求的技术与服务；满足公众对公平、公正、效率和效能期望的产品选择；分配的公平与有效；为完成公共目的对资源的合法使用；改变优先权和需求的创新与适应性等。

数字技术除了带来政府办公效率和服务能力的提升等内部政府效益外，更重要的是在政府治理体系、治理能力和管理模式的数字化转型过程中，越来越多地体现社会和公众效益，如减少腐败可能性、提高公众数字素养等。快速发展的技术以及伴随而来的社会技术革命要求数字环境下政府具有远见和洞察力。

第三节 数字化战略推动政府数字化转型

政府的数字化转型是为了充分释放数据红利，实现以数据为基础的政府治理能力升级，并让公众能随时随地通过任何设备方便、快捷获取政府的高质量服务。政府要适应数字化的发展进程，从而能够经济、安全、有效地管理数据应用和数据资产。为顺应数字化趋势，洞察数据资源的价值，各国纷纷发布数字政府战略以深入推进电子政务。

一、数字中国建设

2016 年，我国发布的“十三五”规划（2016—2020 年）中提出实施网络强国战略，加快建设数字中国。接着在《国家信息化发展战略纲要》中把“数字中国”建设和发展信息经济作为信息化工作的重中之重。《“十三五”国家信息化规划》细化了“数字中国”的建设目标。党的十九大报告提出加强应用基础研究，实施国家重大科技项目，支撑数字中国、智慧社会的建设。习近平总书记在首届数字中国建设峰会的贺信中强调，加快数字中国建设，就是要适应我国新的历史发展方位，全面贯彻新发展理念，以信息化培育新动能，用新动能推动新发展，以新发展创造新辉煌。“数字中国”建设成为缩小数字鸿沟、释放数字红利，支撑党和国家事业发展，促进经济社会均衡、包容和可持续发展，提升国家治理体系和治理能力现代化的坚实支撑。

2017 年，习近平总书记在中共中央政治局第二次集体学习上明确指出：发展“数字中国”，就是要运用大数据提升国家治理现代化水平，要建立健全大数据科学决策和社会治理的机制，实现政府决策科学化、社会治理精准化、公共服务高效化。以数据集中和共享为途径，推动技术融合、业务融合、数据融合，打通信息壁垒，形成覆盖全国、统筹利用、统一接入的数据共享大平台，构建全国信息资源共享体系。建设网络强国、数字中国、智慧社会，是推动经济社会发展、促进国家治理体系和治理能力现代化的必然要求，也是满足人民日益增长的美好生活需要的客观条件。

数字政府是“数字中国”体系的有机组成部分，是推动“数字中国”建设和经济社会高质量发展，持续优化营商环境的重要抓手和重要引擎。数字政府是对传统政务信息化模式的改革，包括对政务信息化管理架构、业务架构、技术架构的重塑，通过构建数据驱动的政务新机制、新平台、新渠道，全面提升政府在经济调节、市场监管、社会管理、公共服务、环境保护等领域的履职能力。推进以公众为中心的公共服务创新发展，提高管理效率、改善服务体验，促进公众与政府的良性互动，实现政府的社会公共服务价值。党的十九大以来，为深入贯彻落实网络强国战略、“数字中国”战略，实现经济社会数字化、智能化转型，各地纷纷发布数字政府规划推动政府数字化转型。

广东省于 2018 年 10 月 26 日发布《广东省“数字政府”建设总体规划（2018—2020 年）》（以下简称《规划》），对 2018—2020 年三年间“数字政府”

的重点实施内容与实施步骤进行了具体安排。提出到2020年底，建立整体推进、政企合作、管运分离的数字政府管理体系和整体运行、共享协同、服务集成的数字政府业务体系。构建统一安全的政务云、政务网，建设开放的一体化大数据中心、一体化在线政务服务平台，建成上接国家、下联市县、横向到边、纵向到底全覆盖的数字政府。《规划》要求在大数据、政务云、政务网三大信息基础设施的支撑下，建立省级统一身份认证中心、可信电子证照系统、非税支付平台、社会信用公共平台、移动政务应用平台、数据共享平台、地理信息公共平台、智能客服平台等八大应用支撑平台，实现扁平高效的协同办公应用、科学智能的经济调节应用、统一协作的市场监管应用、共治共享的社会治理应用、普惠便利的公共服务应用、多方共治的环境保护应用、便捷优质的政务服务应用、数据驱动的决策保障应用、高效顺畅的跨域协作应用等九大创新政务应用。

浙江省于2018年12月发布《浙江省深化“最多跑一次”改革推进政府数字化转型工作总体方案》，提出“到2020年底，初步形成纵向贯通、横向协同、上接国家、覆盖全省的数字政府体系”的总体目标。在数字政府总体框架设计上，提出“四横三纵”的数据平台架构，按照统分结合的原则建立层级架构。通过建设经济调节数字化应用工程、市场监管数字化应用工程、公共服务数字化应用工程、社会管理数字化应用工程、生态环境保护数字化应用工程、政府运行数字化应用工程、政府数字化转型公共支撑平台建设工程七大重点工程，完成三大任务，推进政务流程优化再造，打造数字化业务应用体系；建立一体化技术支撑体系，为政府数字化转型赋能；构建三大机制保障体系，营造数字化转型优良环境。

湖北省于2019年1月发布《数字政府建设的指导意见》和《湖北省推进数字政府建设实施方案》（以下简称《方案》）。在基础设施集约化支撑、政务服务一体化建设、协同办公智能化融合、政府治理科学化决策、工作机制系统化保障等五个方面进行了具体部署。《方案》提出，要加快宽带网络建设及IPv6改造，推进电子政务内外网应用，加强政务云平台建设、政务信息资源共享开放体系建设；构建全省一体化在线政务服务平台，加快线上线下服务融合，推动更多政务服务事项网上办理，营造优质一流营商环境，探索“互联网+政务服务”新模式，推进政府网站集约化建设；提升政府部门办公一体化水平，推进电子文件及数字档案应用；建立“互联网+监管”体系，开展政务数据治理分析，推进数字化治理重点应用；加强组织领导，创新工作机制，加强制度保障，强化考核监督，加强队伍建设。

福建省于2019年3月发布《2019年数字福建工作要点》(以下简称《要点》)，优化升级信息化基础设施、全面提升电子政务服务水平、实施数字经济领跑行动、强化实施保障等五个方面提出了具体工作要求。《要点》指出，深入实施新时代“数字福建·宽带工程”行动计划，推进省直事业单位、设区市的政务数据中心整合，加强基础创新能力建设，强化网络与信息安全保障；实现福建省网上办事大厅“一网通办”，推广“闽政通App”便民利民应用，深入开展“互联网+”工程，开展重点领域大数据应用，提升部门信息化水平，推进智慧城市和数字乡村建设；推动数字经济产业园区建设，大力推进数字产业化、产业数字化，实施人工智能“双百”行动，扶持壮大物联网产业，促进数字经济开放合作；突出规划引领、规章建设、规范运营，加强政策支持。

广西壮族自治区于2018年8月发布《广西推进数字政府建设三年行动计划(2018—2020年)》，提出“到2020年，初步建成决策分析科学化、内部管理精细化、公共服务高效化的数字政府”的工作目标，对推进一体化基础支撑体系建设、数据资源共享开放、“互联网+政务服务”、宏观决策大数据应用、数字化市场监管、数字化自然资源监管、数字化生态环境治理等七项主要任务作出了具体安排，同时提出加强组织领导、完善法规制度、加强考核监督、加强培训宣传等保障措施。

二、英国政府数字战略

2012年，英国发布《政府数字战略》(Government Digital Strategy)，并

于 2013 年对《政府数字战略》进行了升级和完善，促使所有能够使用数字服务的人都会选择数字服务，但同时也不会把无法使用数字服务的人排除在外。《政府数字战略》的制定和提出是适应英国互联网发展和普及程度，政府服务直接、便利、高效化的要求以及降低行政成本的需要而产生的。《政府数字战略》既是对英国数字服务现状的总结，也是对数字服务未来改善和发展的指导。

政府通过利用数字化构建和提供服务，以转变公众、企业同政府之间的关系。自 2012 年《政府数字战略》出台后，数字政府建设取得了诸多成就。政府通过重建部分高频使用的服务，实现默认数字化，从而使得公共服务转型的潜力得到发挥。2017 年，英国发布《政府转型战略（2017—2020）》（Government Transformation Strategy），旨在加快推进英国政府数字服务，强化“数字政府即平台”的理念，促进跨政府部门建设共享平台，提高政府数字服务效能，改善民众与政府之间的关系。该战略逐一列出了 2020 年之前英国政府转型需要达到的水平状态，制定了具体的工作计划措施，并对英国政府 2020 年以后的发展远景进行了展望。

1. 已有的数字化举措

在新的数字政府战略提出之前，英国政府就促进政务服务数字化已经采取了很多措施。“GOV.UK”计划是英国政府数字战略的重点项目，改变了政府线上公布信息的状况，对英国政府网络公布信息的状况进行了彻底简化。GOV.UK 网站在 2012 年 10 月取代了之前的 Directgov.uk 和 Businesslink.gov.uk 网站，为用户提供更加简便、清晰、快捷的服务，最大程度地节省了人们的时间和政府的花销。另外，政府内部的工作流程也在逐渐数字化。目前，英国政府已经在大部分通信、营销和政府参与中使用数字渠道，这在很大程度上提高了政府的工作效率，降低了行政成本。在与公众的互动方面，大多数政府部门和机构已经开始使用社交媒体同个人和企业进行交流。英国政府已经在提供便利、实用和被注重的数字事务服务方面取得了一定的成就，数字渠道已经成为大多数用户的首要选择。除此之外，政府信息和事务已经被第三方广泛和便利地使用。在 HMRC（英国税务海关总署）在线收到的 765 万自我评估交易中，超过 2/3 是通过第三方软件和服务提供商提交的，超过 1500 家此类第三方商业提供商被授权使用 HMRC 的第三方集成套件（API）。

2.《政府数字战略》指出英国数字服务的发展方向

一是满足移动互联网使用者的需要。近年来，英国在支持互联网的设备的可携带性和范围上取得了较大进步，这改变了用户访问网络的方式，使用移动设备上网的人越来越多。因此，数字服务必须满足移动互联网使用者的需要。新的数字服务标准包括对数字服务设计的要求，确保数字服务可以应用于移动设备、台式电脑和手提电脑。

二是兼顾不上网群体使用政务服务的权利。政府意识到不是每个需要政府服务的人都会上网，也不是每个人都有能力独立使用数字服务，而政府应该保证每个公众都可以同等享受政府服务。因此，《政府数字战略》指出英国政府应该识别可以使用和不可以使用数字服务的群体，并思考可以为无法使用网络的群体提供何种其他类别和形式的服务。为无法使用数字服务的群体提供一致的服务被称为辅助数字化，这是默认数字服务不可或缺的一部分，为此，政府数字服务部门与各部门合作，针对这一问题制定了跨政府方法。

三是引导上网群体使用政府数字服务。为了说服人们使用政府数字服务，发掘潜在的使用群体，该战略提出英国政府需要提高政务服务质量，使其明显优于其他选择。各部门将考虑哪些方法最适合其服务环境，以及其服务用户的需求。各部门可以向那些成功将“渠道转移”至数字服务的组织的专业人员学习。

四是围绕用户的需求重新设计服务。根据用户需求进行服务设计是确保服务质量和降低成本的关键。以用户为中心的服务需要建设现代、灵活、通用的技术平台，而且在重新设计数字服务期间，政策和交付最好紧密集成到一个团队中。围绕用户需求设计服务不仅需要专业的技术架构，开发、设计和分析技能，还需要新的高级领导角色，如完全负责和授权的服务经理。一旦重新设计服务以满足用户需求，就需要通过一系列可信渠道和中介将适当的消息定向发布到潜在的用户群体中，从而有效地进行传播和营销服务。

3.《政府数字战略》提出行动计划

在数字领导方面，在部门和交易机构董事会设置一位数字领导者，负责组织领导部门数字战略的制定和实施，各部门将在服务转型方面建立积极的董事会级的领导制度。

在服务重新设计方面，交易服务将由熟练、经验丰富且有能力的服务经理重新设计、运营和改进。服务经理一般是经验丰富的领导者，对服务有深刻的理解并且有能力在组织的各个层面代表他们的服务和用户的需求。服务经理的职责包括：负责服务的使用质量，并根据用户反馈至少每月进行一次改进；能够有效地领导实施服务所涉及的变更管理和过程的重新设计；促进技术人员和供应商的合作，为达到企业和用户的目标定义最好的系统和平台架构；通过有效的营销尽可能地鼓励采用数字服务；监督服务的重新设计和后续运营交付；支持并确保遵循必要的项目和审批流程，根据“数字默认服务标准”监控和报告进度，识别和降低风险；积极参与政府内外其他服务经理的交流，分享良好的实践案例。政府数字服务将为新的服务经理提供大量培训，帮助部门招聘服务人才，同时确保在部门和机构内部设置适当技能和授权的领导，以引领服务转型。重新设计每年办理次数超过十万次的服务。一方面，7 个办理部门（HMRC、DFT、DWP、BIS、Defra、MOJ 和内政部）以及内阁办公室将商定重要的三项“范例”服务并于 2012 年 12 月确认纳入数字战略；另外，所有的服务在 2013 年 4 月开始进行重新设计，并于 2015 年 3 月完成实施；除此之外，除非已经商定豁免，否则各部门将重新设计每年办理次数超过十万次的所有服务。

在数字化能力提升方面，所有部门必须确保他们具有适当的数字化能力，部门将拥有足够的专业能力来评估和管理其数字服务组合，提高部门的数字能力将被纳入部门数字战略和业务规划流程。内阁办公室将支持各部门提高数字化能力，为服务经理和高级官员提供相关培训。政府数字服务将增加对部门办理服务重新设计项目的支持；帮助各部门提高数字能力，包括就招聘数字专家的有效方法提出指导；为服务经理开发广泛的定制培训和支持；与公务员学习合作，为公务员开展数字意识培训；为高级公务员提供专业的数字化培训；提供更广泛的公众服务。

在服务标准和服务意识方面，所有新的和重新设计的服务必须满足默认数字服务标准。政府数字服务将发布数字默认服务标准，该标准将描述服务必须实现的性能指标和功能；提供支持、指导和工具计划，帮助服务团队在整个服务的开发和生命周期内达到标准；与各部门商定重新设计数字服务的截止日期；增加其转型团队的规模，以支持为更多的办理服务重新设计服务项目；帮助各部门分享他们从示例项目中学到的知识。部门将提高数字服务的意识从而使更多人了解并使用数字服务。各部门将制定计划鼓励部门数字战略的渠道转移，并明确通过使用数字服务预期节省的费用。为了最大限度地利用转型数字服务带来的好处，各部门必须努力加快其使用速度，使能够访问互联网的用户远离非数字渠道。各部门将重新评估其宣传活动的有效性，以最大限度地提高人们对新的和现有数字服务的认识，并鼓励那些有条件使用数字服务的人进行体验。提高一线工作人员的数字化意识和能力是加快实现数字渠道转移的重要推动因素。除了确保用户了解数字服务之外，还可以使用一些如抽奖等激励措施来鼓励更多人选择数字服务。

在满足用户需求和数字项目方面，将采用跨政府的方式辅助数字化，使不上网的群体也可以在线下享受到政府服务。另外，政府将提供其他的方式让他们使用数字服务。为了确保离线的人可以访问默认的数字服务，英国政府将为他们提供离线访问服务等使用数字服务的其他方式。为很少或从不上网的人提供服务，具体取决于用户需求和服务的复杂程度。例如，对于不使用在线服务的一小部分用户的简单办理事项，可以使用联络中心来提供访问服务；对于更复杂的交易，可以使用面对面、电话和纸张等相混合的方式提供服务。内阁办公室将提供更精简的招标流程，在监管要求允许的前提下借鉴企业的成功范例。为了保持数字化工作的前瞻性，跨部门合作将是数字战略供应商管理职能的一部分，而每季度更新一次的频率，将使企业能够适当地提高投资能力和资源。为鼓励企业为政府提供资源和产品，适当降低企业准入门槛，政府应该制定良好的准入规范，并鼓励企业进行投标竞标培训等。为简化采购招标流程，减少政府对大型集成商的依赖，内阁办公室以现有的采购改革为基础，为数字项目制定新的调试安排，以鼓励更广泛的投标人（包括中小型企业）参与数字项目招标竞标。

在技术平台和数字方法方面，英国内阁办公室将领导设置一套新的通用技术平台的定义和交付，这将成为新一代数字服务的基础。除非商定豁免的具体情况，各部门将使用新的通用技术平台进行新的和重新设计的服务。为保护用户在注册和使用数字服务时的身份信息和隐私，内阁办公室的身份保证计划将继续制定一个框架，以便在适当的时候在政府服务中采用联合身份保证。另外，政府数字服务还开发了一个数据洞察平台，该平台将结合一系列数据，包括分析学、网络运营和财务信息，从而为领导者提供高水平的绩效报告，为服务经理提供更详细的数据。政策小组将使用数字化工具和技术同公众进行互动和咨询。数字化可以为政府等公共部门同公众进行互动和咨询提供更快捷、直接的方式，甚至可能改变民主参与政策进程，并改善公共政策本身的设计。各部门将培训和发展政策小组，以了解和使用更广泛的数字方法和渠道，帮助公共部门在政策制定领域与公众进行接触和咨询。另外，英国政府致力于开发一系列关于成功使用数字政策制定工具和技术的案例研究，并辅之以公务员对有效在线咨询提供技术和方法的指导。

在管理信息方面，各部门将为其交易服务提供一套一致的管理信息。服务经理和决策者需要高质量、一致的管理信息，以做出明智的决策，并帮助他们监控和提高绩效。为此，内阁办公室将建立一套一致的管理信息措施，由各部门使用，这意味着他们可以有效地比较不同时间的服务的绩效。另外，服务绩效将通过一套清晰一致的指标来衡量，包括每笔办理的成本，该指标用于衡量一项服务是否使用具有成本效益的交付渠道，以及用户是否选择使用更多或更便宜的渠道来完成交易；用户满意度，该指标使服务经理能够识别服务和领域中的潜在弱点，从而集中改进工作；交易完成率，该指标可能突出服务中可能存在的流程缺陷；接受程度，该指标能够说明用户采用新数字渠道的速度，以及其他营销方式的有效性。

在开放与合作方面，与公共、私营和志愿部门合作，帮助人们上网。赋予人们上网的权力有助于解决更广泛的社会问题、促进经济增长和缩小平等差距。为帮助人们上网，英国政府与其合作伙伴合作，在2014年春季就数字包容性的方法达成一致并发布《数字包容性战略》(数字包容是指拥有正确的访问权限、技能、动力和信任，以便上网)。为此，英国政府与其合作伙伴将在公共、私营和志愿部门之间进行合作并建立更好、更强大、更可持续的伙伴关系。各部门和下放的主管部门已经任命了与其业务相关的高级数字包容性负责人，他们将采用各种方式帮助人们上网参与公共计划和政策制定，并致力于消除人们使用数字服务的障碍。通过开放政府数据和交易，帮助第三方组织为自己的用户创建新服务和更好的信息访问。各部门在2014年与政府数字服务（GDS）合作，开展跨政府部门工作，以了解用户需求以及支持这些需求所需的方法和标准。英国的默认数字服务标准已经引导服务提供高质量的应用程序接口（API），允许各部门整合服务，并将这些服务提供给第三方，利用第三方为数字服务用户创建更好的服务和信息访问。

4.《政府转型战略》的主要内容

《政府转型战略》一方面弥补了信息技术发展下政府数字战略暴露出的缺陷和不足；另一方面，《政府转型战略》是数字社会形态下英国政府整体转型的一种尝试。《政府转型战略（2017—2020）》的目标和重点任务可概括为五个方面，一是推动跨政府部门业务的整体转型；二是培养数字人才、技能和文化氛围；三是优化数字工具、流程和治理体系；四是提升数据应用、分析和管理能力；五是创建共享平台、组件和业务复用能力。

在具体的实施方法上，从以下几个角度提出了提高政府数字能力要关注的几点。一是提高信息和数据素养，依据《政府转型战略》，提出了提高公众信息和数据素养的具体方法。二是沟通和协作，政府转型战略将实现服务一体化、推动跨部门业务转型作为工作重点，确保英国政府数字服务既覆盖政府部门的内部工作，也将覆盖面向民众提供的全部政府服务，这意味着英国政府必须发挥数字技术在沟通协作和信息共享方面的作用。为此，英国政府部门构建标准化数字服务和监测评估数字化转型进程的方法，建立跨政府部门的合作机制，以形成共同的语言、工具和技术体系，从而方便公共部门间、公共部门和公众间的沟通和协作。三是数字内容创建，现有数字服务无法满足用户需求的发展是《政府数字战略》发布后英国政府数字建设面临的问题，因此英国政府致力于实现公共部门、私人部门和志愿机构的合作，以便更敏锐地捕捉民众对于数字服务需求的变化，在了解版权和许可证的基础上，开发新的数字服务，实现数字信息和内容的改进，并将其整合到现有知识体系中。四是安全保障，虽然英国政府致力于提高民众对国家及数字服务的信任度，让民众相信其个人数据得到了充分保护，但是调查结果显示，民众并不认为政府部门在以合理、合规、合法的方式使用这些数据。为进一步提高数字服务中信息安全和用户隐私，提升民众对数字服务的信任度，一方面，英国政府通过更新技术提高数字服务的安全系数；另一方面，英国政府构建标准化的数字服务，制定数字服务的相关规范，从制度层面提升数字服务的安全系数；另外，英国政府还尝试利用数字技术实现政务公开以及与民众进行沟通和互动，为民众提供了解数字服务的便利渠道。五是解决问题，英国政府逐步实现代码、模式、平台和组件的共享，并向世界各国分享了解决政府技术和服务设计等问题的最佳实践案例。建设跨政府部门平台不仅可以分享英国数字建设的技术性和设计性经验，而且有利于形成全球范围内的数字化建设“智库”，更有利于数字建设过程中各种问题的解决。另外，英国政府部门将构建标准化的数字服务，多渠道为民众提供可使用的公共服务，并通过不断更新技术实施准则和其他应用标准指南以替代原来落后的技术方案，适应信息技术、用户需求和时代的发展。

三、澳大利亚数字转型战略

澳大利亚政府于 2011 年提出了数字转型战略，并成立了数字化转型局。

2018年发布“2025政府数字转型战略”，主要任务是通过作为开放式政府数据的中央数据库改善公共服务的交付，为用户和整个社会创造新的价值。

1. 战略愿景

澳大利亚政府数字转型战略愿景提出，到2025年澳大利亚将建设成为全球领先数字政府之一，并规定在数字政府转型的过程中必须遵循五大原则，即以人们的需求为政策和服务设计的核心；不断探索创新与实施改革；确保政策与服务的可信任性；提供物有所值的公共服务；合作以促进价值实现。澳大利亚数字转型战略旨在实现针对公众一生的无缝式服务，针对弱势群体的个性化政府服务，以及在政府与社会组织、企业和社区之间建立更好的合作。

澳大利亚“2025政府数字转型战略”的目标愿景包含三个方面。一是建设便民型政府，公众能够以数字方式访问所有政府服务，将享受无缝集成的公共服务，以满足不同的需求；可以选择安全且易于使用的数字身份，用以获取所有数字政府服务，如果公众无法以数字方式访问服务，则可以选择其他方式访问；用户可以选择个性化服务并在相关服务之间共享信息，在申请有关事项时预填并提交表单，服务平台会预评估申请者的资格并完成自动确认，使用户体验到无缝式的政务服务。二是建设联络型政府，服务将是智能的，并与公众选择共享的数据相适应；政策和服务将依托数据和分析；利用先进技术改善决策并保持政府透明度与可审计性；成为用户数据的强大保管人，赢得用户的信任。三是建设数字适宜型政府，为澳大利亚人民和企业提供必要的技能，以提供世界领先的数字服务；采用更好的工作方式，使人们快速、高效地聚集在一起，并降低风险；与其他部门合作，包括中小企业、社区组织和学术界；建设可在政府间实现共享的可持续发展的平台；通过管理成本和风险为人们和企业创造价值。

为更好地满足澳大利亚公众与企业的需求，战略还制定了详细的路线图，分类、分阶段地提出了每年的建设计划与内容，具体为2020年将要实现的关键项目与里程碑式成果，以及实现2025年愿景的重要转型机遇。为了确保路线图顺利实施，保证政府的透明度与责任感，澳大利亚政府制定了年度发展成果报告制度与路线图更新制度，根据实际发展情况及时调整路线图，满足公民与企业的需求和期待。

2. 实现政府数字化转型的重要举措

在制度方面，澳大利亚成立了数字委员会，召集负责有关数据和数字化转型的部长，建立起协作机制，协同推动更智能的服务交付，利用数据分析改善政策结果，完善数字化转型举措。2018 年 5 月，澳大利亚政府承诺改革公共部门数据治理，成立了国家数据专员制度，促进相关立法工作的开展，实现数据开发利用的优势。为了更好地利用数据，政府投资了澳大利亚的数据整合合作伙伴关系，将多个机构的公共部门数据联系起来，商业纵向分析数据环境将澳大利亚统计局的调查和业务税数据结合起来，在去除数据的身份识别特征后，方便用户更好地了解澳大利亚企业的业绩和经济状况。

在服务供给方面，开发 myGovID 数字身份识别系统，保证访问的便捷性与安全性，用户可选择合并此前已设立、拥有的多个数字身份，实现以单一数字身份访问所有政府在线服务。基于单一数字身份与政府间信息共享，实现“一次性告知”，用户选择使用单一数字身份，可在政府之间同步共享信息与记录，基于授权许可即可更新所有网站内的信息。政府主动提供更精准的服务，个人和企业可根据需求收到相关信息、提醒和通知。例如，如果一个家庭的新生儿即将出生，政府部门可能会根据家庭地址来指示最近的医院、医生、护士、助产士或婴儿诊所；为照顾那些无法访问或使用信息技术的人，继续通过门店和电话等渠道提供服务；澳大利亚国家残疾人保障计划提出一系列措施，社会服务部也正在进行相关试点工作，旨在建立多元化、个性化的服务机制，为符合条件的人提供量身定制的个人服务，满足公众不同的个性化需求。

在技术应用方面，基于技术平台完善政府部门的服务模式，简化办事手续与流程，减少政府干预与限制，专注提供更优质的政府服务，重视服务效果的提升；探索应用新兴技术，例如人工智能，虚拟现实和高级分析，始终站在数字化变革的最前沿，提供更好、更快的公共服务。例如，当用户访问澳大利亚税务局网站时，可以随时随地与虚拟智能助手 Alex 互动。自 2016 年以来，Alex 已与澳大利亚税务局网站访客进行了 300 多万次对话，88% 的问题在首次联系时就得到了解决，工作时间的人工电话咨询减少了 15%。面对新技术带来的安全性、隐私性和可访问性等新挑战，政府努力管控这些风险，以保证政府在处理数据时是值得人们与企业信任的；利用数据分析技术来改善服务并做出更好更快的决策；使用数据分析来确保政府的服务满足人们与企业的需求，以更好地了解人们和企业的期望，同时，确保人们和企业保持对自身信息的掌控。

在政府提升方面，作为公共部门，政府正在改变自己，以适应数字时代：重新思考组织结构和文化，以及如何回应人们和企业的需求；使用数据与技术来重新设计政府的运作方式，重新思考政府应如何提供价值、如何运营以及如何加强组织文化。政府将更好地与社区和非营利组织合作，简化复杂的规则、法规和烦琐的跨部门机制，加强政府与外部企业、组织的合作，完善政府内部各机构各层级之间的协作、沟通机制，提升政府效率。

四、欧盟数字转型计划

2016 年，欧盟委员会与欧洲议会、理事会、经济与社会委员会，以及各地区委员会为了加快欧盟政府数字化转型，共同协商制定了欧盟《2016—2020 电子政务行动计划：加速政府数字化转型》（下文简称《2016—2020 行动计划》）。欧盟的数字化转型是建成欧洲数字化统一市场的关键因素，有助于消除现有的欧盟各国之间的数字壁垒，减轻行政负担，提高公众与政府互动的质量，提升政府公共服务能力与水平。

1. 提出背景

《2016—2020 行动计划》的制定是基于对《2011—2015 电子政务行动计划》的总结与评价，经过公众咨询、欧盟成员国讨论，以及欧盟政府与公众、企业、组织、行政部门等其他相关方充分协商的。此前，欧盟政府《2011—

2015 电子政务行动计划》成功促进了技术的发展，技术作为推动因素成为加快提升公共服务能力与水平的关键，在此基础上，《2016—2020 行动计划》的关注重点在于大规模实施电子政务，确保欧盟公众和企业能够体验到政府提供的更优质的服务，以及政府为提高公众的生活质量，为促进企业繁荣发展所带来的利益。

《2016—2020 行动计划》正是基于政府数字化转型机遇之下提出的一个雄心勃勃的愿景，其目的旨在促进公共行政与公共机构开放、高效和包容，为欧盟所有公众和企业提供无边界、个性化、用户友好型的端到端数字公共服务；计划建议政府采用创新的方法设计以提供更好的政务服务，满足公众和企业的需求与要求；倡导公共行政部门利用新数字环境提供的机会，加强与其他组织、机构之间的互动。《2016—2020 行动计划》的实施，对于欧盟数字化统一市场而言，在公共行政现代化背景下有利于消除现有障碍，防止进一步碎片化。

2. 行动原则

欧盟成员国政府长期以来一直渴望在与公众和企业的关系中保持开放、灵活和协作的态度，希望利用电子政务提高效率和效益，并不断完善公共服务供给。基于欧盟成员国之间共同的长期愿景，行动计划规定了一些原则，以规范未来出台的各项倡议与政策，保证政府能够为企业、公众和公共行政部门自身带来的重大利益。具体包括以下原则：

默认数字化原则。公共部门应将数字化的服务供给方式作为首要选项，同时也要设置不同提供渠道与一站式服务站点。

一次性原则。应确保公众和企业仅需向公共部门提供一次相同的信息，避免反复、重复提交，减少公众和企业的办事负担。

包容性与可获得性原则。公共部门应提供包容性的数字化公共服务，满足不同群体的需求，尤其是老年人、残疾人等的特殊需求。

开放性与透明性原则。公共部门内部之间应共享信息和数据，并保证用户可访问、修改自己的信息，使用户能够监控与自身有关的业务管理流程。

默认跨境原则。公共部门应使相关的数字化公共服务跨国界可用，防止统一市场建设的碎片化，促进统一市场内部的流动性。

默认互动性原则。依赖于欧盟数据和数字服务的自由流动，建设覆盖统一市场与部门孤岛的无缝式公共服务。

可信性与安全性原则。数字化政府服务设计阶段应遵守 IT 安全法律框架，以及对个人数据、隐私的保护，这些都是增加公众对数字服务的信任感和接受度的重要前提条件。

3. 优先行动事项和具体行动措施

《2016—2020 行动计划》为了实现既定目标，确定了三个优先行动事项。

应用关键数字技术（例如，电子身份、电子签名、电子交付等）实现公共管理的现代化。行动实施和目标实现所需的关键数字技术包括：数字采购和合同登记使用的转型；跨境数字化服务基础设施建设；eIDAS 服务；全欧统一的互操作性框架；关于公共采购的 ICT 标准；CEFDSIs 与 EIF 框架等。利用数字技术促进公共管理的现代化，即政府进行内部组织改造，重新考虑和重新设计现有的程序和服务，向其他行政部门开放其数据和服务，并尽可能向其他行政机构开放数据和服务，从而为公众提供高效且高质量的服务，建立商业友好的环境。

依托跨境协同实现公众和企业的流动性。没有跨境数字公共服务，欧盟统一市场就无法有效运作。跨境数字公共服务促进了进入市场的机会，增强了人们对“公约”的信心，并刺激了整个市场。管理部门应帮助企业在统一市场内跨境在线经营，简化根据欧盟商法和公司法获取信息的途径，并使企业能够通过端到端的公共电子服务，扩展并在其他成员国开展业务。

促进行政部门与公众、企业之间的数字互动，以实现高质量的公共服务。为实现这样的公共服务，公共部门应该采取如下措施：建立单一的数字网关，扩大、改进和精简公众和企业所需的所有信息，确保所有援助和解决问题的服务能有效地跨国界运作，使用户能够完全在线完成最常用的国家程序；欧盟委员会将使欧洲电子司法门户网站成为一站式的信息站点；委员会将继续与成员国一道开展工作，建立所有成员国商业登记的强制性互联，以便允许通过欧洲电子司法门户网站获取在成员国注册的公司的某些信息，并确保所有有关的欧盟商业登记能够以电子方式相互通信；委员会亦会进一步发展破产登记的电子联网，以提高内部市场的透明度和法律确定性；在公司生命周期的不同阶段，在遵守与公司法有关的要求时，改进数字工具的使用，以寻求更简单、负担更少的解决方案；以立法形式，将增值税的单一电子登记和支付机制扩大到跨境业务，使消费者在线销售实物商品，降低行政负担；关于实施一次性原则的大型试点项目将于 2016 年启动，委员会将设立一个欧洲单一窗口，处理关于海运报告的一次性原则；委员会将设立社会保障信息电子交换（EESSI）系统，允许负责社会保障的行政机关之间的互动，以实现电子数据在 23 个国家间流动；委员会将进一步开发 EURES 欧洲就业流动门户网站，为求职者和雇主提供更多服务；委员会将支持会员国制定保健服务，还可以根据电子处方指南进行电子处方的跨境交换。

新的数字环境为公众、商业和非政府组织与公共行政部门之间的互动提供了机会。而且，高质量公共服务具有竞争力，会对被投资的地区产生影响。为促进政民互动，委员会将评估是否有可能在适当尊重个人资料保护和隐私法律框架的情况下，对公众采用一次性原则；委员会将为政府建立一个开放其数据和服务的平台，为欧盟建立一个“政府即服务”的基地；委员会将促进用户端应用程序的开发，包括特定的欧盟级别的应用程序，以便更有效地从公众和企业获得数据。

除此之外，《2016—2020 行动计划》还通过一系列具体行动措施来落实这些优先事项，它在最初启动时设置了 20 项行动，后来根据公众、企业和公共行政部门基于利益相关者参与平台提出的意见与建议，以及结合行动计划执行一年后的进展情况与欧洲数字化统一市场战略的中期审查报告，在行动计划的全周期内又增加了 5 项新行动（见表 1–1）。2016—2020 电子政务行动计划没有专门的预算或融资机制，但通过动态的、灵活的协调机制，可基于其他欧盟项目向成员国提供资金支持。

表 1–1　欧盟 2016—2020 年数字转型行动计划

优先行动事项	具体行动	目标期限
应用关键数字技术实现公共管理的现代化	1. 支撑成员国向全面电子化采购与电子化合同登记制过渡	2019
	2. 加快电子识别、认证和信用服务的使用，包括电子身份与电子签名等	2016
	3. 确保跨境数字服务基础设施的长期可持续性	2018
	4. 修订欧洲互动框架（EIF），支持国家管理部门采取相关行动	2016—2019
	5. 协调欧洲信息与通信技术政府采购标准目录发展蓝本	2017
	6. 继续坚持连接欧洲连通投资基金、数字服务技术设施框架和欧洲互动框架，逐步引入默认数字原则与一次性原则，以及电子发票、电子文件，评估“无遗留”原则的实施可能性	2016—2019
依托跨境协同实现公众和企业的流动性	7. 提出单一数字网关建议	2017
	8. 将欧洲电子司法门户建设为一站式商店，提供司法事务信息	2016
	9. 在成员国之间建立强制性的互联互通的商事登记制度	2017
	10. 进一步发展电子化互联互通的破产登记制度	2019
	11. 促进数字解决方案在公司全生命周期内的使用	2017
	12. 提出立法建议，发展统一的登记与增值税缴纳电子化机制	2016

（续表）

优先行动事项	具体行动	目标期限
	13. 启动商业一次性原则试点工作	2016
	14. 建立统一的窗口，用于报告海运与数字化运输电子文件	2018
	15. 实施社会保障信息电子交换计划	2019
	16. 进一步发展欧洲就业流动门户	2017
	17. 支撑成员国发展跨境健康服务	2016—2018
促进政府与公众、企业间数字互动，实现高质量的公共服务	18. 评估在跨境背景下对公众适用一次性原则的可能性	2019
	19. 加快推进欧洲共同体空间信息基础设施数据基础框架落实	2016—2020
	20. 改进网站，促进公众与企业更多地参与欧盟方案和政策制定	2018
新增行动	21. 电子证据交换平台将确保根据欧洲调查令对电子证据的请求与答复的通信安全	—
	22. 食品与植物产品官方电子控制倡议将致力于实现动植物健康证书、官方控制文件、实验室测试、动物标识、追踪与跟踪以及警报管理的数字化	—
	23. 实施并改进关于互联网销售与消费者信息的农业食品立法，增强消费者对电子商务的信心	—
	24.《公众数字政府宪章》将提供一套原则，阐明公众在与公共部门进行数字互动时合理期望的内容	—
	25. 根据城市数字化转型伙伴关系制定具体行动，使政府能够改变城市治理，以适应 21 世纪的需要	—

4. 评价与实现

欧盟委员会历来重视战略和规划的实施效果，对《2016—2020 行动计划》制定了详细的评估框架，对 28 个成员国以及冰岛、挪威、瑞士、内各罗、塞尔维亚和土耳其等 34 个国家进行政府数字化转型的评价，从用户为中心、透明性、跨境流动性和核心推动者四个方面进行考察。

用户为中心主要考察针对公众和企业提供数字化服务的在线可用性、移动友好性，以及服务的支持与反馈。透明性针对数字服务过程中交付的透明性、个人数据的透明性和公共部门的透明性进行考察。跨境移动性主要针对个人和企业从欧盟的一个国家到另一个国家流动时服务的在线可用性，跨国家的 eID 和 eDocument 等。核心推动者主要考察提供服务的技术和先决条件，如电子身份证、权威资源等。评价的服务事项是针对个人和企业要办理的一件事的所有流程中服务交付情况，通过场景设置的形式把创办一个企业从预注册、注册和早期的贸易活动分成了 37 个要评价的服务步骤，考察每一个服务步骤是完全自动化还是只有在线信息提供等。

五、丹麦数字政府转型发展战略

丹麦作为欧洲发达国家，数字化政府转型起步早、发展水平高。2001 年，丹麦政府开启了数字转型之路，地方、区域和中央政府通力合作，大力推动本国政府数字化转型发展。转型内容包括开通数字签名、向政府发送电子邮件解决问题以及政府的数字化沟通在内的各项政务服务。截至 2016 年，丹麦数字政府策略已连续实施 15 年，实现了一站式数字政务服务、数字身份认证、数字政府管理等各项转型计划。在转型的过程中，丹麦社会生活发生了巨大变化，数字技术已在许多不同领域得到应用：从老年人护理、教育系统到税收和公众服务，所有丹麦公众均可使用数字邮政与丹麦政府进行沟通，并可以使用自助服务平台解决自身行政问题。此外，丹麦税务机构（SKAT）为所有年度税务评估和纳税申报实施了在线自助服务平台系统，公众报税不再需要填写和提交纸质表格。在医疗保健领域，远程医疗和监控系统允许患者在医院外接受治疗。在教育系统中，丹麦正在推行数字学习平台。在政务信息方面，丹麦政府公开大量政府数据，个人、企业及机构可以免费获得相关数据和信息。以此为基础，丹麦发布《数字战略 2016—2020》，以进一步推动本国数字政府的发展。

1. 战略制定背景

在全球信息化迅速发展的当下，信息技术给人类社会带来巨大机遇与挑战，快速发展的数字技术已经改变了人类的生活方式、经营业务的方式，以及提供公共服务和福利服务的方式，同时科技的发展也为政府治理的变革和发展提供了技术基础。丹麦作为信息化发展走在世界前列的国家，顺应历史发展潮流，大力支持并推动本国数字政府的发展。

丹麦人口较少，国民整体素质较高，丹麦公众和企业均有较高的数字信息处理能力。同时，丹麦崇尚变革创新，丹麦民众对本国公共事业的发展有着极大的信任，政府和民众通力合作，积极探索推动本国社会发展的方案和治理措施，在此社会背景下，数字政府这一变革受到了民众的大力支持。

此外，丹麦政府较早引入政府部门数字化办公这一概念，并通过多年发展建立起一个安全、高质量的在线政府数据信息库及注册信息中心。丹麦已经建立起一个成熟的数字政府基础设施结构，使个人和企业能够通过互联网高效地完成与政府部门相对接的业务，所有这些努力都使近年来的数字政府转型成为可能。

推动数字政府的转型发展也是丹麦福利社会的需求，丹麦的福利制度建立在公众对政府部门普遍的信任的基础上。目前，数字通信和数字服务正在成为一种公众处理事物的普遍方式。地方和中央政府为确保公众和企业在处理电子政务中能够获得正确引导和帮助，并为民众和企业使用电子政府服务提供安全的网络环境，正在大力推动电子政务的发展。

未来几年，丹麦政府部门将面临公共支出的巨大压力，这应归因于应对人口老龄化、气候变化、住房和难民融合的要求，以及卫生服务方面的支出。同时，欧盟对跨国界数据应用、立法以及语言和可访问性的要求将对丹麦行政管理和公共服务的变革产生巨大影响。为应对各种社会治理挑战，丹麦政府提出《数字战略 2016—2020》改革本国政府行政管理模式。

2.《数字战略 2016—2020》目标

立足本国数字政府发展现状，丹麦《数字战略 2016—2020》共设立三大发展目标。

数字服务必须做到简易、迅速、高质量。丹麦政府部门的数字化需要真正让公众感受到数字政府为其生活带来了变化。为此，政府部门需要提供高质量的数字服务，努力实现办事流程自助化、信息公开化、政务服务高效化。

数字政府必须为国家发展提供良好的环境。数字化发展要能够减轻政务负担，同时推动本国经济发展。到 2020 年，所有与商业贸易相关的数据将被集成到同一门户网站 www.Virk.dk，企业可以通过此网站获取大量公共数据。这些服务和信息将为丹麦未来经济发展和创新提供更多机会。

网络安全和公众信心是数字化转型战略的根本关注点。丹麦将进一步加强网络信息安全的维护，为数字政府转型发展提供良好的基础设施。同时进一步提升个人和企业单位的数字化能力，让所有公众参与电子政务发展的全过程，提升公众对电子政务服务的信心。

3.《数字战略 2016—2020》建设内容

建设简易的用户友好型电子政务部门。在丹麦，为公众和企业提供数字化政务解决方案的措施还处于起步阶段，为使公众能够真正理解并正确运用电子政务服务，某些政务部门的电子政务服务系统还需要进行进一步升级和更新，以保证政府部门和公众能够进行有效沟通，迅速找到所需信息及服务。

高效利用大数据，快速进行针对性案例处理。丹麦政府通过跨部门数据流通，实现公众自助政务服务解决方案、公共登记处等相关信息在各政府部门的交换，此举将为政府官员的工作提供数据支持，相关数据可以在各部门间重复使用，进一步简化政府部门行政流程。这也意味着公众和企业办事时间将被缩短，公众和企业将不必花时间将相同的信息提交到多个部门。此外，丹麦政府积极收集公众使用反馈和建议，并利用大数据改善政务服务体系，向公众发送定制化政务服务信息。在数字时代，政府法律法规也应通过相应调整以适应信息化的发展。为了应对政府跨部门使用数据所带来的法律挑战，丹麦将在数字化发展机构的主持下设立常设委员会。该委员会将收集、筛选和优先处理目前所面临的跨部门信息交换所带来的挑战，并就此制定解决方案。丹麦政府为提高政府所掌握的大量数据信息的利用，将加强公共部门基础数据的建设，努力提高现有基础数据的质量。政府将启动新基础数据建设项目（政府目前所掌握的国内工资、薪金数据、联合解决方案和政务服务等数据内容的有效性和价值将被重新测评）。丹麦将建立一个永久性的政务治理结构，推动政府部门持续建立可靠、高质量的基础数据库，为个人和企业行为提供数据支持。

建设更优质的政务服务。作为北欧福利国家，丹麦政府政务服务的一大侧重点在于建设更为完整的社会福利体系。例如：通过数据跨部门共享，为存在精神障碍的公众提供帮扶、为失业青年提供教育机会等举措，使更多民众公平享受政府的福利政策和待遇。同时，继续加强地方政府对残疾人及边缘人群社会服务工作的质量建设，通过建立跨地域社会公共服务数据库，系统跟踪、干预社会福利措施的实施效果，提高社会服务工作的透明度。为实现数字政府为国家发展提供良好环境这一目标，丹麦政府着力推动建设全社会商业信息网络、向全社会开放信息以及建立高效公共事业部门。在推动建设全国商业信息网络建设的过程中，丹麦政府着重关注以下两点内容：公共部门应该在更大程度上使用自动化政务应用程序，重复利用政府和商业部门数据，为企业发展提供良好的数据支撑；除此之外，在公共服务领域使用云计算这一技术，并在数据保护法规的基础上制定新的法律指南说明政府部门使用云计算技术的可行性，并对云计算的安全风险进行评估和管理。

丹麦政府强调政府信息公开。近年来，随着数字化办公的增加，中央、区域和地方各级政府在日常工作中收集和产生大量数据，企业和公众也需要向政府服务部门报告大量数据，因此政府服务部门目前持有大量数据。在数字时代，数据是经营企业最有价值的资源之一，丹麦政府部门数据质量高，具有巨大的商业生产力和增长潜力。在政府信息公开化之后，企业可以利用公共部门数据优化其业务流程，开发新产品和服务，为公众、公共机构和其他企业创造更多经济价值。近年来，丹麦政府部门一直致力于改善公共部门数据可访问性的框架条件。随着基础数据程序的建立，企业、公众和相关机构获得了一系列基础数据的访问权，如地址数据、业务数据和财产所有权数据。为社会提供可靠公共部门数据的工作，在未来仍将是推动丹麦数据驱动创新的重点领域。此外，丹麦政府的信息公开政策也将重点被应用于智慧城市项目。丹麦将进一步加强 GPS 数据和新技术的应用，实时获取动态定位数据并实现数据在行政单位和区域内自由访问和共享，例如废物管理、道路拥挤、与洪水相关的环境条件等数据，通过信息数据的公开促进智慧城市的发展。

整合开放公共事业部门相关数据。丹麦社会的运行依赖于公用事业部门的高效运转。公用事业部门向消费者提供电力、天然气、地区供暖、供水和电信服务，并收集和管理废物和废水。公共事业部门的相关数据可以在地方政府的政策制定和行政管理中发挥巨大作用，对于社会经济发展具有重要意义。

在政府数字化转型过程中，丹麦政府强调关注网络安全和公众信心。为此，丹麦政府提出三点具体要求。其一，政府部门要保护相关数据信息，做好重要数据信息的保密工作。政府部门必须谨慎使用和管理公众和企业的数据，并提供为此设置相应的安全级别。必须着力提高政府信息安全的保护意识，所有政府机构都必须遵守《国际信息安全标准 ISO27001》中所规定的原则，这也意味着，公职人员应掌握并熟悉如何存储和管理公众个人数据和商业机密数据的指导方针。其二，建设强大的数字基础设施支撑。公共部门应确保对社会至关重要的系统和 IT 基础设施的稳健和高效运行。新一代的数字身份认证体系和数字邮件必须能够满足未来科技发展和用户的需求，为公众及企业安全、自信地与彼此和政府机构进行沟通提供技术支撑。其三，政府数字化既适用于每一位公众，也适用于有特殊需求的人群。必须提高公众和企业的数字能力以及他们对安全网络行为的认知，对于无法使用在线政务系统解决自身需求的人，政府应提供相应帮助。丹麦从学前教育开始就注重开发和培养儿童和年轻人的数字技能，这种学习将在未来贯穿于整个学校教育、继续教育及整个人生历程。

第二章

Digital Government

数字政府整体框架

随着大数据、人工智能应用的不断深入，数据已成为数字时代政府治理的核心，数据驱动的数字政府体现了新技术应用环境下，政府通过数字化转型实现治理的变革，实现跨层级、跨地域的一体化协同，达到更加灵活和富有弹性的政府治理，创造可持续的公共价值。

第一节　数字政府研究与发展

数字政府所要转变的不仅仅是政府现有的工作方式，更是重塑政府的公共服务理念，即了解公众的需求，设计和提供满足公众需求的公共服务，实现以数据为中心的策略和流程，更加注重数字战略和数字思维，创新服务模式，提升公共价值。

一、数字政府的内涵特征

最初，数字政府与电子政府具有一定的通用性，尤其在国外的文献中，数字政府被作为“电子政府”的同义词而交互使用。但随着“大数据”“人工智能”应用的不断深入，数字化环境中政府的运行成为数字政府关注的重点，政府的治理方式也随着政府数据的开放与智能化应用发生着改变。结合实践经验，学者们从多个角度丰富和完善了数字政府的内涵。王啸宇等诠释了数字政府的内涵是借助新技术应用，包括大数据、云计算、移动互联网、物联网等，通过对数据资产的精准计算和高效配置，构建新的政府形态，提出的实践演绎和应用场景是数据政务。刘淑春结合浙江的实践，认为政府数字化转型是系统性、协同式变革，包含治理理念创新、数字技术创新、政务流程创新、体制机制创新，涉及战略制定、治理模式、组织架构等方面的内容。黄璜将数字政府的概念结构划分为三层：目标系统、资源系统与动力系统，并以信息服务、数据服务、知识服务支撑政府治理的目标。戴长征提出我国应以“系统性、整体性、协同性”为理念，以信息化驱动现代化为主线，打造数字政府并完善数字政府治理体系。孙志建通过“理论预判”和“评估引领”总结了国际数字政府的新趋势，提出数字政府应是技术逻辑、管理逻辑和政策逻辑的有机统一。黄建伟在分析了我国数字治理的实践后指出，当前发展仍停留在数字化的技术层面，对治理的核心层面即不论是在服务设计，还是在政策制定和满意度判定等方面的公众互动参与重视不够。

作为数字时代的新型政府形态，一些国际组织和咨询机构也对数字政府的内涵进行了阐释。Deloitte 指出一个机构的数字成熟度是指数字技术在多大程度上改变了组织的流程、公众参与和公众服务模式。Accenture 认为，数字政府是对电子沟通和参与渠道的最佳利用，以提高公众对提供服务的满意度、增强经济竞争力、打造新的参与和信任水平，并提高公共服务的效率，数字政府的范围涵盖了从公共服务的核心数字化到数字基础设施、治理和流程的全部数字化，以及新服务模式的交付所需的政府前台和后台的转变与改造。OECD（经济合作与发展组织）指出作为政府现代化战略的一部分，数字政府的目的是应用数字技术来创建公共价值。数字政府的实现依赖于由不同政府角色组成的数字政府生态系统，包括非政府组织、企业、协会和个人，通过与政府的交互，支持数据、服务、内容的生产与访问。

纵观国内外的研究，与电子政务的发展模式不同，数字政府主要体现了新技术应用环境下，政府通过完成数字化转型实现治理的变革，满足公众对公共服务和公共价值的需求。因此，数字政府包含四个特征。

一是政府即平台。政府通过推动与公众、非政府组织和企业共同创造、共同设计和共同交付的创新，从公共服务的提供者变成改善公共服务生态系统的管理者；公共部门提供数据和基础设施，并确保公平、包容和社会效益，在推动企业抓住正在崛起的平台经济机遇方面发挥关键作用；打造信息和通信技术基础设施、数字智慧、劳动力技能等提高信任的坚实基础。

二是创新公共价值。数字政府超越以技术为中心的行政效率和服务能力等内部政府效益提升的微观改进，政府更具有远见和洞察力，更注重政府治理体系和治理能力数字化转型中社会和公共效益的提升；从宏观层面解决政府的数字化转型问题，即为了解决在社会技术变革中出现的日益复杂的问题，新的政府数字化模式需要包括除技术和服务以外的社会和组织因素，如人力资源和多元治理，从而使得政府的数字化转型不断提升公共价值。

三是用户驱动的服务设计与交付。政府服务的重点从满足政府和政策需要向回应公众需求转变，通过服务设计和交付过程改变需求的方向，将满足用户需求作为工作重点，并以这种方式设计服务为用户提供他们实际所需。利益相关者和用户的参与不应仅限于服务的实施，还应参与公共电子服务的设计过程。为了捕捉用户需求并适应不断变化的公共价值，需要采用敏捷开发而不是传统的瀑布式电子服务开发方法。

四是数据治理与协同。政府强化数据资源统筹规划、分类管理、整合共享，实现公共数据资源一体化管理，为各级政府及部门开展大数据分析应用提供数据支撑；充分发挥数据的作用，预测政策需求和对未来作出规划，把数据作为驱动创新和引领发展的先导力量，作为应对危机、解决问题和实现目标的工具；对数据进行资产化管理，实现数据有规律地跨组织边界流动，使部门之间更容易进行交互和提供更好的服务，专注于设计和实现以数据为中心的策略和流程。

二、数字政府的理论实践基础

针对新公共管理理论强调分化、竞争和激励带来的不利影响，学者与国际组织就如何建设数字政府开展了深入的理论与实践研究。在理论框架方面，Dunleavy 等提出“数字时代治理”的改革思维，以驱动数字政府治理推进重新整合（Reintegration）反对碎片化的独立效能，并从整体视角（Needs-Based Holism）和全数字化的政策流程（Digitization Processes）回应公众需求。要实现效率的提高，以及相关的组织变革，就要从更根本上抓住向完全数字化运营过渡所带来的机遇，数字化渠道不是被视为对传统行政和业务流程的补充，而是真正具有变革性的创新。Kosorukov 提出在云计算、大数据和社交媒体时代的数字政府模型（Digital Government Model，DGM），为日益庞大和复杂的数字世界制定切实可行的公共行政和政府决策提供了参考。在实践应用方面，OECD 分析了数字时代政府存在的问题，认为许多政府仍旧遵从一个把现有的过程和产品在线化的逻辑，缺少适应随着数字内容快速改变的能力，并面临着在早期公共服务和系统数字化浪潮中关于维护已经建立的技术系统的挑战。为此，OECD 提出了数字政府开发和实现数字政府战略的建议，帮助政府采纳更合适的方法来使用技术，从而激发更加开放、参与和创新的政府。在对瑞典的数字政府评价中，OECD 提出政府数字化转型的 6 个特点：用户需求、积极主动、数据驱动、设计数字化、政府作为平台、默认开放，为各国实施政府数字化转型提供了参考。数字政府常常被看作公共行政变革的推动者，其目标是创造公共价值，公共服务的数字化往往被视为实现这一目标的主要手段，Lindgren 等通过一个瑞典公共电子服务发展的实证例子，说明了电子服务的发展如何能够突出社会价值的转变，为了维持变革和不断变化的公共价值，应建立多种变革和重新设计过程，不仅涉及组织程序，而且涉及监管和体制方面。

三、数字政府的关键要素

各国对数字技术的依赖逐渐增强，例如在应急管理、履行主要职能、迅速危机恢复方面加大了对地理信息系统（GIS）、开放政府数据，以及前沿技术（如人工智能与区块链）的使用，以提高反应速度、增强社会弹性。但根据 Deloitte、Gartner、Accenture 的调查以及我国地方数字政府实施的实践，各国在推进数字政府过程中还面临着各种挑战，例如数字化转型战略的缺失、数字文化变革的困难、数字思维的转变，以及数据与政策和管理的有效融合等，这成为政府数字化转型的关键要素。

一是数字化转型战略与数字思维。虽然战略是转变过程的基石，但领导者甚至可能没有意识到它的意义或重要性。Deloitte 的研究表明，一个组织的数字成熟度与一个明确的数字战略之间存在着的联系，具有明确和一致战略的机构在数字化发展上更加成熟，更有能力应对机会和威胁，并具有一种促进创新和协作的文化，但大多数政府机构却缺乏实现数字转型的战略。战略规划影响了数字化转型的方向、范围。战略是否着眼于整体、是否具备系统化思维、是否明确主要矛盾与次要矛盾、是否保持开放之于数字化转型而言有深远影响。数字化转型不仅仅是技术的实现，它需要用新的眼光去看待旧的问题和旧的过程。数字思维与大多数组织，特别是公共部门组织对待外界的方式不同，这是一种对利益相关者的不同思考方式、一种不同的产品和服务的发布方式，以及一种不同的工作方式。对于什么是数字思维，还没有达成一致的定义，但对于“获得”数字思维的组织来说，有几个特点是共同的：开放功能、协同创建、对用户关注以及灵活的处理方式，而这些特征尚未深植于大多数政府机构中。我国地方数字化进程的实践中，通过统筹的数字化机构进行管理，地方领导的支持和统一的管理机构有利于加强顶层设计，协调各方面利益，进行统筹规划，减少数字化进程中的障碍，推动数字化的稳步发展。财政资金的支持是数字化必不可少的先行条件。更多的财政资金支持有助于完善和升级软硬件设备，吸引人才。除此之外，还有利于促进数据资源的进一步开发，为公众提供更优质的服务，获得更高的社会和经济效益。

二是充足的政府数字服务创新。政府内部系统并不总是与私营部门系统的易用性和效率相匹配，尽管创新有所增加，但政府机构往往很难跟上技术趋势。数字服务的设计过程中面临不同的数据源、缺乏集成的工具集、零散的工作流和不相交的技能集等障碍。通过使用基本和先进的数据，组织机构可以从探索资源、服务或事项开始，构建个性化的公众之旅。如果一个用户发现数字体验是积极的，他们就可以成为服务的倡导者，从而吸引新的用户，并成为连续使用的用户。如何通过在线服务让公众参与进来，并跟踪他们，以保持他们的兴趣和业务，是机构亟待考虑的问题。是否将提供更好的服务作为首要考虑因素决定了机构是否优先为了便民服务投入人力物力。将提供更好的服务作为首要考虑因素的机构会更倾向加大在数字化上的投入，在数字化中会采取更积极的态度。

三是政府机构在扩大数字业务方面的有效性。Gartner 调查发现政府的数字举措正落后于其他行业，尽管接受调查的美国、加拿大、英国、澳大利亚、印度和新加坡政府表示，数字技术在他们的议事日程中占据重要地位，但他们扩大这些计划的能力提升缓慢。其主要原因，首先是数字战略与业务重点之间的不一致，如果没有更广泛业务的支持，战略规划就不可能存在。其次是该组织还没有做好应对变革的准备，如果没有采取行动的紧迫性，或者没有准备好接受变革的文化，那么提升将依然缓慢。同时提高工作人员的数字技能对其业务的成功至关重要，但是很多机构并没有正式的培训方案。数字化变革的部门文化包括是否对冒险采取积极的态度，是否将服务对象作为首要考虑因素。政府对冒险采取积极的态度就更可能大胆采用新兴的科技，顺应时代号召来寻求改变。而风险规避型的部门文化更倾向于在保障万无一失的情况下采用新兴技术。这种类型的机构多为国防、卫生等之于安全问题较为敏感的部门。

四是数据与政策和管理实践的有效融合。政策决定了政府机构能否以及如何收集个人信息，如何制定策略指导收集、总结和发布数据的频率和情况，确定数据是可供公众使用的还是受保护的。但是当前数据如何与政策、管理实践和技术交织在一起的，以及这些因素是如何嵌入到影响数据质量、可用性的社会、组织和机构环境中的还未明晰。数据受到关于收集、分析、管理、保存和访问的依据内部过程的管理选择的影响。技术在机构处理信息收集、存储、访问、查询和显示方面也发挥着重要作用。数据收集、管理和使用的制度、组织和社会环境都会影响政府数据资源的政策分析价值，现在还缺少政策、治理机制、数据管理协议、数据和技术标准以及政府内外的各种技能和能力的有效融合。保障信息安全是数字化建设中必须加以重视的问题。政府数字化将涉及国计民生的数据整合起来，一旦泄露而被违法分子利用，后果不堪设想。因此数字化建设中一定要将信息安全置于重中之重。信息安全保障水平也是政府信息化水平的重要影响因素。衡量信息安全保障水平的要素包括是否定期进行保密宣传和技术培训、是否实施分类分级网络保密管理制度、是否有专业的网络保密团队重点负责保密工作。

五是公务人员的数字素养。其内容包括部门领导和员工是否具有相应的数字化思维和数字化技能。数字化思维指对数字化有清晰的认识，具有宏观统筹的思维；数字化技能指一定的数据处理能力。部门领导对数字化的认识直接决定了其推进数字化的决心和方略；宏观统筹的思维则有利于领导制定根本性的数字化战略，将本部门的数字化统筹于数字政府的全局建设中，并从部门的实际出发，将数字化与部门特点融合，制定符合部门特点的数字战略。一定的数据处理能力有利于领导理解数字化，更好地推进数字化建设。同时，也便于领导利用数字化的成果，提高管理水平，更好地为民服务。部门职员对数字化的认识程度决定了其对数字化的信心，影响其参与的积极性；对数字化的进一步了解有利于消除其可能存在的数字化使其失业的担忧；宏观统筹的思维有利于了解自己在数字化进程中的地位和作用，积极为数字化建言献策。

六是面向市场的数字资源服务。数字资源市场化是数字化进程的一个目标。通过向市场进行数字服务有利于更充分地利用数字资源为民服务，获得社会经济效益。为公众提供数字化服务是指向公众提供部分政府数据以便于不同机构进行分析，制定销售和服务战略。影响政府向公众提供市场化数据服务水平的因素包括信息的利用率和定制化的服务水平。信息的利用率受信息透明度和数据处理水平的影响。信息透明度指被公开给社会的信息的比例。这主要出于对公众隐私、人身财产安全的保护和保障国家安全的考虑，同时也要考虑部门的意愿。因此不同性质的部门的信息透明度差别可能较大。数据处理能力指政府处理现有和过去数据的能力。这在一定层次上由现有员工的数据处理技能决定，也由部门的历史发展水平决定。一些部门的历史数据大多保存在纸上，实现信息化难度较大，成本较高。

第二节 数字政府模型与架构

各国政府正在努力寻找创新的数字解决方案以应对社会、经济、政治和其他压力，以及如何在这一过程中实现自我转变，分析数字政府的模型与架构，将会对政府数字转型提供标杆框架，对整个社会的数字化发展和国家治理现代化起到引领和示范的作用。

一、数字政府成熟度模型

在数字时代，政策、管理、组织、技术和数据都在特定的社会、政治和经济背景下相互作用，数据已成为数字时代政府治理的核心。因此传统基于信息系统成长理论的电子政务成熟度模型已经与数字时代政府治理的模式不相适应，必须建立新的以数据为中心的数字政府成熟度模型作为标杆。数字政府的成熟程度主要检查组织在多大程度上有效地利用数据重新设计服务和提供新的服务，以及改造和管理其业务流程。

1. Gartner 五级数字政府成熟度模型

Gartner 提出了五级数字政府成熟度模型帮助政府部门规划数字业务战略，并将其传达给关键的决策者和利益相关者。Gartner 五级数字政府成熟度模型如图 2–1 所示，主要从关键指标（在线服务率、数据开放率、数据驱动服务的数量等）、采购策略、技术焦点、领导者、渠道策略和价值焦点六个层面进行考察，把数字政府成熟度分为五个级别，分别为电子政务、开放、以数据为中心、完全数字化和智能化，与此相对应被称为初始阶段、发展阶段、巩固阶段、应用阶段和优化阶段。

	电子政务	开 放	以数据为中心	完全数字化	智能化
成熟度水平	01 初始阶段	02 发展阶段	03 巩固阶段	04 应用阶段	05 优化阶段
价值焦点	合规性、效率	透明度、开放性	部门价值	转型	可持续性
渠道策略	门户网站	政府作为平台	非政府渠道	真正的多渠道	自动化取代门户
领导者	首席信息官/首席技术官	首席开发官	部门	首席信息官与部门	首席信息官升级版
技术焦点	面向服务的架构	数据开放，服务开放	数据完全开放	一切皆可数据化	智能机器
采购策略	混合型	重新内包服务，云优先	多种服务模式	合作伙伴模式	外包型
关键指标	在线服务率	数据开放率	数据驱动服务的数量	数据化率	服务缩减率

图 2–1 Gartner 五级数字政府成熟度模型

第 1 阶段——初始阶段：主要是指当前的电子政务阶段。这一阶段的重点是将服务转移到网上，以方便用户节省成本，但数据及其用途是孤立的，而且极为有限。这一级的关键指标是在线服务率，但高比例的在线服务或移动接入并不能代表现代数字政府，数字化转型要缓解或消除政府组织的高优先级痛点问题。这一级的核心技术是面向服务的架构，通过门户网站作为服务提供的接口，主要价值体现在服务承诺以及效率提升上。

第 2 阶段——发展阶段：这一阶段以开放为主题，但不一定在第 1 阶段之后，电子政务和开放的政府项目经常共存，具有不同的领导和优先次序。开放政府通常采取面向公众的方式，旨在促进透明、公众参与和数据经济的形态。这一级的关键指标是政府数据开放率，开放数据和开放服务成为技术的侧重点，政府作为平台向公众提供服务，核心价值是透明与开放。

第 3 阶段——巩固阶段：这个阶段强调以数据为中心，关注的焦点从简单地听取公众或用户的需求，转移到主动探索从战略上收集和利用数据的内在和新的可能性上。这里的关键指标是应用程序中有多少是建立在开放数据之上，数据驱动服务的数量，专注于设计和实现以数据为中心的策略和流程，体现公众的价值。

第 4 阶段——应用阶段：这个阶段是完全数字化阶段，组织、机构或部门已经完全致力于以数据为中心的方法来改进政府，而首选的创新方法是基于开放数据原则。数据有规律地跨组织边界流动，从而使部门之间更容易进行交互和提供更好的服务。这一阶段的关键指标是应用的各种数据的比例，必须确保在现有规范和条例范围内使用数据，并且这一点要得到明确传达。

第 5 阶段——优化阶段：这个阶段称为智慧化阶段，不断增长的数据驱动创新和可预测的持续改变是这一阶段的特征，使用开放数据的数字创新过程深深扎根于整个政府，并得到高层决策者的支持和领导。自动化将代替原来的服务入口，首席信息官（CIO）将会有新的角色和任务，信息、集成与创新，人工智能将是核心关注的技术。

2. 机构的数字成熟度

机构的数字化应用程度被德勤称为数字化成熟度，数字化成熟度用来衡量政府治理、公共服务的数字化程度，分为数字化早期、数字化发展中和数字化成熟中三个阶段。数字技术的发展日新月异，各国政府数字化应用都还有很大发展空间。成熟中阶段是一个动态变化的过程，是数字化发展的高级阶段。德勤从战略、领导力、员工技能发展、用户专注度和数字文化五个方面考察机构的数字化情况，如表 2–1 所示。

表 2–1 数字成熟机构的特征

特　征	早　期	发展中	成熟中
战略	聚焦于减少成本	意在改善用户体验和决策	意在根本化的转变
领导力	缺少认知和相关技能	有数字化认知	熟悉数字化
员工技能发展	投资不足	中等力度投资	充分投资
用户专注度	缺乏	获得驱动力	数字化转型的核心
数字文化	规避风险；缺乏协作	容忍风险；包容创新和合作	接受风险；创新协作

在数字化成熟中阶段，政府部门有更清晰的从根本上进行数字化转型的战略。与此相反，转型初期阶段的政府部门鲜有清晰的战略，这也是转型初期阶段政府的一个障碍。但在成熟化过程中这一障碍会逐渐被克服，成熟中的政府数字化转型阶段的障碍是项目管理、投资和网络安全。战略的潜在影响被实施方向和范围决定，成熟中的政府部门将数字化技术应用于政府管理的方方面面，包括提高服务水平、改善与公众的互动、提高效率等；而数字化初级阶段的政府部门仅仅聚焦于操作层面的效率提高。信息技术在此领域的应用不能仅仅局限在操作的数字化，更要从不同机构的性质特征着手，将信息化思维与该部门的运行机制融合。成熟中和初期阶段机构的差别还体现在对创新和决策的关系认知上，成熟度越高，就越在意运用数字技术促进创新和改善决策。

对数字化更敏感的领导将改变局面。数字化极大地改变了政府领导力和治理格局，快速科学决策的要求使得决策者需确保自己现有的技能能够适应公共服务的数字化。在数字化成熟度较高的组织机构，员工对领导应对数字化的能力更有信心。他们认为领导有足够的能力来主导数字化战略，同时对技术和趋势有足够的了解。

数字化成熟中的部门注重通过数字化技能的提升来实现发展战略。数字化成熟中的部门在缩小数字技能的差距上进行投资，而在初级阶段的部门，则很少在这方面进行投资。对数字化敏感的领导的作用在此刻得到体现，他们更注重为员工培养数字技能以适应数字化进程。数字化初级阶段的领导对信息化缺乏明确的概念。

数字化成熟中的部门更关注用户需求，以用户为中心改善服务。数字化成熟中的部门更倾向于适应服务对象的需求进行数字化转变。数字技术的应用促进了部门服务的改善。数字化成熟中的部门数字技术使得员工能更好地与公众合作，而在数字化初期阶段的部门中，公众参与程度却比较低。成熟化组织中拥有旨在改善客户 / 公众体验和参与度的数字化战略，而在数字化早期组织中，数字化战略对公众参与考虑不足。这明显将引领者与落后者区分开来，成熟度走在前面的机构在其数字战略中把服务对象置于中心位置。

数字化使机构的原有行政文化受到挑战。数字化成熟中的政府组织中的文化是支持数字化转型的文化：提倡创新，培育协作的工作环境，并对冒险保持积极的态度。不过创新和协作并不总是数字技术的产物，也可以通过数字友好的项目管理方法（如敏捷性）来促进。数字化成熟中的部门将冒险视为一种文化，数字化早期阶段缺乏创新和冒险精神是推进数字化进程中的一个障碍。创新和协作在数字化成熟中的政府中更流行，他们也因此得到更大的益处。受数字化进程的影响，数字化成熟中的政府部门在协作和创新上收获更多的进步。

如何帮助政府部门应用数字技术和数据向更加创新、开放和有效的方向发展，从而不断增强社会包容、经济进步和国家竞争力是数字政府的实现目标，也是实现政府数字化转型战略的必要条件。在对瑞典的数字政府评价中，OECD 提出政府数字化转型至少要考察以下 6 个核心维度的发展。一是用户需求，政府采取的方法和行动能让公众和企业来决定他们自己的需求，即政策和公共服务的自我设计。二是主动性，即政府不需要等待正式的请求就能预测公众的需求，开放除了隐私和安全保护以外的政府数据；在用户请求服务之前就能把服务交付给用户；政府主动直接查看公众有关服务质量的反馈，对服务提供者来说应用智能手机并创建检测服务交付的实时信息成为强制性要求。三是数据驱动，政府在形成和实现公共政策和服务的设计、交付和检测中管理和使用数据的情况。四是设计的数字化，即从一开始政府规划政策和设计服务时对数字技术的嵌入程度，这意味着应用新技术来重新思考和重新设计内部过程并简化内部程序以便达到同等有效的、可持续的和公众驱动的服务，而不考虑用户与公共授权服务交互的渠道。五是政府作为平台，利用数字技术和数据提升数据驱动公共服务的能力，在增强政府开放的过程中让公众和多利益相关者参与到服务设计中并协同工作。平台式政府是以数据为基础的，是供政府分享数据、软件和服务的平台，并且已经发展成为有效率、有效用和有创新性的政府组织形式。六是默认开放，政府开放数据满足用户对数据的归属权，并能对他们的工作产生价值，以及政府应用数字技术对业务流程（如政策制定和服务设计）的开放程度。

二、数字政府架构

1. 整体架构

数字政府是从数字化管理、数字化支撑和数字化业务三个层面推动政府内部职能和外部功能的数字化转型，构建服务高效、治理精准、决策科学和数字适宜的整体政府。同时鼓励多方参与，形成政府、公众、企业和非政府组织各角色协同治理框架，构建治理主体、治理对象、治理内容、治理工具、治理方式协调的数字政府生态体系。数字化管理以效能为中心、以创新为驱动，围绕政府整体职能推进跨部门协同、业务流程再造与新技术应用。数字化支撑是从资源、数据、技术和制度层面出发，构建数字支撑体系，提升政府整体治理能力；以平台服务模式为目标，构建云资源平台、大数据能力平台和应用支撑公共平台，为上层业务应用提供一体化数字资源、数据和技术能力。数字化业务是通过部门业务的数字化转型，改变政府与公众、企业和其他非政府组织者之间的关系，支撑和保障政府机构高效响应经济社会的全面数字化转型。

数字政府的整体架构如图 2–2 所示，以管理和技术双轮驱动的保障体系构建基础设施层、数据治理层、公共支撑层和业务应用层，实现面向公众的高效服务、面向领导的科学决策、面向社会的精准治理、面向生态的协同保护、面向部门的数字化转型和面向公务员的数字技能提升的数字适宜、人民满意的整体政府。技术保障体系包括标准规范、安全保障、数据驱动与运维支撑，管理保障体系包括政策法规、组织机构、评估评价与政企合作等，以“建管用分离”的模式优化工作推进机制、建设标准规范体系、考核评估体系、技术管理体系和安全运维体系，形成数字政府统筹运行的新格局。

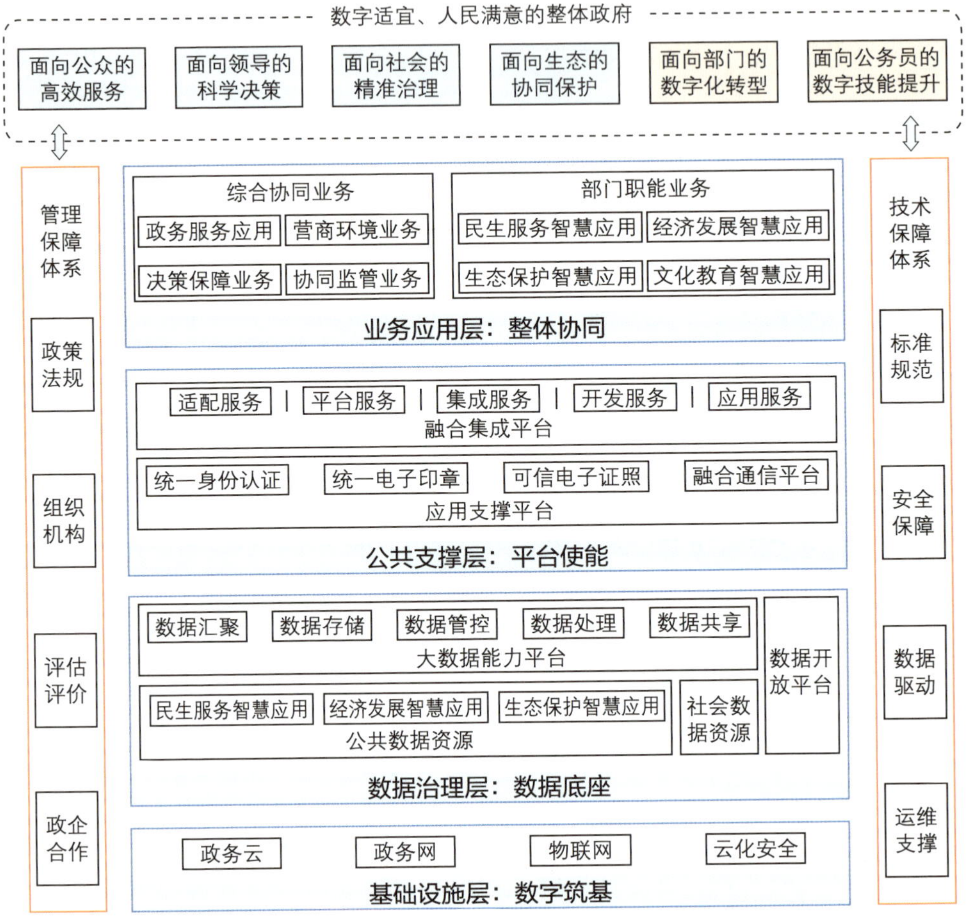

图 2–2　数字政府整体架构

基础设施层以云、网、感知和安全为重点，构建数字化转型的数字环境。数据治理层以数据为纽带，通过数据采集技术、数据共享技术、数据安全技术、数据安全标准等底层技术进行整合和集成，通过大数据能力平台、数据开放平台和大数据资源池，推动政府信息资源的按需共享、整合汇聚和安全合法利用。公共支撑层通过建设应用支撑平台、融合集成平台，提供数据使能服务、平台使能服务、开发使能服务和运维使能服务。业务应用层按照部门职能业务和跨部门综合协同业务，构建民生服务、经济发展、生态保护和文化教育类智慧应用，推动整体协同、数据驱动的政务服务、营商环境、决策保障、协同监管类综合应用，最终实现服务一体化、监管协同化、管理集约化、业务创新化、技术平台化、数据流动化，在数据共享、应用、开发中发展基于知识的社会和经济，并追求高价值的公共政策目标，推进政治、经济、社会、文化、环境全面协调发展。

2. 数字政府技术平台

在数字技术飞速发展的今天，许多政府既有的管理模式无法实现可持续发展，导致公众对政府及其政策的信任度下降。各国政府面临三项重要挑战：一是现有的政府系统和业务流程给数据共享和服务交付带来巨大挑战；二是政府在机构的灵活化和措施的数字化上难以有所作为；三是创新投入比较困难。当前，政府改革的首要任务就是实现数字化转型，通过创新、重复使用组件降低成本以及提供高效的服务与新功能实现变革。Gartner 指出各国政府应当通过建立数字政府技术平台提高业务能力与水平，从而成为数字生态系统中的一环。

首先，政府领导层应加大数字政府技术平台的投资。数字政府技术平台是一种长期的建设过程，是数字政府、数字国家战略的一部分。领导层必须清晰地认识到通过数字政府技术平台开发新举措能够节省大量时间，提升工作的效率与灵活性。此外，数字政府技术平台还能带来巨大的“软效益”，包括公众满意度与组织响应度的提升以及政府决策能力提高等。同时，建立数字政府技术平台能够通过有限的开发，维护最小组件来节省成本。其次，根据各部门参与数字政府平台情况，建立奖惩机制。政府信息技术负责人需要和各部门主管合作建立激励机制，通过设立创新资金抵消早期成本，为平台从业人员提供专业发展机会，为项目提供公众认可等方式来鼓励各业务领域参与数字政府技术平台建设；同时也要建立相应的惩罚机制，通过降低业务项目优先级、削减预算等方式，促使各部门加入平台建设。最后，围绕业务能力与现有的技术缺口，重组信息技术机构。企业架构在数字政府技术平台的建设中扮演着至关重要的角色，政府需要通过使用企业架构来推动组织机构的转变。同时，这种转变必须围绕业务服务来展开，通过业务能力建模在投资和开发策略与过程方面提供指导，帮助组织保持数字政府技术平台的灵活性。

信息技术机构的人员和业务部门的人员都需要提供信息技术服务和措施方案，这对领导者提出以下五点要求：（1）制定数字平台战略指导机构参与数字生态系统建设，建立新的平台服务模型。（2）关注未来业务与技术能力的规划，创建一个兼具企业结构和技术能力的团队。（3）根据机构的能力制定相关政策和程序，通过职位共享和岗位轮换来化解分歧。（4）通过提供培训机会等方式推动面向对象服务体系架构（SOA）向网格应用程序和服务架构（MASA，Mash Application and Service Architecture）的转型。（5）通过学习变革管理、战略规划和前沿技术，为部门制定专业发展计划。

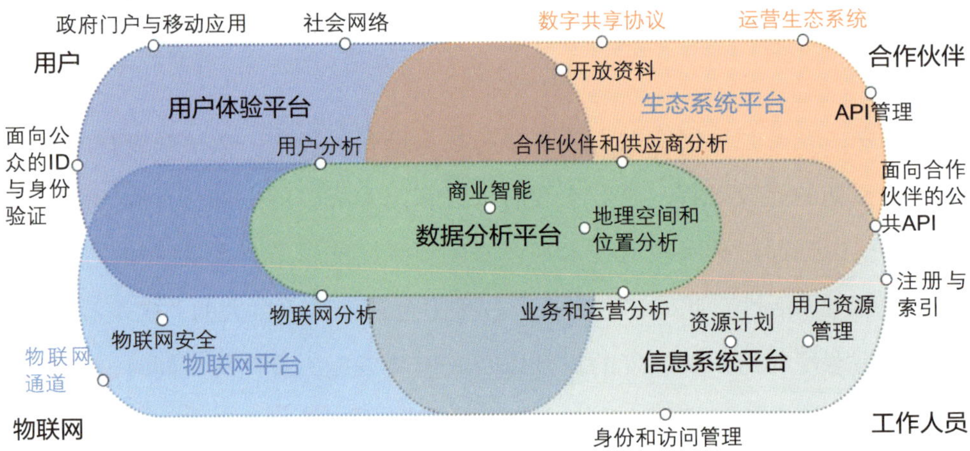

图 2–3　数字政府技术平台

Gartner提出的数字政府技术平台如图2–3所示，由五个领域平台构成——用户体验平台、生态系统平台、物联网平台、信息系统平台和数据分析平台。

用户体验平台通过政府门户、移动应用、社会网络为公众参与和业务实现提供了接口，同时为数据分析平台提供客户数据，进行客户分析。生态系统平台通过数据共享协议等方式为政府提供外界的合作伙伴，为数据分析平台提供了合作伙伴和供应商的相关数据，为信息系统平台提供了运营程序和服务。物联网平台为政府提供了与外界事物互动的通道，为数据分析平台提供物联网数据，进行物联网分析。信息系统平台为数字政府技术平台提供了后台系统的运营基础，同时也对生态系统平台提供的客户资源和企业资源进行管理和分析，与数据分析平台一同进行业务和运营分析。数据分析平台是数字政府技术平台的核心，与其他平台相互配合，分析处理各平台信息。针对数字平台模式，Gartner 指出政府在组建数字政府技术平台时应当注重五个领域平台的平衡，这种平衡能够促进政府与公众、物和合作伙伴的互动优化升级。其组成平台作用如表 2–2 所示：

表 2–2 数字政府技术平台组成部分

平 台	作 用
用户体验平台	为公众参与和业务实现提供了入口和技术，同时评价用户体验
生态系统平台	为政府和生态系统伙伴执行相关政策和程序交换数据和服务
信息系统平台	提供后台系统的技术、策略和程序
物联网平台	提供接口、数据治理和环境，通过物联网传感器收集和处理数据
数据分析平台	提供高级分析、地理空间和位置分析以及人工智能功能，用于处理平台任何区域收集或存储的数据

数字政府技术平台是数字政府建设进程中的核心环节。各国政府都在采取数字政府技术平台的做法，以简化程序、改善公众互动和减少支出，最终实现数字政府。数字政府技术平台提供如身份管理、可重用应用服务、分析

和数字公共服务等，以改善和协调跨越多个领域的多种政府服务。数字政府技术平台中的客户体验平台、生态系统平台、物联网平台、信息系统平台和数据分析平台都是借助应用程序接口（API）使所有人能与之相连接的开放系统。

在整个数字政府技术平台中，API 被看作是数字政府平台建设和运行的促进者，它的重要作用主要体现在三个层次，如图 2–4 所示。（1）联结内部系统。这被当作实现松散耦合模块化架构的一种途径，也就是说 API 起到了像“胶水”一样的连接作用，将各个服务平台以及平台与个人之间紧密相连。它使得公共组织可以提供灵活的服务阵列，并实现为公众提供量身定制的服务列表。（2）提供对大型开放数据存储的访问，以便开发人员及其应用程序和网站可以更轻松地使用，从而为平台和生态系统提供动力。（3）推动机构与用户之间的创新，这在智慧城市等领域非常重要。

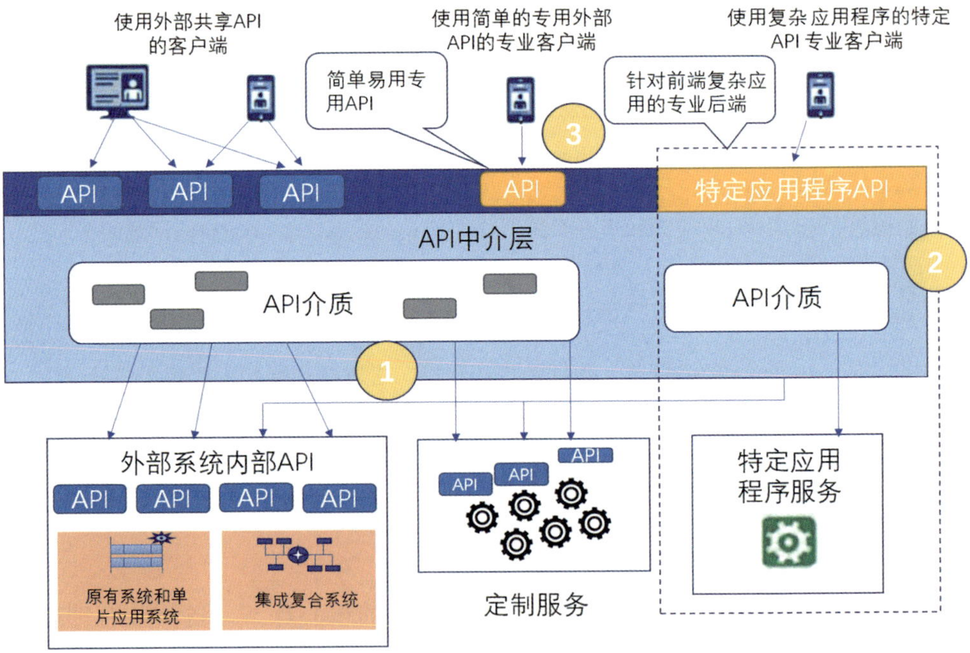

图 2–4　API 在欧盟交换共享中作用的三个层次

三、基于公共价值的数字政府模型

现有的数字政府成熟度模型主要关注技术应用、优化效率、排除故障，忽视了宏观层面的整体把握与风险控制，限制了其提供面向未来的观点和视角的可能性。为此，Jungwoo Lee 等提出了基于价值的数字政府模型（Value-based Digital Government Model，以下简称 VDG）。基于价值的数字政府模型在宏观层面上认识问题，从而实现通过融合数字政府五个不同但相关的组成部分来设计综合的社会问题解决方案，由此设计的综合解决方案不仅是技术和服务的结合，更是组织、制度、程序和社会因素相结合的结果。这种新的灵活的数字政府模型不是呈现水平和固定解决方案的有限状态模型，而是一种参考模型，旨在为在数字政府背景下解决当前社会和治理问题提供思路的概念基础，以有效实现可持续发展的目标。

与以往的数字政府模型相比，VDG 模型具有以下几个特征。首先，VDG 需要一种超越当前以技术为中心的微观层面的方法，即从宏观层面解决政府的数字化转型问题。快速发展的技术以及伴随而来的社会技术革命要求数字政府模型具有远见和洞察力。此外，为了解决在社会技术变革中出现的日益复杂的问题，新的数字政府模式需要包括技术和服务以外的社会和组织因素，如人力资源和治理。在这方面，应该确定和定义 VDG 因素的范围，而不仅仅是技术。其次，与现存的主要以提高政府效率和提高使用通信技术的公共服务质量为目标的模式相比，VDG 模式侧重于社会和国家的可持续发展。随着数字政府有望成为一种新的治理模式，社会和国家的可持续发展可以作为数字政府建设中一个适当的目标价值。再次，因为政府已经实现了服务的高度数字化和工作方式的革新，VDG 模式预计将在评估框架之外发挥新的作用。VDG 模型有望提供一个综合的参考模型，将数据、技术、服务、人力资源和治理等数字政府要素的创新相互融合，以解决各种新兴的社会问题。

如图 2–5 所示，根据对现存数字政府模型的研究，Jungwoo Lee 确定了数字政府的五个关键要素，分别是数据、技术、服务、人员和治理。通过回顾数字政府的发展历史，观察到这些元素随着技术的进步而动态演变，基于对相关报告和文章的回顾，Jungwoo Lee 等将每个要素的历史进展作了概念化处理。

数据：将分散的数据收集到不同职能的地方政府集中数据库中。之后，由于数据的协同性，这些本地化数据库相互连接并融合在一起，朝着整合和连接的方向不断发展。

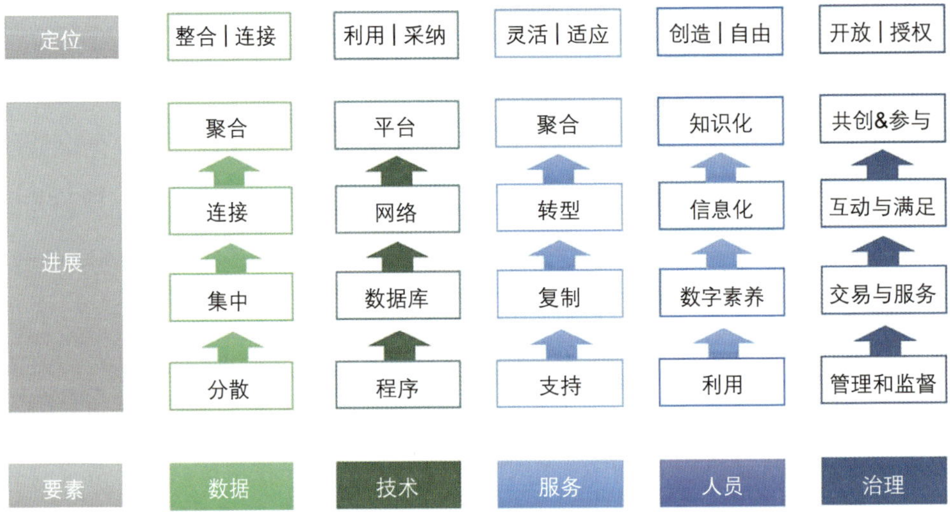

图 2–5　数字政府五大关键要素

技术：支持从简单编程到数据库构造的各项技术。随着网络连接和互联网的出现，跨功能的平台安装在技术上变得可行，技术的发展始终以技术利用为重点和方向。

服务：最初，实施信息系统是为了支持服务程序，但其重点被放在复制系统流程上。后来，当信息系统改造成为发展趋势时，其重点向服务转型，例如企业架构（Enterprise Architecture）的建设，以及跨部门和职能开发新的融合服务。确保服务的适应性和灵活性是服务发展的方向和原则。

人员：目前，人员发展的关注点已经从人们凭借数字素养和信息化所执行的任务转变为工作和流程的知识化，发展方向是让人们摆脱工作的厌倦和负担，并鼓励其发挥创造力。

治理：自数字政府出现以来，治理的重点已经从控制和监管，转变为共同创造和参与。政府治理以开放为原则，旨在让公众参与政策制定过程。

第三节 数据驱动的数字政府框架

随着大数据、人工智能应用的不断深入，数据已成为数字时代数字政府治理的核心，数字政府在技术上倾向于以数据为基础，在管理上倾向于基于需求的定制化服务。传统政府单方面地向消费者（公众、企业）提供服务；数字政府则基于数据分析了解公众的需求，并利用数据为每个人提供个性化的服务。公众可以搜索他们需要的政府服务信息，并独立地使用这些数据，以获得智能的、自主的、自动化的、定制化的服务。公共政策中的“数据驱动”一词意味着数据成为政策分析和决策的重要来源，成为解决问题和实现目标的工具。数据驱动的数字政府根据数据的开放和使用情况，实现以公众为主导的政府管理，并在公众提出需求之前就分析结构化或非结构化数据，提前预测需求并提供服务。

构建数据驱动的数字政府，包括数字政府的基础、数字政府的价值、数字政府的核心、数字政府的关键和数字政府的实现 5 个模块，如图 2–6 所示。数字政府的基础是通过数据资源规划和共享，构建协同文化，实现数据驱动下的治理与协同。通过统一数字身份认证和用户驱动的服务设计构建灵活、主动与定制化的数字化交付服务，实现以数据为核心的服务与创新，这是数字政府的价值所在。数字政府的核心是开放与参与，通过数据发布与开放、隐私保护与安全，让公众参与到数字服务设计、政策制定的过程中，参与到数字服务的满意度调查过程中。数字政府的关键是决策与支撑，如何利用数据科学决策、预测政策需求和对未来作出规划，是数字政府应对危机、解决核心问题的目标。数字政府的实现是能力与评价，通过数字能力与技能的培养，提升公共部门的数字素养，完成公共部门的数字化转型，通过数字技术的投入，开发创新应用，不断培育数字文化建设，并对数字政府的发展进行评价，促进数字政府能力的提升。

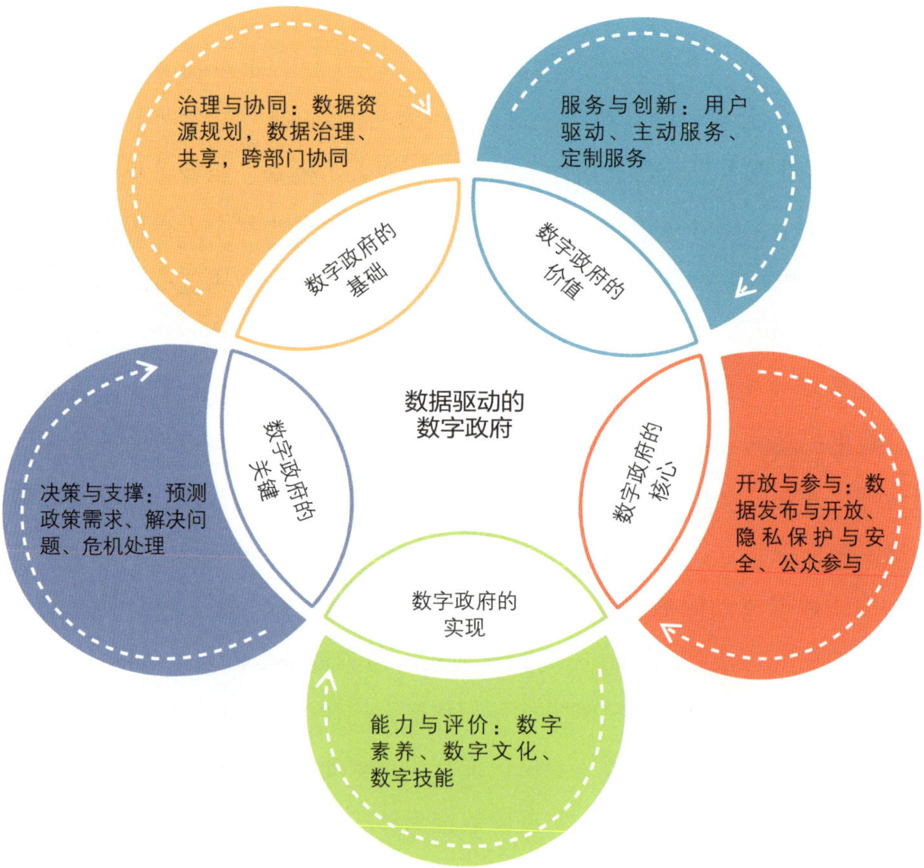

图 2–6　数据驱动的数字政府框架

一、数字政府的基础：治理与协同

数字政府的基础是通过数字化转型、数据化治理、创造性投资以及创新性战略，实现跨层级、跨地域的一体化协同，达到更加灵活和富有弹性的政府治理，创造可持续的公共价值。通过跨部门的合作，政府信息和数据通过电子化方式和网络平台在不同部门之间共享，以此支持协同的有效组织和治理框架，实现以数据为中心的治理，即以数据为中心，通过数据收集、确认、聚合、分析，产生数据服务与产品，并把服务进行聚类产生价值。在治理实践中，数据的参与实体包括数据提供者：政府、企业和公众；数据的中间过渡参与者为政府、企业和应用开发者；数据最终为政府、企业与公众服务。在此基础上建立明确决策与责任、政策与标准、指导原则、隐私与条约以及普通数据的集成框架，实现整体数据治理。构建政府、公众、企业和非政府组织的各角色协同框架，在公共部门内部和非政府组织、企业或公众等外部角色之间建立协同机制，由不同角色构成数字政府生态系统，通过与政府的交互，支持数据、服务、内容的生产与访问，促进相关角色的投入使用以调整供需关系。

二、数字政府的价值：服务与创新

数字政府的价值体现在公共服务从用户需求开始，而不是政府根据政策需要设计服务。服务设计和交付流程应以用户需求为起点，通过新技术应用不断创新服务模式，了解使用服务的群体以及群体需求，以便构建一个对他们有效的服务。这里的用户包括所有参与服务交付的用户，包括终端用户、提供服务的公务员以及其他支持最终用户访问服务的中介。数字政府的服务开发团队应该具备广泛的技能、多样化的角色、快速的决策能力以及随着服务的发展而改变和适应的能力，以获得足够的资源和能力来交付产品或服务，同时开发适用于所有的服务设计和交付阶段的标准化操作。例如通过统一身份认证、电子签名、电子证照等以用户为中心设计提供服务的界面和业务流程，使得政府工作人员更有效地履行职责，公众能够更快、更好地获得服务。

三、数字政府的核心：开放与参与

数字政府的核心是数据开放与公众参与，指的是政府的开放、透明与包容性。政府在政策制定和服务交付中参与多个角色定位，并让公众参与其中，创建数据驱动的文化，保护隐私确保数据安全。开放政府数据是由政府部门、公共机构或政府控制的实体直接产生或委托产生的数据，可供任何人使用、重用和再分配。在这种条件下，政府数据的获取、再利用和再分配不仅为公共部门机构创造了价值，更为整个社会创造了价值，使所有利益相关方能够全面、免费地获取公共数据，并让个人有机会评估各行政机构的表现。随着数字技术应用的深入，这个开放式平台让更多人能够更大限度地获得关键记录，数据获取的便捷性使得公众有机会就公共政策做出明智决定，并参与政策的制定和对服务的设计，不断创造发展机会。为了改善公众参与，政府由“独白式”转化为“对话式”，政府将信息推送到多个电子渠道，使公众能够随时随地地接收实时信息，并鼓励公众通过这些电子渠道提供反馈意见。总的来说，开放政府数据能够提高资源的使用效率，改善公共服务供给——这是大多数国家数字政府战略的一个关键要素。

四、数字政府的关键：决策与支撑

数字政府的关键之处在于通过业务处理的自动化和自主性，以及以数据、算法和人工智能为中心追求科学、准确的决策和支撑。“用数据说话，靠数据决策，依数据行动”已成为共识，越来越多的数据来源和分析工具使得政府能做出更好的决策。同时，还可以加速数据的收集，减少政策周期和迭代所耗费的时间，对所收集的数据进行更加精细的分析，从而不断培育经济新动能、构筑竞争新优势、改善民生新服务。利用公共部门的数据进行决策，意味着需要扩大公共部门信息和统计的数据池，纳入产生数字经济的新数据源，包括移动数据、物联网和社交媒体等。利用数据驱动的决策可应用于公共部门的各个领域。

五、数字政府的实现：能力与评价

数字政府的实现体现在重视发展相关技能，培养数字素养，增强公共机构的数字能力，确立明确的发展目标、完备的法律和完善的监管框架。总的来说，数字技能的培养有助于改善社会包容，缩小数字鸿沟。随着组织机构在数字化方面逐渐成熟，公共部门越来越多地使用数字技术来构建创新和协作的组织文化。但是，目前许多政府机构还缺乏充分利用数字变革的技能。为此需要数字化专家制订计划，确定当前数字化发展水平需要什么样的技能，以及如何确保这项技能的获得，从而让现有公务员具备新的意识和技能，包括用户研究和分析技能、敏捷和迭代的项目管理、用户体验技能、数字业务模型建模技能以及数字供应链的商业技能。在此基础上，精心设计内部培训计划、不断增强对数字化文化的影响，实现数字政府能力的提高。

第三章

Digital Government

数字政府的基础——治理与协同

数字政府的基础是通过数字化转型、数据化治理、创造性投资、创新性战略以及跨部门合作，使政府信息和数据通过数字化方式在不同部门之间流动与共享，构建协同文化和协同推进机制，支持协同的有效组织和治理框架，实现数据驱动下的治理。

第一节　数据治理

技术改变规则，每一次技术革命的应用都将重构经济社会的规则体系。大数据、云计算、移动互联网、5G、AI 等信息技术最终汇合成新型数据治理框架，形成一种新的政府治理结构与决策方式。当前，数据治理已经从操作层面上升到了战略层面，并逐渐渗透到公共管理和政府治理范畴内，对政府治理理念、治理范式、治理内容、治理手段等产生不可忽视的影响，数据治理是政府治理方式变革的必然趋势。

一、数据治理内涵与架构

数据作为关键战略资产，是一种重塑国家治理组织结构的基础资源能力，数据治理是形成支撑治国理政信息化有机体系的关键举措，是打破“信息孤岛”，推进跨层级、跨地域、跨部门数据融合、业务融合的新跨越。

数据治理是将跨职能的团队集中起来，对数据相关事项制定互相依赖的规则，共同解决问题，围绕谁能够对什么数据采取什么措施，以及什么时候、在什么样的情况下使用什么方法进行决策。

数据治理被产业领域广泛采用，而关于数据治理的定义也就主要集中于企业治理。有学者认为，数据治理是企业管理数据的数量、一致性、易用性、安全性和可用性的过程。数据治理是一个对数据进行管理的决策、职责和流程有机组合的系统。数据治理是指从使用零散数据变为使用同一主数据、从具有很少或没有组织和流程治理到企业范围内的数据治理、从尝试处理主数据的混乱状况到主数据井井有条的一个过程，并最终使企业能将数据作为企业的核心资产来管理。有专家认为，数据治理是一门“新的综合学科”，是“企业的责任”，需要“统一的解决方案和治理模型来保护及共享在不同层面的数据”，因而，确保数据治理成果必须安排合适的治理负责人、了解所处环境、制定治理策略、算出数据价值、评估数据使用风险、关注控制措施效果。数据治理涉及组织机构、管理制度、核心领域、支撑领域等方面。但这仅仅是企业界的数据治理，与国家治理视域中的大数据治理相去甚远。围绕相应公共部门职责、决策权以及角色的分配，数据治理框架由治理主体、治理对象、治理环境、实施与评估四个方面高度融合而成。

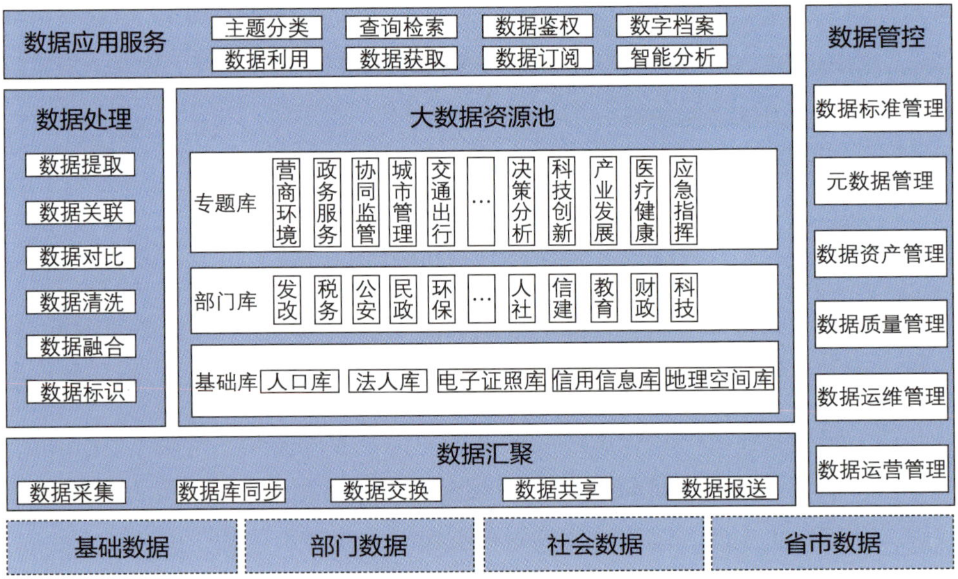

图 3–1　政府数据治理架构

政府数据治理架构以推进数据资源整合利用为目标，构建数据汇聚、数据管理、数据应用、数据运维、数据评估等全生命周期的管理体系，实现数据的汇聚、流通与治理，为上层业务应用提供一体化的数据和技术能力，如图 3–1 所示。政务大数据资源池包括公共基础库、部门库和专题库。人口、法人、自然资源和空间地理、社会信用等构成公共基础数据库，实现各级政府数据、各渠道社会数据汇聚融合。以部门为主体，以管理服务对象基本信息、管理服务资源基本信息、管理服务行政结果基本信息为核心，建设业务数据之上专题数据库，包括营商环境、政务服务、城市管理、交通出行等。通过政务信息资源的共享与应用机制，推动数据共享申请、审核、反馈线上办理，缩短数据共享申请流程，提高数据使用效率。

二、数据驱动的政府治理能力

“治理”包含了治理主体、治理领域、治理内容以及治理方式，国家治理涵盖“由之”与“使之”两方面，即强调以政府自身的改革求得政府治理的改善，又关注政府对公共事务的治理实现优化和改善。

数据驱动的政府治理能力可以从四个视角来加以理解：一是内部视角。这一视角强调大数据对于政府内部运作的意义，认为大数据可以改善政府的决策流程，优化政府的决策目标，提升政府决策的质量，明晰政府决策的效果，便利政府施政评估。二是外部视角。大数据对于政府作为治理主体的“对外”施政行为具有重要影响，大数据可以改善政府提供公共服务的水平和质量，大大便利政府履行监管职能，提高政府应对和处理社会危机和自然灾害的反应速度和敏感程度，尤其在全面深化改革的当下，可以展开“精准扶贫”，推行“精准施政”和实施“精准激励”。三是交互视角。这一视角强调大数据可以改变和改善政府与一般民众、社会组织和市场主体之间的互动，包括程序公开、规则公开、结果公示和信息发布等在内的政务公开，涉及网上办事、意见征询、网上投诉、网上评测、实时反馈等在内的在线政务，可以大大超越传统治理方式的阻碍、时滞和资源限制，极大地改变和改善政府与社会公众的相互关系。四是全球视角。这一视角强调，大数据不仅可以加强中国政府与外国政府、国际组织，尤其是外国普通公众的联系，而且可以参考和参照国际先进经验和做法，全面参与并主导大数据发展的世界潮流。

数据驱动下的政府治理能力的概念得以形成并发展。与传统的政府治理能力强调政府的调控能力、合法化能力和强制能力不同，其依托于治理理论和实践的扩散及发展，又结合了互联网技术革命创造的新机遇，进而形成了“互联网＋治理能力”，是一种互联网和海量数据支撑的、涵盖了更广泛内涵的政府治理能力，是政府治理能力建设在大数据时代所呈现出的新发展、新动态和新前景。

数据驱动的治理能力是改革和转变政府职能、促进政府治理创新的重要动力，有利于推进简政放权改革和转变政府职能、政府创新治理方式。拓展了政府的治理领域，实现网上网下充分联动、协调共治；丰富了政府的治理手段，提高了应对风险与挑战的能力和效果；促进了政府治理能力制度创新、平台创新、技术创新和人力资源体系创新，有利于实现治理模式从单向管理转向双向互动、从线下转向“线上＋线下”、从单纯政府监管向更注重社会协同治理转变。

大数据是一种创新技术，也是一种治理技术。作为国家治理技术的大数据可以提高公共决策和社会治理的信息占有与数据分析能力，能够有效开展智能决策、智能管理、智能服务、智能监督。大数据对于推进科学决策、精细管理、精准服务和精确监管等具有重要的价值。

三、公共部门数据及资产化管理

尽管收集、存储和管理结构化数据集的传统由来已久，但大多数机构对数据的理解与资产不同，需要制定数据治理和管理准则，促进努力升级、协同增效和执行协调一致的措施。公共部门数据利用如图 3–2 所示。数据再利用的机会提高了政府的预见能力、设计和提供服务的效率以及监测的能力，这首先对中央政府级的数据治理采取协调一致的战略。一些机构确实制定了自己的公共部门数据政策，但该政策的重点仍然是政府数据在机构之外而不是在机构内部的重用。这种情况反映了目前大多数机构对数据驱动的公共部门的普遍理解，大多数国家的数据政策普遍局限于以公开数据的形式在网上公开发布政府数据，因此，各项举措都符合这一目的，而不是使公共部门机构能够将数据用作关键战略资产的想法。这需要制定公共部门数据治理的可持续办法，需要有明确的领导、跨部门协调和协作；需要改变整个公共组织的愿景，从注重体制目标转向共同努力，为整个公共部门带来好处。

图 3–2　公共部门数据资产生命周期

从数据资产化这个全新的角度对政府数据进行管理，并在此基础上量化数据的价值，促使数据资源能得到主动管理，提高数据的流通水平，使得具有社会意义的海量政府数据能够被充分挖掘利用，为社会创造巨大的价值，政府数据资产化管理将产生不可替代的作用。数据在资产化的过程中实现数据增值，传统产业与数据资产管理的相互融合催生出新的产业形态与商业模式，驱动数字经济的发展。

建立数据资产管理体系的过程，根据数据资产生命周期特点，针对不同阶段的特点和管理需求，建立相应的治理手段，形成包括数据治理、数据架构管理、数据开发、数据操作管理、数据安全管理、参考数据和主数据管理、文档和内容管理、元数据管理、数据质量管理等的数据资产管理职能架构。在数据资产运营方面，合理配置和有效利用此类数据资产，从而提高数据资产带来的经济效益，保障和促进各项事业发展。其核心思路是把数据作为一种全新的资产形态，并且以资产管理的标准和要求，加强相关制度建设和应用。

理清数据资产运营的关键因素和关键途径尤为重要，释放数据资产红利，使数据以及数据产生的信息成为公认的资产，分析挖掘资产的价值转变为用户价值、群体价值、社会价值的途径与方法。政府数据价值实现的前提是数据资产能顺畅地流通，而数据不能顺畅流通的原因在于数据流通过程中各利益主体之间的矛盾，因此，应从数据资产流通过程中涉及的利益相关者角度出发，以价值实现为目标研究数据资产分类，研究数据资产的流通对策；从量化数据价值的角度来了解数据，实现数据资产价值评估，深化数据的管理活动，分析政府数据资产价值影响因素，构建政府数据资产评估框架。

第二节　数据共享

政府信息资源包括政务部门依法采集、依法授权管理和在履行职责过程中产生的信息资源。数字政府需要充分发挥政务信息资源共享在深化改革、转变职能、创新管理中的重要作用，增强政府公信力，提高行政效率，提升服务水平。数据共享，打破了不同数据之间的界限，打破了不同部门、不同组织的藩篱，以数据共享为基础，国家治理过程协同化、整体化得以实现。

一、数据资源调查

政府信息资源调查工作要明确各政务部门信息资源的现状和特点，明确政务信息资源的采集、维护、更新等管理责任单位，解决好政务信息资源有什么、在哪里、谁负责，重点回答以下几个问题：

（1）识别需要共享的信息，需要回答信息被用来做什么；

（2）识别信息资源在哪儿，找到哪些机构能提供这些信息；

（3）识别为什么需要这些信息，以及这些信息是如何被利用的；

（4）识别交付数据的需求，如数据的质量、实时性、准确度、格式化以及一些编码等。

政务信息资源根据是否普遍共享分为基础信息资源和主题信息资源两大类。比如，国家人口库、国家法人库、国家地理信息库等基础信息资源无条件普遍共享，而部门的主题数据库是业务数据，以协议共享的方式提供，或者不对其他部门提供服务。如中编办建立了机构编制实名制数据，中组部建立了党员干部信息管理平台，最高检建立了行贿犯罪信息管理平台，最高法建立了执行指挥系统，央行建立了中国反洗钱监测分析中心，税务总局建立了全国统一个人税收管理系统等。

公众是国民经济和社会发展的主体，各级政府部门、企事业单位、社会团体以及公众个人对人口信息有着广泛的需求。“国家人口信息资源库先导工程——国家人口基础信息库建设项目”共建单位为公安部、教育部、民政部、人力资源和社会保障部、国家卫生和计划生育委员会。工程建设目标是以国家电子政务网络为依托，整合公安部、教育部、民政部、人力资源和社会保障部、国家卫生健康委员会五个共建单位的相关人口信息，建立覆盖全国人口、以公众身份证号码为唯一标识的，包含公众身份证号码、姓名、性别、民族、出生日期、出生地、照片、户籍地址、实际居住地址、服务处所、死亡标识、婚姻状况、学历 13 项信息的国家人口基础信息数据库，为准确掌握人口底数和人口流动、变化情况，提高政府宏观决策、社会管理和公共服务水平提供信息支持，为国家人口信息资源库的全面建设以及法人库、空间地理库、宏观经济库等其他国家信息资源库的建设积累经验。

国家法人单位信息资源库（一期）工程由工商总局牵头组织，中央编办、民政部、质检总局、人力资源和社会保障部、税务总局、统计局、国家信息中心共同建设。工程确定标识法人实有性、唯一性的信息最小化原则，为保证信息的鲜活、权威，机关与事业法人国家信息资源库由中央编办负责建设，企业法人国家信息资源库由工商总局负责建设，社团法人国家信息资源库由民政部负责建设，国家法人组织机构代码信息资源库由质检总局负责建设。确定支撑应用有限带动原则，即为确保法人单位信息来源的可获得性和高质量性，建设支撑法人库的工商支撑业务系统和民政支撑业务系统。

数据的应用对象不同，业务需求和信息需求的种类、用途和侧重点也不同，如部门领导对于分析研判等比较关注，而此类信息具有全局性、宏观性和公共性等特征；而工作人员则可能倾向于具有精确性、微观性和局部性等特征的数据。

信息共享需要与使用的目的相适应，需要回答信息被用来做什么，因此信息共享必须适用。按需适度的共享有利于在降低成本的同时提升信息效用。要满足不同用户的信息需求，一方面需要了解各地利用外部数据的基本情况，如信息系统建设、数据获取方式、取得的成效及典型做法等，另一方面需要对其他部门及社会领域已归集拥有的数据进行充分分析。

二、数据共享模式

数据共享的动力一般来源于业务的压力、改革的需求或者领导的要求，而约束力一般来源于合理利用问题、环境条件问题、数据质量问题等，因而共享能力是多管辖权的、多原则的。利用外部信息资源原则上需要与使用的目的相适应，需要识别相关方，识别共享的规则，识别用途。

为了使存储于各个部门自行建立的政务业务信息系统的数据能共享给其他相关业务部门使用，提高对政务信息资源的利用水平，需要对分散在不同部门、地区的信息系统数据进行整合，整合方式可分为双边模式和第三方模式两大类（见图 3–3）。

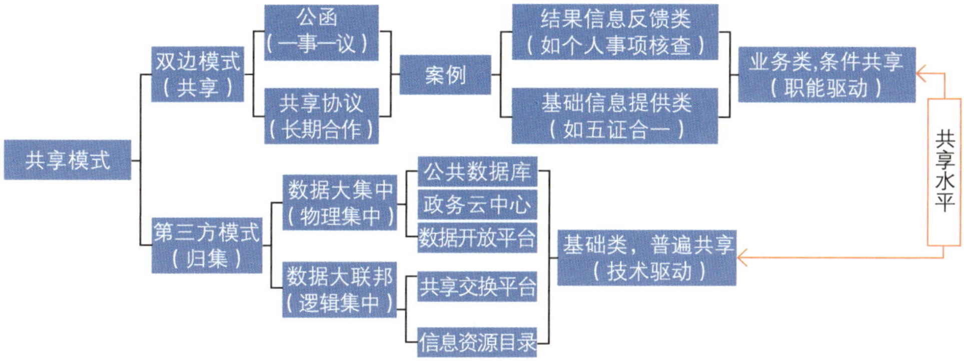

图 3–3　政务信息系统数据整合方式

1. 双边模式

双边模式是数据提供方和数据需求方通过一事一议或者共享协议直接对接的一种去中心化的共享方式。该种方式能够保证相关数据信息更好地为部门和工作人员服务，并在这一过程中充分地体现数据和信息资源的价值，在对部门进行有效对接的过程中，可以促使部门加大对信息资源的利用效率，提升其工作效率。该模式可兼顾信息用户和信息提供者的利益，有效提高信息提供者的共享意愿，适用于业务信息共享。

2. 第三方模式

第三方模式是统一全局模式的信息共享方式，要求数据提供者将数据通过统一的交换平台归集到第三方，并由第三方为数据需求方提供数据的一种方式。该模式又可分为逻辑集中的数据联合和物理集中的数据归集两种实现方式，主要考虑的模式是将各个政府部门建立的政务信息系统数据库，整合建立统一的数据存储数据库，用户访问界面是统一的，用户不需要考虑各个单一系统数据库的分布及异构特性，全局信息整合共享方式解决了不同数据库之间的语义、结构和操作行为的冲突，但在系统建成后，应用这种方式建立的共享系统扩展能力较差，不利于异构信息系统的整合和共享，无法很好地实现异构信息系统的灵活性需求，也无法适应机构信息整合的现实要求。该模式适用于人口、法人、空间地理、证照、信用等普遍共享的基础类信息资源共享。

三、数据共享约束

我们已经意识到信息共享的巨大作用，也需要考虑到实现它的困难性。政府机构在收集、分类和传递信息方面一直处于惯性，大多数信息共享不是技术阻碍，而是政策阻碍。敏感信息的共享对关键任务至关重要，然而分享敏感信息还存在许多问题和障碍。当前阻碍信息共享的制约因素众说纷纭，百花齐放热闹景象背后隐藏的是研究的不充分和实践的困惑。

外部信息资源利用是建立在对公共权力运行规律，尤其是那些管制和配置公共资源部门的权力运行规律的基础上，需要搞清特定政府部门的哪些活动与公权相关、与资源的配置有关，需要去搜集哪些相关数据，由此制定和完善面向不同主题、覆盖各个领域、贯穿权力运行各个环节、不断动态更新的外部信息需求清单；同时，确定通过什么技术手段去获取，研究各类数据的采集渠道和采集方法。数据与业务相关性制约信息资源数据共享存在的障碍包括以下几个方面。

一是信息需求缺乏一致性。对所请求的信息种类和类型缺乏一致性，这意味着信息的提供方对每次请求都需要单独专门处理。特别是数据的非个性化请求过程可能是资源密集型的，这很可能导致数据提供方不堪其扰，超出其能承受的行政成本，因而不愿意共享信息。

二是过度依赖。过度依赖一方数据提供者请求信息可能会造成信息共享关系的紧张，尤其当信息提供方收到的回报又比较少的时候，需要重点考虑确定信息提供者能有什么潜在利益，无论是政治的、行政的还是经济的。

三是缺乏信息聚集的资源与能力。各机构的集中化程度的不同，决策支持的参与度不同，人员的专业化程度也有差异，这种不均衡性导致有些机构可能无能力获取、存储、调度或者分析来自其他部门的数据，能力不足的风险是影响数据利用的自身因素，特别是业务部门和信息化部门协调机制。

四是数据提供方的顾虑。数据提供方会考虑数据会如何被使用、分析会得出什么结果，尤其当数据的使用方式与机构自身使用信息的方式不同时，会导致机构避免进行信息共享；另外，认为自己的数据质量不高或者机构对数据收费也倾向于找借口不共享数据。

五是缺乏协调。需要建立部门间的关系和清晰的参与者动力机制。缺乏信息共享的协调方法经常会导致信息管理的不到位和很少有机会进行信息共享战略的提升和数据质量的提高。准备度方面需要考虑已有政策是否完备、是否可用、是否被有效执行，有无禁止性或干扰性政策；是否有相关管理实践、是否承诺人员、技术、资金等资源支持，是否承诺决策层、执行层的支持。筹备设立专门的信息资源利用专职机构，负责相关的政策、规划、管理、协调、绩效等。

六是数据安全管理。具备数据的使用与保护能力（安全存储、数据审计跟踪、授权机制等）。需要考虑是否有规划、是否有风险评估、是否有威胁或意外的分析。为了构建和维护机构之间的信任需求，必须一起协作减少安全风险，而不是为了避免安全问题而完全拒绝共享，必须通过实践增强协同，并使协同可持续。

四、数据资源规划

1. 推进部门内部政务信息资源整合融合

政务信息资源开发利用可划分为业务数据化、数据集中化和数据业务化三个环节。业务数据化环节是先有业务系统后有数据；而数据业务化环节，数据是基础，先有数据才有相关的业务分析系统、辅助决策系统、预测预警系统等。数据集中化通过形成完整的综合库，实现融合外部信息、整合内部信息、信息增值、智能服务的目标。因此，在做好跨层级数据整合工作的同时，应着力推进部门内部数据融合工作。

2. 以应用推动外部信息资源利用

数据共享的策略和路线图需要自上向下规划、自底向上推动，先易后难，循序渐进。注意急用先上，热点突破，逐步形成共识。一方面，规划并抓好信息共享试点示范项目，基于国家公共信息资源开放平台实现大数据在政府部门的一体化应用，选择条件比较成熟的人口、法人、空间地理、统计数据等信息，以规划的重点工程为抓手，组织信息共享试点，重点解决信息共享的规划设计、供需关系、标准规范和实现技术等问题，建立信息共享的有效制度和机制，探索分析“不为所有但为所用”模式的局限和长处。另一方面，建立安全利益相关工作规则，在共享应用中整理信息资源需求，补充开放信息资源内容，提高数据共享利用水平，同时做好信息资源的风险分析。

3. 强化政务信息系统整合共享的业务导向

政务信息系统整合共享要有明确的需求导向，不能为了整合而整合，要明确信息系统整合的目标和信息资源共享的重点。当前要把推动纵向系统的信息资源在横向落地融合作为重点。一是需要破解政务信息资源共享的泛化问题。实际需求不清晰、共性需求不明确是造成信息共享概念化、简单化的主要原因，需要有针对性地强化业务的牵引性和支撑性作用，提高信息资源共享的及时性、可靠性、可用性，避免产生无效共享。二是要厘清系统整合与信息共享的关系，区分信息系统整合和信息资源共享这两项工作，整合是为了更大范围的共享，共享可有效促进更大范围的整合。三是要围绕数字政府改革的重点任务推进信息资源共享，围绕企业和公众关心的重点领域开展信息资源共享应用。

第三节 整体协同

政府部门左右分工合作、上下层级管理的传统科层制协同方式将被打破，形成科层机构共享的公共数据，进一步要求政府机构间的合作和联动，拉平政府层级与部门分工。打破组织壁垒，使得政府各部门间共享信息，为公众提供无缝隙的公共服务；转变政府行为方式，形成主动协调、密切合作的服务机制，使数字政府服务充满活力；对政府内部流程进行优化梳理，重新界定权力与责任，从而提高服务协调程度、社会效益和公众满意度。

一、协同推进机制

传统电子政务经过多年的发展面临着信息共享难、业务协同难、打通“烟囱式”系统间交互的协作成本高等问题，不利于业务的沉淀和可持续发展。这就需要通过统筹规划，协调各方面利益，减少数字化进程中的障碍，为公众提供更加优质的服务。政府数字化转型不仅仅是技术的实现，它更需要用新的眼光去看待旧的问题和旧的过程。数字政府为提高协同和参与的程度提供机会，允许相关的利益相关者（公众、企业、其他社会组织）在设计公共服务和参与服务的交付中不断协同，并对面临的复杂挑战提供更一致和更协同的解决方案。具有明确和一致数字化战略的政府部门，更有能力应对机会和威胁，并能够创造协作和创新的文化。因此数字政府建设的首要任务是做好顶层设计，通过协同推进机制制定一个切实可行的数字政府发展战略，理顺机构机制，促进政府的整体数字化转型。

日本的数字政府推进机制由高级信息通信网络社会促进战略总部（IT 综合战略总部）、内阁信息通信政策主管（政府 CIO）、内阁秘书处信息和通信技术（IT）综合战略办公室、各府省信息化统筹负责人（CIO）联络会议、各府省信息化专职审议员等（副 CIO）联络会议、总务省行政管理局、国家和地方的电子政务促进协会、网络安全战略总部、内阁网络安全中心构成（如图 3–4）。高级信息通信网络社会促进战略总部（IT 综合战略总部）负责制订实现先进信息通信网络社会的优先规划，并促进其实施；负责审议与建立先进信息通信网络社会有关的措施中重要事项的规划，并推动这些措施的实施。政府 CIO 作为整个政府信息技术政策和数字行政促进计划的指挥塔，监督整个政府的信息系统和服务，包括信息投资和开发。

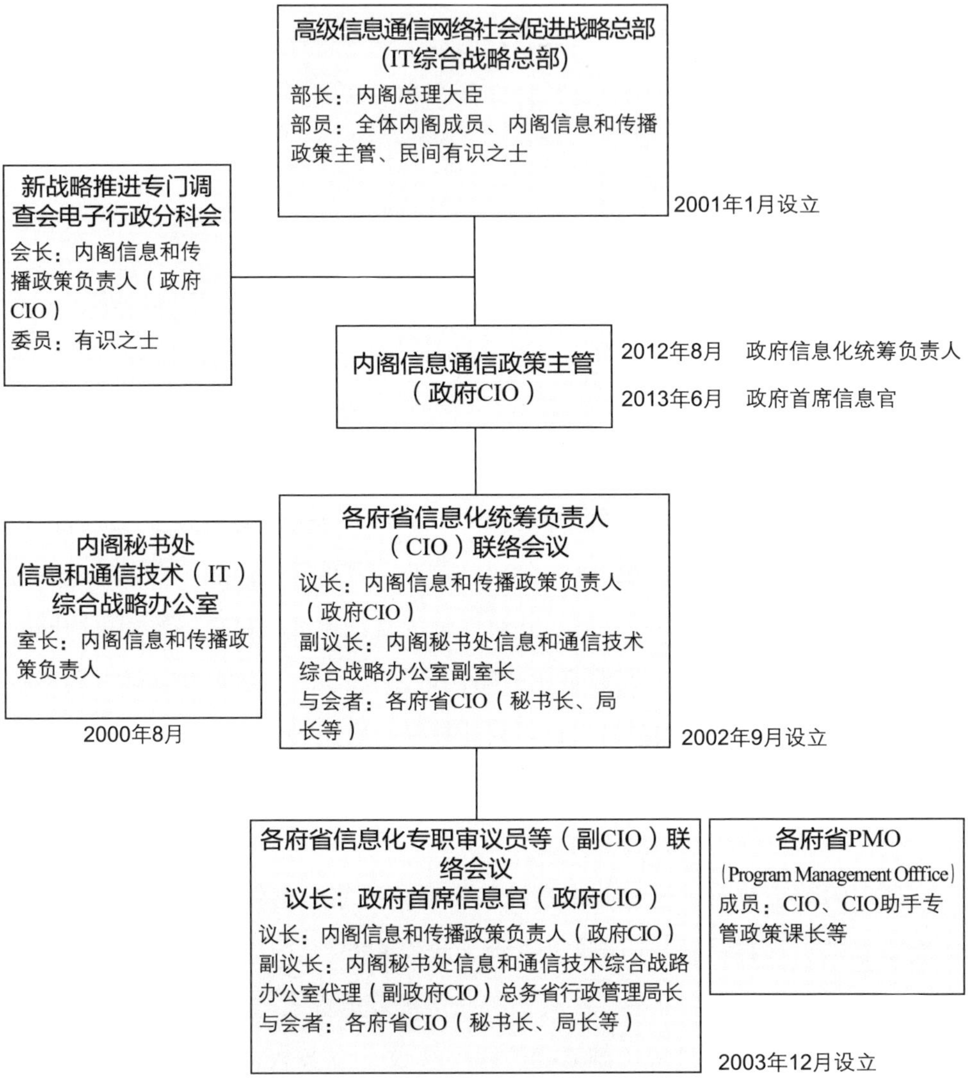

图 3–4　日本数字政府组织结构体系

日本政府认为数字政府建设的重点是通过数字化转型和创新性战略，实现跨层级、跨地域的一体化协同，塑造更加灵活和有弹性的整体政府形象，创造可持续的公共价值。

二、政府即平台

1. 什么是政府即平台

政府即平台意味着人们可以利用协作技术，使政府能够更多地参与，更好地解决城市、区域、国家之间的共同问题。O'Reilly 提出了政府即平台（Government as a Platform）应遵循 7 个原则，即开放、简便、参与、学习黑客、数据挖掘、实验和以身作则。

尽管学者们关于政府即平台这一概念的具体表述有分歧，但他们在政府即平台旨在解决的问题上达成了共识：一是如何使政府变成一个开放平台，以促成政府内外的人进行创新；二是如何设计一个系统，确保其中所有的结果是通过政府与其公众之间的互动而发展得到的，而不是由政府"一言堂"决定的。将政府视作一个平台意味着政府成为"召集者和促成者"，而不是"公众行动的先行者"。

2. 英国的政府平台实践

政府即平台首先由英国政府采用，是以数据为基础的，供政府分享数据、软件和服务的平台，并且已经发展成为高效、创新的政府组织形式。英国政府将平台式政府作为数字政府建设的重要内容之一，并由政府数字服务部（Government Digital Service，GDS）负责。英国的平台政府由多个平台组建而成。目前，英国已经建成以下平台：（1）GOV.UK——信息发布与服务平台，供上百个政府部门和机构发布信息，这是平台式政府也是英国数字政府建设的核心，它体现了彻底的信息集中化——将所有内容从中心控制，且只有后端服务联结各部门，这一简洁的设计和开源模型是对之前烦琐的门户网站的巨大改进；（2）GOV.UK Verify——身份认证平台，供公众在使用政府服务时验证身份（不需要电子身份证）；（3）GOV.UK Notify——通知平台，供政府机构将服务更新情况通知公众；（4）GOV.UK Platform as a service——管理平台，服务团队可以专注于提供服务，而不用负责管理基础设施；（5）GOV.UK Pay——支付平台，一个简便、安全的供人们线上为政府服务支付的支付方式；（6）GOV.

UK Register——注册平台，用于规范数据的来源。

英国平台政府采用 O'Reilly 制定的七原则。第一是开放（Open）原则，英国政府注重政府数据的开放，为此还创建了政府数据网站 data.gov.uk。第二是简化（Simple）原则，GDS 针对中央门户网站进行了包括内容在内的彻底集中化，这意味着整个政府的数字化形象都有一致的外观和感觉，政府平台得到极大的简化。第三是参与（Participation）原则，GDS 采用了一种基于交易的方法，鼓励通过协同努力来提高某些办理（如道路税的续期等）的使用率。第四是数据挖掘（Data Mining）原则，各个行政部门提供的大量行政数据可以被分析并反馈到政府服务和政策制定的设计中，从而进行数据和服务的创新。第五是向黑客学习（Learn From Hackers）原则，GDS 早期参与过大量的“黑客马拉松”活动，政府官员、设计师和开发商聚集在一起解决服务提供的问题和商议进行更广泛的“Hack the State”计划，以期实现政府数据的创新。第六是实验（Experimentation）原则，英国于 2010 年建立了行动洞察小组（Behavioural Insights Team），负责在各部门甚至国外开展随机对照试验，提供了大数据分析所不能得到的因果推断的可能性。第七是以身作则（Lead By Example）原则，英国的数字政府建设，尤其是其国家政府门户网站 GOV.UK 作为享誉全球的优秀数字政府网站被多个国家学习，甚至复制。

3. 瑞典的政府平台实践

2018 年 OECD 发布“通过数据驱动的公共部门建设平台式政府”的瑞典数字政府评价报告，介绍了瑞典数字政府建设的现状，并向瑞典政府提出促进和重新启动数字和数据驱动的政府改进的战略政策建议。受英国平台式政府组织形式的启发，瑞典政府开始学习、复制英国平台式政府的建设模式。平台式政府作为瑞典数字政府框架的重要组成部分，拥有 6 个核心维度（如图 3–5），旨在通过技术和数据利用群体的创造力，并建立合作以共同应对政策挑战。瑞典政府将“建设政府平台”作为其 2015—2018 年数字政府议程目标之一，将政府平台视作实现电子政府向数字政府转变的核心协调机构，发挥“经纪人”的作用，即协调行动、促成合作以实现政策目标，并促进多方利益相关者共同创造价值。

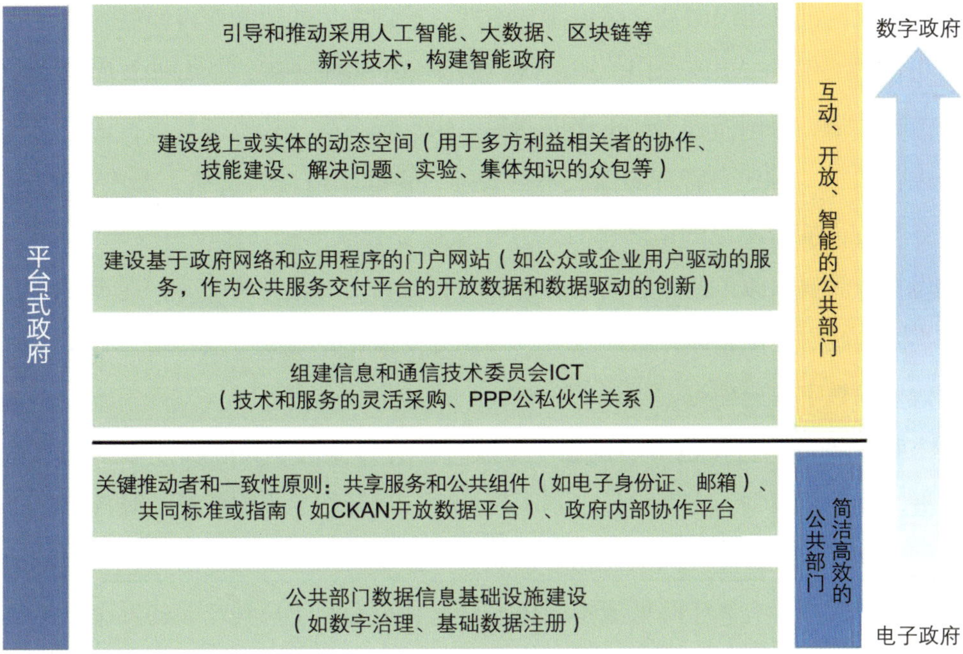

图 3–5　平台式政府的六个维度

为建设简洁高效的公共部门，一方面，瑞典政府建设和启用一些关键性的推动性程序并坚持一致性原则，比如交付和使用包括电子身份证、电子邮箱等共享服务和公共组件；制定协作标准和指南，以避免工作的混乱和重复；构建政府内部协作平台，以实现政府内部各部门间的交流协调。另一方面，加快进行公共部门数据和信息基础设施建设，比如，在现有数据登记册的基础上简化数据共享，改进公共部门数据治理和基础设施建设，以及使用开放政府数据以推动数据驱动的创新。

三、多方参与建设

广泛分布于政府、企业、社会组织与个体之间的数据，决定了政府部门不再是治理结构的唯一主体，政府由封闭性治理结构向开放性结构转变，由政府包办的治理结构向多元共治转变。在数字政府条件下，国家治理机构将逐渐变得开放，市场组织与社会组织参与治理，治理主体的边缘变得模糊。政府数字化转型工作是一项跨部门、跨层级、跨区域的系统工程，具有涉及面广、业务关联性强、协调需求大、工作周期长、投资成本高、技术密集等特征，由政府大包大揽“自建自管”的做法不切实际，将面临资金、技术、人才、安全、服务等方面能力不足的诸多挑战，并导致投资分散重复、建设粗放无序现象。政府自身需要以改革的方法彻底摆脱部门利益和门户之见的束缚，逐步形成统一高效的政府部门整体化协同效应，并充分发挥社会专业力量作用，有序有力有效推动数字政府建设。

我国数字政府外包市场正逐步形成，并有力促进了我国政务信息化快速发展，在项目规划、方案设计、基本建设、应用开发、运维服务、政务信息资源利用、资金筹措等方面的作用日益显著。把政府主导与发挥市场机制的作用密切结合起来，有利于降低成本、提高效率，也有利于拉动产业的发展。各地在电子政务、智慧城市、互联网+政务服务等政务信息化建设过程中，在探索政府作用与市场作用相结合上取得了不少经验：一是政府建设项目外包和运行维护托管的经验；二是建设项目资金来源多样化和社会化的经验。

第四章

Digital Government

数字政府的价值——服务与创新

数字政府的价值体现在政府服务的重点从满足政府和政策需要向回应公众需求转变，将满足用户需求作为服务设计重点，通过统一数字身份认证和用户驱动的服务设计构建灵活、主动与定制化的数字化交付服务，实现以数据为核心的服务与创新。

第一节　数字化服务理念

数字化服务是在数字时代背景下政府提供的服务从线下转移到线上，并通过线上与线下相结合的方式，提供以用户为中心，以需求为导向的定制化的、整体型的服务，满足公众个性化、精准化、多元化的需求。

一、崇尚用户至上

随着互联网时代的到来，公众参与意识逐步加强，对政府服务期许更高、需求更多、范围更广。历经新公共管理运动的洗礼，各国政府亦开始思考如何改变原来的官僚体制，强调顾客导向，不断适应公众需求提供回应性服务。新公共管理“顾客驱动”原则要求政府要定位“掌舵”而非“划桨”，将顾客放在首位，这已成为在线政务服务全面发展的要旨所在。构建一个将公众、渠道、服务内容进行细分与整合的政务服务模式，按照年龄、时间、偏好和特点，为公众提供“量身定制”的政务服务。

二、倡导整体服务

打造数字政府既要完成技术创新，还要优化政务服务流程。以云计算、大数据等技术为支撑，以平台化应用为重点，以数字化、数据化、智能化为转型路径，推动政府全方位、系统性变革，建立决策科学、治理精准、服务高效的新型政府运行模式。数字政府改变过去“以部门为中心”的工作模式，服务以平台的模式展开，平台连接办事群众和各个政府部门，针对服务供给侧，逻辑上形成一个不分层级、不分部门的整体型政府。整体服务是指公众在线上面对的是一个整体的政府，得到的是整体化的服务，而不需到一个个部门去查找服务，形成跨部门、跨地区、跨层级的“纵向”与“横向”相结合的协同政务服务机制和一体化服务网络，让公众享受“一站式”服务，实现由“群众跑腿”向“信息跑路”转变。

三、强化模式创新

在线政务服务就是要让政务服务插上“互联网”翅膀，其要义在于实现“1+1 ＞ 2”的效果。从服务模式创新角度审视，根据公众服务需求在线政务服务可分为 5 个层次：信息发布、单向互动、双向互动、网上办事、一网通办。由此，在线政务服务首先要提速增效，从单纯信息公开向面对社会提供全场景、全生命周期政务服务转型。只有主动精准推送政务服务才是理想愿景。据此，在线政务服务要“按需提供”，实现由“政府端菜”向“群众点餐”转变，为公众提供多样化和个性化的服务。即由传统行政服务中的“人找服务”转变为“服务找人”，公众对政务服务的需求由“被动接受”向“主动感知”转变；以互联网、云计算与大数据技术为依托，对数据进行挖掘和处理，提前进行预测和分析，实现“事后管理”向“事前预测”的转变；并通过多种渠道为不同公众群体推送不同的便民政务信息，主动提供政务服务。

四、注重服务质量

在线政务服务是政府及其他公共服务机构通过现代信息技术使公共服务得到充分实现的过程和结果，显然也涉及在线服务质量问题。尤其是在经济欠发达地区，公共服务供给存在“整体不足”“供给错位”问题，导致区域间供给能力差异较大、分化趋势有所扩大，加之公众个性化、精准化、多元化需求的不断增长与政府供给能力有限之间存在的矛盾，如何构建服务质量与评价反馈机制，及时感知政务服务过程以提升服务结果质量就成为一个迫切需要解决的课题。在政务服务活动过程中，部门之间和部门内部通过互动、合作、整合等方式组织各要素和功能，随时随地为公众和企业提供无缝集成的政务信息资源和服务，实现政务信息资源的共享与整合。各政府部门在面对新的机遇和挑战时，将线下百姓需要的服务和诉求与互联网、新媒体等紧密地结合在一起，积极探索多元的服务模式，建设并探索融合政务管理、服务、监督、互动等于一体的制度与模式。

第二节　数字化服务设计与交付

服务设计与用户需求和行为直接相关，数字技术的使用简化了后台程序，能够节约资源和提供更好的服务。在前台还加强了服务的个性化发展，满足个人需求。根据不同用户采取多渠道和混合的服务交付方式增强了用户接受服务的灵活性。

一、服务设计与交付的差距

英国政府的数字服务（Government Digital Service，GDS）认为数字化是运用互联网时代的文化、实践、流程和技术来响应人们日益增长的期望。政府数字服务的方法就是和政策人员一起完成数字服务设计，但在服务的设计与交付过程中存在差距，如图 4–1 所示。

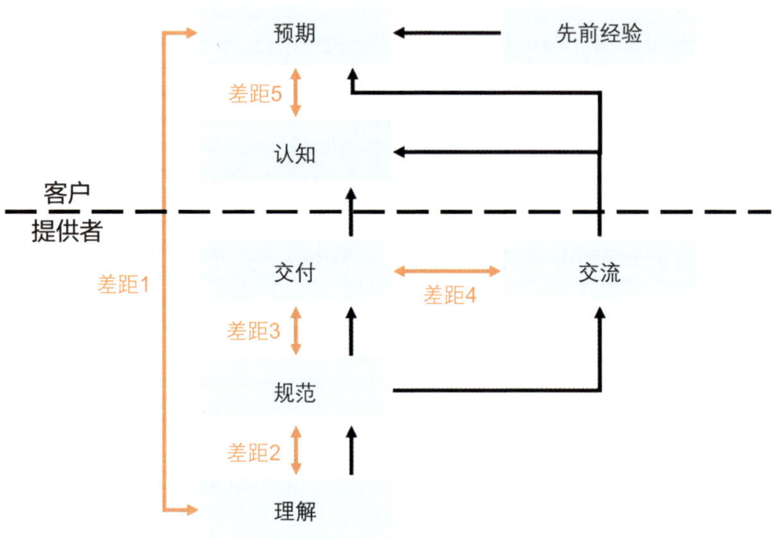

图 4–1　服务质量差距模型

服务设计与交付可能产生的差距大概包含以下 5 个方面。

（1）用户期望与项目负责人期望之间的差距。一个服务项目的负责人应该在过程的开始、进行中以及结束时，随时寻求并公开征集用户的意见。有很好的证据表明，团队中的每一个人都应该每 6 周至少花 2 个小时进行初级的、定性的研究。在这里我们可以思考，是否一个项目的开展，政府部门的相关负责人、项目策划者需要进行一定量的研究以便更好地了解用户的想法？

（2）管理感知和服务规范之间的差距。即使政府理解了用户需求，也必须更好地将这种洞察力转化为服务的愿景。政府基于技术基础，使用最先进的手段将需求与用户及其目标联系起来。所有的最佳规范都可以是真实的工作原型，此时的原型制作比以往任何时候都要容易。

（3）规范与交付之间的差距。许多时候项目在推进的过程中会遇到阻力，导致实际落到用户手上的实物与设计时的样本存在差距。

（4）对用户的承诺与实际交付之间的差距。服务设计的初始阶段往往有着较好的预期，以至于对用户的承诺有时会超过实际交付的水平，这种落差往往给用户造成了不好的体验，使得对于服务本身的体验感从心理层面削弱。

（5）用户对服务的期望和他们对服务的实际感受之间的差距。这个巨大的差距是第 1 到第 4 个差距的累积效应。这也是公众对公共服务感到失望和不信任的主要原因。一段糟糕的服务体验会反过来影响我们对未来与政府互动的预期，这促使政府必须要打破这种恶性循环，防止引发更为激烈的矛盾与冲突。

面对这 5 大差距，英国政府和澳大利亚政府在服务设计与交付方面着重关注以用户为中心的原则，通过让用户直接参与到服务设计的过程中来达到最终目的。

二、用户驱动的服务设计

以用户为中心的设计是一种将过程或服务的预期用户置于设计和开发中心的方法。澳大利亚数字政府实践通过设计团队构建更简单、更清晰和更快的服务从而更好地交付给用户，以此为导向详细梳理在这一过程中政府相关部门的流程与操作。

什么是服务设计和交付？澳大利亚政府网站在其数字指南中提供了答案——服务设计和交付是一种敏捷的方法。它帮助团队提升整体用户体验。包括连接或更换政府不同部门所提供的服务。服务设计和交付过程指导团队的目标为构建简单、快速和清晰的以用户为中心的服务。服务设计与交付的进程中往往包含四个阶段。一是发现阶段：这一阶段的内容是开始映射更广泛的服务前景，研究用户面临的实际需求和问题，并了解策略意图和技术约束。二是阿尔法阶段：通过在代码中构建原型来测试用户的假设，以探索可能满足用户需求的不同方法。同时，进行用户研究，了解哪种方法最有效，以更多信息迭代解决方案。三是贝塔阶段：此阶段开始基于在上一阶段尾声时定义的最小可行的产品范围进行构建。将其构建为可访问和安全的服务，允许公众在现有服务的基础上试用贝塔版，并利用他们的反馈来改进服务。四是实时运行阶段：使团队和流程到位，继续运作和改进服务。逐步淘汰旧业务，巩固现有的非数字渠道。

为什么要遵循服务设计和交付过程？从过去来看，政府服务的重点往往是满足政府和政策需要，而随着时代变迁，大数据等新技术的应用，现代社会的需求逐渐被开发并得到回应。通过服务设计和交付过程恰好改变了需求的方向，将满足用户需求作为工作重点，并以这种方式设计服务为用户提供他们实际所需（如图 4–2 所示）。这个过程帮助团队从小规模开始，快速学习，并快速构建服务，通过减少服务故障来节省资金。该团队通过发现、阿尔法、贝塔和运行阶段的工作，集中精力以正确的方式建立正确的服务。

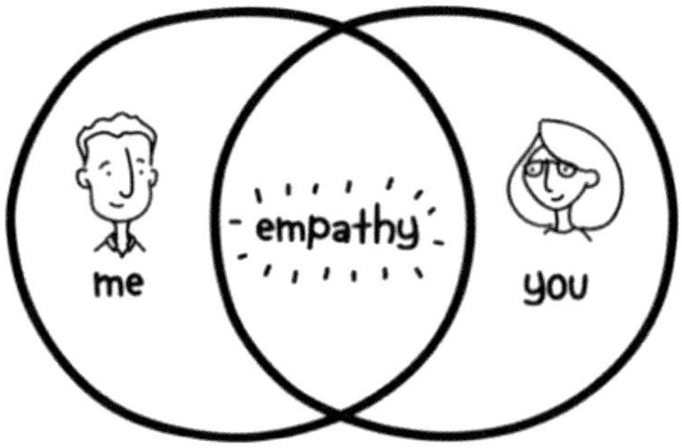

用户不应该理解政府

- 把政府服务的使用者放在第一位
- 帮助团队快速构建服务
- 帮助政府更好地利用技术

图 4–2　澳大利亚数字服务的用户理念

用户什么时候参与服务设计和交付过程？一般来看，在创建或改进服务时，用户就可以参与到服务设计和交付过程。用户客观上来看不需要构建使用流程的新服务，可以从一个实时服务开始探索，检测它是否真正地提供了用户需要的东西。在这一过程中，服务设计和交付流程将指导项目设计人员找出谁是项目对标的用户以及用户的需求到底是什么，一直到改进最终交付的服务为止（图 4–3）。这四个阶段建立在彼此的基础上，并不是一个单向的过程，有可能一项服务在 Beta 内测阶段就被撤回，重新回到探索发现的阶段，来满足不同用户的需求。

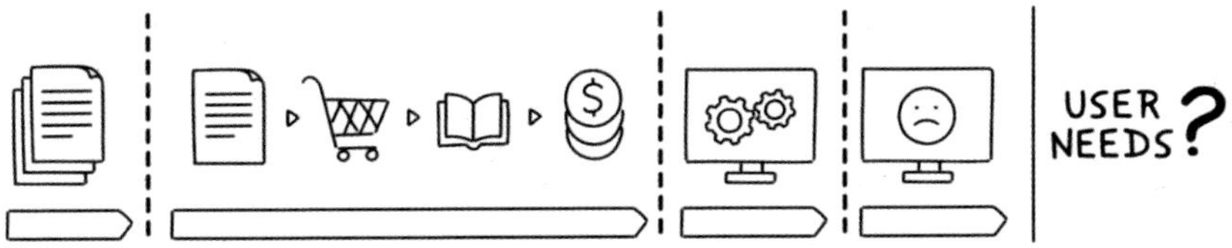

图 4–3　什么才是用户需求

服务设计与交付具体包含哪些方面？澳大利亚政府官网给出的内容包含六个方面。

第一，必须符合数字服务的标准。数字服务标准又叫灵活敏捷和以用户为中心的标准，看似简单，实则包含两个重要内容。以用户为中心的方式设计服务意味着，政府机构提供的服务将便于使用，方便需要使用服务的人，帮助他们在数字渠道中停留。灵活敏捷意味着进行设计时需要政府在技术和政策方面更加积极主动，更容易应对变化。尤其是政务服务往往不到位，需要经常改进的情况下这些服务应转入更便宜、对用户更负责的方向。秉持这一标准能够引导服务设计交付团队构建更为简单、清晰、快捷的服务。

第二，关注用户需求，而非政府需求。传统上，政府根据政策需要去建立服务，设计团队根据需求获取他们所需的资源，然后构建并启动该项目。而当用户的需求被逐渐重视起来后，这个服务已经成为定式，但往往与需求不匹配。因此，现代的服务设计和交付过程在源头开始更改为从用户需求出发，团队在服务设计的各个阶段进行研究，以检查他们是否在为用户构建和改进正确的服务。

第三，服务设计和交付的阶段性。服务设计和交付过程是一种灵活敏捷的方法，有四个主要的阶段，如图 4–4 所示：发现阶段（Discovery stage）——团队对用户和他们的需求有了深入的了解，并提出了解决问题的假设。阿尔法阶段（Alpha stage）——团队构建原型来测试假设。贝塔阶段（Beta stage）——团队根据阿尔法验证的假设构建并测试一个解决方案。实现阶段（Live stage）——团队跟进反馈不断进行更改，以维护和改进服务。这四个主要阶段是互通的，并不一定按照顺序进行。

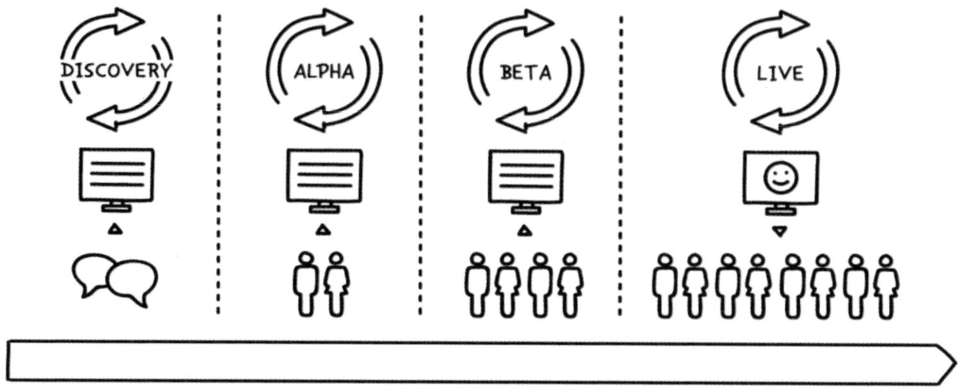

图 4–4　服务设计与交付的四个阶段

第四，服务设计与双钻阶段。服务设计和交付过程的前三个阶段类似于发现、定义、开发和交付的双钻石阶段（如图 4–5 所示）。在探索阶段的前半部分，团队将深入研究用户需求，以了解问题（即发现阶段）；在探索阶段的后半部分，团队缩小最大的痛点来真正理解它们，这样就可以定义假设（即定义阶段）。在阿尔法阶段，使用原型测试上一阶段的假设，直到能够定义一个可行的产品（即开发阶段）。在贝塔阶段，构建最低可行的产品（即交付阶段）。这个设计原则指导团队遵循服务设计和交付流程。

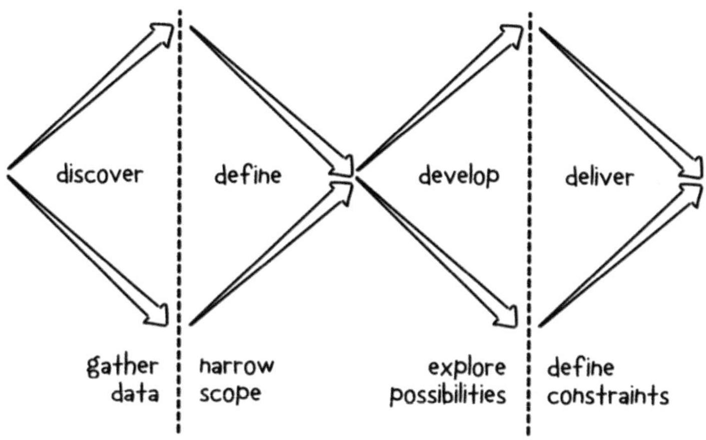

图 4–5　服务设计和双钻阶段

第五，获得决策者的支持。为了能够成功获得支持和预算，以一种新的方式工作，需要提高危机管理意识，把控管理当中的潜在风险。服务设计和交付过程促使团队不定期地审视服务的价值，检查是否正在构建正确的服务。这同时也降低了工作中的风险，只需要一定的研究来支持它，理解组织的目标。这使得团队可能需要创建一个业务案例，说明如何使用流程帮助实现这些目标（例如，流程可以帮助团队更快地构建或提供服务）。从一开始就要清晰需要获得什么样的支持，这可能包括授权招聘专业匹配度更高的人员，提高团队的整体业务能力；如何向上级报告工作的过程，以及该过程需使用的先进技术，何时能生产出用于交流进度的产品等。

第六，快速交付与降低风险。服务设计和交付过程帮助团队快速进行交付的同时，也帮助团队调整工作的细节，以适应他们获得的关于用户信息和需求的新内容，这能够有效地规避构建服务过程中的风险。英国和美国在内的其他国家也在遵循类似的程序，以确保它们为本国公众提供更高的服务价值。价值意味着必须交付正确的东西，交付的效率高、透明度高、适应性强，不断分解管理风险。

新加坡政府通过提供 3000 多个政府数据集的访问，已经与公众共同创建了 110 多个应用程序。例如，为房地产经纪人提供联合经纪平台的 Street Sine 和 NEA Expand 提供新加坡天气实时信息的移动应用 myENV。为了促进共同创建，政府计划逐步增加更多的数据集，并探索其他平台。“新的信息通信技术的出现，需要我们重新审视电子政府的方式，进行根本性思考和变革”，新加坡副总理 Teo Chee Hean 说，“政府必须担当起促进者和推动者的角色——与公共、私人和人民部门合作，创造新的解决方案、新业务和新财富。”

美国数字服务（United States Digital Service，UDS）是一群在联邦政府工作的技术人员推进美国最关键的面向公众的数字服务转型，其使命是最大化满足大多数人的需求。UDS 使经验丰富的技术人员有机会提供 6 个月至 4 年的短期服务，以他们的新观点和技能直接影响高层的政府。他们采用现代软件开发实践和以用户为中心的设计，以改善政府为数百万人服务的方式。数字服务的设计过程包含 13 个方面：了解人们的需求，从头到尾关注整个体验，使其简单直观，使用敏捷和迭代实践构建服务，结构预算和合同以支持交付，指派一位领导者并使该人负责，引进经验丰富的团队，选择现代技术堆栈，在灵活的托管环境中部署，自动化测试和部署，通过可重复使用的流程管理安全性和隐私，使用数据来驱动决策，默认开放。

三、主动与定制化服务

定制化服务是指为用户提供适合其需求的，同时也是用户满意的服务，其基本特征包含三点。第一，定制化服务是一种劳动，并且是一种高水平的劳动。它需要“劳动者”有更高的素质，更丰富的专业知识，更积极的工作态度。因此，这种劳动较有形的生产劳动和无形的服务具有更大的价值。第二，定制化服务带给用户的是个性的感受，结果是没有哪两个人获得完全相同的体验。因此这是一种量身打造、有需有供的活动，它不会出现生产过剩，也不会出现需求抱怨，进而保证经济运行的平衡与稳定。第三，定制化服务所产生的“体验”效应是带给用户美好的感觉、永久的记忆和值得回味的事物与经历。用户对这种美好的感受不会独自享有，而会与他人分享，即积极地传播，进而产生放大效应。韩国的定制化服务已成为当前数字化服务交付最佳实践典范之一，通过学习韩国的案例，可以借鉴其有关政府主动以用户为中心提供定制化服务的经验。根据国际咨询公司埃森哲（Accenture）2014 年 1 月公布的调查结果，韩国在全球 10 个数字化政府（digital government）表现领先的国家中排名第四。早稻田大学发布的《第 13 届（2017）国际数字政府评估排名研究报告》中，韩国在 2016 年国际数字政府评估排名中处在世界第四位；2017 年排在第八位。韩国在诸如网络安全和新兴信息通信技术、人工智能和物联网驱动数字政府发展方面仍然处于世界领先地位。我国《科技日报》所作的 2017 年世界科技发展回顾，韩国以《网络普及世界第一加强电子政府建设》入选。

韩国数字政府建设，特别是主动与定制化提供政务服务的举措与经验，对于加快当前政府数字化转型有着重要的启示作用。

定制化服务在为用户提供更优质更适宜服务的基础上还增加了一个“主动”的属性，意味着服务的提供者即政府在这一过程中需以更加积极敏捷的态度为用户量身定制服务，在这一方面值得借鉴的是韩国政府相关经验。韩国政府的“主动”体现在用户意识唤醒方面。每年韩国政府在电子政务建设的两个重要部门——行政安全部和韩国情报化振兴院会共同举办“电子政府日”，一般持续一个月左右，通常以“国民所希望的新智能型电子政府服务”为主题进行宣传与展览，以激发国民参与电子政务实践的热情。

行政安全部为迎接第四次产业革命时代，倡导国民只要在日常生活中直接经历或感受到公共服务的不便事项时，就可以直接提议改善想法。鼓励国民的观点随时扩充当前公共服务的范围与具体设计。行政安全部经常通过征集民意，利用部门间无缝隙的数字服务，提高国民生活质量与便利性，促使民间与政府顺利合作，协同解决社会问题，使国民真正参与到电子政府服务提供过程中。参与的方式十分便捷，只要是韩国国民，都可以登录行政安全部网站（wwww.mois.go.kr）或韩国信息化振兴院的网站（wwwww.nia.or.kr）下载申请书，通过电子邮件回复到网站信箱，接收的申请将通过相关领域专家组成的审查委员团进行讨论审查。所有通过的想法都会参与电子服务比赛，优秀的服务设计作品将会获得“电子政府日”纪念活动的奖品或奖金，并由市长和部长亲自颁发证书，此举鼓励了韩国国民为服务设计贡献自己的一份力量，以此推进韩国数字服务规范化事业。

韩国行政安全部相关负责人曾表示：“智能型电子政府的核心是利用人工智能、大数据等尖端技术，不论年龄、地区关系，都可以为国民更加便利地提供各种公共服务，公共服务的实际使用者即是亲自提供需求意见的国民们，希望国民能充分理解并积极参与到服务中来。”

在定制化服务方面，韩国政府官网（GOV.KR）是极具代表性的例子。GOV.KR 是韩国政府的官方门户网站，可提供韩国政府服务、公众请愿服务、政策和信息等内容。韩国政府服务部门合并了向公众提供的 90000 种不同类型的政府服务，并将其分为 12 类，以各种方式为每个公众的生活量身定做服务。登录到网站首页，就可以看到第一栏中的服务功能划分为两大类，一类是服务的状态，划分为申请、确认、共享，另一类是服务的性质，划分为以生命周期开展的常规性服务或奖励服务、按年龄或目标列出的服务、横向服务、关键字服务、面向企业组织的服务、面向外国人群的服务（如图 4–6 所示）。

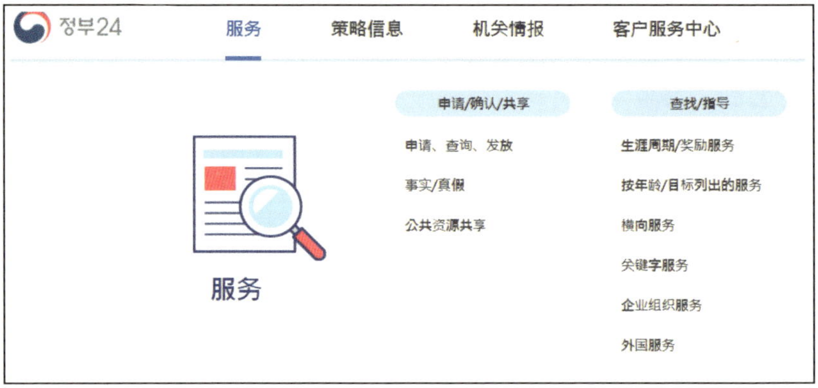

图 4–6　韩国政府网站导航界面服务栏目

其中定制化服务就体现在韩国政府基于生命周期概念面向不同的群体提供的服务。生命周期的概念应用很广泛，特别是在政治、经济、环境、技术、社会等诸多领域经常出现，其基本涵义可以通俗地理解为“从摇篮到坟墓”（Cradle-to-Grave）的整个过程。韩国政府使用的生命周期的概念来源于人口学中家庭生命周期的内容。学界一般把家庭生命周期划分为形成、扩展、稳定、收缩、空巢与解体 6 个阶段，且该概念综合了人口学中占中心地位的婚姻、生育、死亡等研究课题。就韩国政府网站的生命周期而言，是按照人的一生划分成 5 个阶段，分别是婴幼儿阶段、儿童少年阶段、青年阶段、中年阶段、老年人阶段。

婴幼儿阶段的定制服务不仅面向婴幼儿自身，还为怀孕生育的妇女提供相关的服务。具体来看，该阶段服务内容细化为 4 大类，分别是抚养支持、健康保健、幼儿园保育、幼儿园教育。每项内容下又细分为各个具体的事项，如在抚养支持下有家庭养育补贴在线申请、为家长提供全面的育儿服务、支援单亲家庭子女抚养费等 9 项内容；在健康保健下有资助早产儿和先天性异常儿童的医疗费用支持服务、保健中心预约服务、孕妇及幼儿营养教育及咨询服务等 8 项内容；在幼儿园保育下有在线申请保育费、申请儿童幸福卡服务、使用儿童幸福卡支付保育费服务等 12 项内容；在幼儿园教育下有 3 ～ 5 岁幼儿园的学费资助服务、幼儿园学费在线申请服务、幼儿园申请服务 3 项内容。如果一个韩国妇女想生育抚养一个孩子，那么她从怀孕阶段就可以申请相应的服务，直到孩子出生。

儿童少年阶段的定制服务主要围绕学龄前儿童直至成年前学习生活中会发生的一系列事件展开，细分为小学、中等教育、青少年支援 3 大类。从中可以明显感受到韩国对学生成长阶段的法律教育是非常重视的，在法律意识培养方面也比许多国家超前，在这 3 大类里的具体内容中都体现出对于儿童、少年的法律知识教育，比如小学生预防暴力教育、社区内预防暴力教育、法律体验计划等多种学生成长过程中可能会遇到的问题进行的预防教育。

青年阶段的定制服务围绕成年后的人群面临学业、毕业、创业、就业、结婚生育、搬家等开展，并依照这些时刻划分为 6 大类。其中每一类里又为不同的人群和可能遇到的情境定制相应的服务。例如，在创业下有 38 项具体的内容，在其中可以找到为女性群体、中年人群体、残疾人群体、失业人群等多样化群体开展的创业支持服务；在创业中可能产生的情境，比如专业申请、商标申请、进口货物查询也都可以在栏目下设内容找到。

中年阶段的定制服务与青年阶段对比，有三类服务是重合的，分别是就业、结婚生育、搬家。与青年阶段不同的是，考虑到中年群体普遍迈入人生积累的过程，加入了金融资助、购房服务。其中，在家庭健康下设的内容涵盖十分广泛，包含健康保险、野营预约、驾照服务、家庭暴力及性暴力受害者法律援助、健康教育课程、重大疾病支援、社区综合等 30 多种服务。

老年阶段的定制服务以医疗、继承内容为主，划分为医疗照顾、教育就业、老年资金、继承4大类。根据联合国的定义，任何老年人口占比超过14%的城市都会被认为是老龄社会，而超过20%的城市则被认为是超级老龄社会。韩国老龄化问题日益严重，韩国首尔市政府预计到2035年，首尔居民中每4人中就有1人是老年人，老年人口将占首尔居民总数的27.2%。从提供的服务来看，对于老年群体的就业关照是当下的侧重点，在教育就业类下设的内容包含老年人再就业培训、老年人实习项目、互联网知识教育普及等为老年人群体定制的就业再教育服务。

除了以生命周期作为划分服务的情境外，韩国政府网站还根据公众可能在生活中遇到的生活事件进行类似于必要包裹的定制服务。包裹服务共分为4大类，分别是灾难响应服务、回乡准备服务、退休后的服务、老年群体援助服务。灾难响应服务主要是应对各类自然灾害，比如地震、台风、沙尘暴等时提供应急服务。回乡准备的服务内容主要包含公众需返乡定居、就业援助、生活教育等支援性服务。退休后服务主要围绕退休人员的创业、再就业服务开展，方便韩国国民利用政府援助服务开展经济活动。老年群体援助服务老年人的日常生活展开，涉及老年人的业余时间规划、养老金的服务、就业支持、医疗照顾、教育等。

第三节　数字化服务支撑

推进数字化服务公共支撑一体化，构建统一身份认证、统一电子印章、统一电子证照等公共支撑系统能够有效促进政务服务跨地区、跨部门、跨层级的数据共享和业务协同。

一、电子身份

随着科技的发展及人们生活便利性的需求，移动电子商务的发展异军突起，逐渐成为电子商务领域中不可忽视的一股中坚力量。尤其是移动支付的兴起和应用使得商业交易更加便利，在政府提供数字化服务中，也对统一的电子身份提出了新的要求。

1. 欧盟 eID 的应用与普及

自 20 世纪 90 年代以来，随着互联网技术的迅速发展，电子政务、电子商务等网络服务逐渐在欧洲兴起。但是，当时大多数欧盟成员国都无法通过互联网提供跨境服务。为给欧盟范围内各成员国公众与企业的跨国活动及交易提供便利，欧盟各成员国建立数据分享平台。2018 年 9 月 29 日，欧盟在 2014 年颁布的 910/Regulation 正式生效，取代了欧洲电子签名规范的前一个版 eSignatures Directivel999/93/EC。此次颁布的 910/2014 条例的全称是 electronic Identification and Authentication Services，简称 eIDAS。在 eIDAS 的支持下，欧盟公众现在可以使用他们的电子身份证（eID）进行一系列可信和纯粹的跨境在线活动，eID 开通的时间如图 4–7 所示。

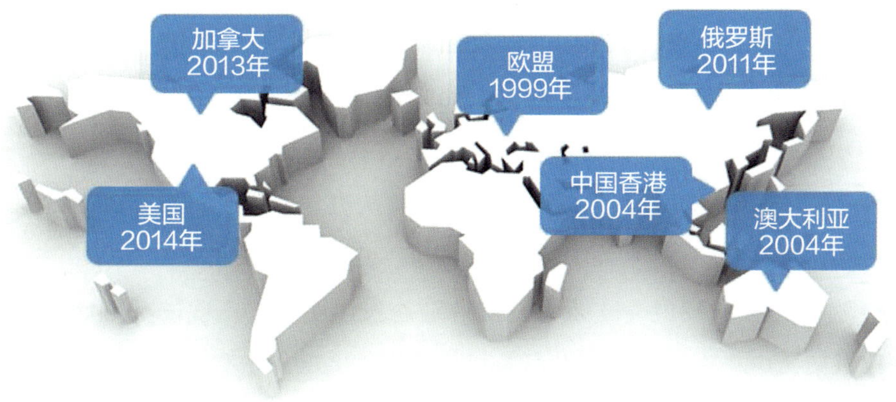

图 4–7 eID 各个国家和地区开启时间

eID 是确保安全地获得在线服务和以更安全的方式进行电子交易的工具之一。安全的电子识别是数据保护和防止在线欺诈的重要推动者。在电子政务等领域，这些方面十分重要，公众和企业需要相信他们的数据完全按照现有的数据保护法规处理。eID 可以保证对某个人的明确识别，并使服务能够交付给真正有权获得服务的人。2018 年 9 月 29 日，欧盟 910/Regulation 正式生效意味着欧盟公众在国家一级也可以使用其他成员国的跨境公共服务，并且成员国之间已经建立了一个合作网络，作为会员国之间合作的机制，以实现其 eID 计划的互操作性和安全性。

eID 和电子信托服务（eTS）是确保跨境电子交易安全的关键因素，也是数字单一市场的核心组成部分。

电子识别及信托服务共同立法者通过的条例是一个里程碑，可以提供一个可预测的监管环境，使企业、公众和公共当局之间能够进行安全和无缝的电子互动。这个信托服务条例：确保个人和企业能够使用自己国家的 eIDs，并在其他地方获得公共服务。

为信托服务建立欧洲内部市场，即电子签名、电子印章、时间戳、电子交付服务和网站认证，确保电子签名、电子印章、电子交付服务和网站认证跨越国界，具有与传统纸质程序相同的法律地位。只有确定所有这些服务的法律效力，企业和公众才会将数字交互作为他们的自然互动方式。

eIDAS 的监管给欧洲企业、公众和政府服务带来了便利。并且面向公众和中小企业提供的服务是不同的。比如面向公众的解决办法包含以下内容：eIDAS—申报税款、eIDAS—“只有一次”原则、eIDAS—学生流动性、eIDAS—开立银行户口。而面向中小企业的解决办法有以下内容：eIDAS 专业服务、eIDAS 在运输部门、eIDAS 网上零售、eIDAS 金融服务业。

伴随 eIDAS 的发展，欧盟为公众特别是公司奠定了正确的基础和可预测的法律框架，中小企业以及公共行政机构只需“一次点击”就能安全地获得服务，并在网上和跨境进行交易。实际上，推出 eIDAS 意味着更高的安全性和更方便的在线活动，如提交税务申报、在外国大学注册、远程开设银行账户、在另一个成员国建立企业、认证互联网支付、在线招标等。

2. 中国电子社保卡

2018 年 4 月，中国第一张电子社保卡由人力资源社会保障部在福州签发，社保卡数字化进程正加速推进，未来将有越来越多的市民享受到电子社保卡带来的便捷。

电子社保卡是社保卡线上应用的有效电子凭证，与实体社保卡一一对应、唯一映射，由全国社保卡平台统一签发，人力资源社会保障部统一管理。与实体社保卡一样，电子社保卡全国统一、全国通用，具有身份凭证、信息记录、自助查询、医保结算、缴费及待遇领取、金融支付等功能。截至 2019 年 1 月，中国统一的电子社保卡已在 26 个省份、230 座城市签发。

电子社保卡经在线认证后具备多种功能，可作为线上身份认证凭证。通过生物特征识别技术，可实现持卡人的线上待遇资格认证，减少参保人跑腿办理带来的麻烦。申领成功后，相当于参保人多了一个电子身份凭证，与实体卡一样，可享受人社服务及其他民生服务。未来，电子社保卡的身份凭证功能将发挥得更加充分，在交通出行、公用事业、小额支付等方面进行应用场景探索，推进这一功能在入园、入馆、出行等方面的应用。

除了作为身份凭证之外，电子社保卡还具备自助查询、业务办理、医保结算、缴费、待遇领取及金融支付等多种功能。申领电子社保卡后，参保者能在网上查询社保参保信息、就业人才服务信息、个人就业信息、职业培训信息、职业资格信息、职业技能等级信息、创业担保贷款扶持信息等之外，还能线上办理相关业务，包括就业创业服务、社保服务、劳动用工服务、人才服务、调解仲裁服务等。

移动支付功能让电子社保卡成为名副其实的“电子钱包”，在参保缴费、考试缴费、培训缴费、医疗费结算等方面实现在线支付。目前，很多城市已开通电子社保卡就医购药服务功能，在就医时出示手机端电子社保卡，看病后不用排队就可直接线上结算，在指定药房购药时可扫码支付。

只要手中有一张实体社保卡，所在城市已经开通电子社保卡申领服务，持卡人就可以随时随地通过可信 App（应用程序）领取电子社保卡，如人社部门 App、政务服务 App、合作发卡银行 App 及第三方支付平台 App 等。目前全国已有 138 个 App 或网站开通了电子社保卡服务，已开通的 App 或网站列表可在人力资源社会保障部门网站查询。

作为落实《“互联网 + 人社”2020 行动计划》的举措之一，2020 年，电子社保卡将普遍应用于线上身份认证、就业人才服务、社保信息查询、人社业务缴费、就医购药结算等业务场景，完成向全国社保卡服务平台统一支付结算模式的切换。

3. 日本“我的号码”

日本建立了基于社会保障号码和个人税号的个人番号制度，每个公民（包括长居日本的外国人）对应一个特定的 12 位号码，通过特定的号码可以链接到不同部门内同一人的信息，以此完成各行政部门间、中央政府与地方政府间个人信息的统一（社保号码、个人税号等），减少匹配信息所花费的时间和成本，简化行政程序，减少文件材料的重复提交，提高行政效率，使行政服务更加精准。还可以推动实现社会的公平公正，使人们更容易理解收入状况，避免税收和社会保障负担，避免不正当的转移支付，并为真正有需要的人提供支持。

日本通过《我的号码法》以法律手段规定了对个人号码的保护，对各种冒用、盗用、侵权等行为制定了严厉的惩罚措施。2013 年 3 月 1 日，《关于在行政诉讼中使用号码识别特定个人等的法案》（番号法案）在国会审议通过，进一步完善了个人番号制度。

在“我的号码”制度的个人信息保护方面，如果有人非法获取他人的“我的号码”或非法向他人提供包含个人信息或个人机密的个人信息文件，则将受到严厉的处罚。除非法律要求，否则任何机构和个人禁止收集或存储包括“我的号码”在内的个人信息。组织第三方机构“个人信息保护委员会”监视和监督“我的号码”信息是否得到妥善管理。一旦违反《我的号码法》关于个人信息保护的部分，处罚将十分严厉。在需要提供“我的号码”时，办事人员将需要确认个人号码并核对办理人身份，以此确认人号对应。从技术层面，将个人信息分散管理，不同的部门储存不同部分的个人信息（养老金信息由养老金部门负责，税务信息由地方税务局储存），避免造成单个部门泄露造成重大危害。在政府机构之间进行信息共享时，不会直接使用“我的号码”，而是使用加密的内部特殊代码。另外，对“我的号码”系统实行限制访问，并加密信息的通信过程。

二、电子证照

电子证照与纸质证照文书具有同等效力，需要满足唯一不可复制、真实不可伪造、非授权不可调阅等必要特性，要求为其建立起科学、安全的数据标准体系，对其生成、颁发、存储、授权、调阅、吊销等全部使用流程进行格式化规范，从而保证在不同的场景下，平台的安全、共享、快捷、高并发使用需求。电子证照是以数字方式存储、传输的证件、执照、批文等审批结果信息，是支撑政务服务运行的重要基础数据。我国各省建设电子证照库作为基础资源库的组成部分，电子证照库设计包含证照编号、证照内容信息、证照信息文件、证照样式，并预留电子证照文件的索引。电子证照和证照信息文件数据都应归集到电子证照库中统一管理和使用，证照信息标准实现省级统一，推动全国互认。依托国家政务服务平台电子证照共享服务系统，实现电子证照跨地区、跨部门共享。电子证照采用标准版式文档格式，通过电子印章用章系统加盖电子印章或加签数字签名，实现全国互信互认，切实解决企业和群众办事提交材料、证明多等问题。

1. 河北省推进证照电子化的实践

标准先行、政策护航。推进证照电子化，尤其是电子证照直接取代纸质证书，技术标准和政策保障是首要前提。一方面，河北省遵循国家统一标准规范，制发了《河北省“互联网＋政务服务”平台电子证照技术标准》，统一了全省电子证照建设应用的标准体系，为汇聚全省电子证照数据，开展证照共享核验奠定了技术基础。另一方面，积极协调省住建厅向上级主管部门住建部就15项许可事项开展证书电子化工作进行专门请示，寻求行业主管部门的政策支持。住建部对此项工作批复同意后，省住建厅印发了《河北省住房和城乡建设厅关于企业资质和从业人员资格实行电子证书的公告》，为全面推进16类证书电子化工作提供了制度保障。

多场景应用，强安全保障。依托全省一体化在线政务服务平台统一电子证照系统，制定了16类证书的样式版式、照面元素、字体字号、签名签章、标识水印、二维码等内容，使用标准OFD版式文件生成电子证照。同时，创新性地将电子证照分为批准件和使用件，批准件即批即领、长期有效，使用件即用即领、限期限用途有效，大大扩展了16类电子证照在政务服务、工程招标、项目建设等领域的应用场景。另外，在电子证照上增加了电子签章和二维码，通过证照阅读器、证照文件上传、手机扫码等方式进行真伪验证，实现多重安全保障。

广泛宣传，试点推广。为将16类证书电子化工作成果更早更广地惠及企业和群众，在河北政务服务网、省住建厅网站、河北新闻网、河北政务微信公众号、各级政务服务大厅等渠道开展了多种形式的宣传，既有官方形式的文件通知，又紧贴群众采用图文形式开展了生动活泼的政策宣讲和使用介绍，保证了宣传覆盖人群和宣传效果。同时，河北省以这16类证书电子化工作成果为试点，及时总结电子证照建设应用经验，大力推进了省人社厅、省生态环境厅、省市场监管局等部门证照电子化工作。

2. 电子证照取代纸质证件带来的政策红利

从“最多跑一次”到“一次不用跑”。证照电子化是实现足不出户、全流程网办的前提，为政务服务工作带来了革命性的变化。16类证照电子化后，原本核验原件、领取纸质证书等见面环节，不需再到现场办理。办事群众在河北政务服务网实名注册后，可全流程网上申报、审批、办结，自行下载或打印电子证书，实现了从“最多跑一次”到“一次不用跑”质的升华。截至目前，全省共发放企业资质资格电子证照2.7万多张、从业人员职业资格电子证书50

多万张，惠及全省建筑类企业 1 万多家、工程建设从业人员 30 余万人，大幅减少了企业和群众申请住建资质资格来回跑动、提交纸质材料等时间和金钱成本，获得了良好的社会反响。

从“纸质打印”到“电子核验”。16 类证照电子化后，通过扫描电子证书二维码，可随时随地查看企业资质或人员资格证书的基本信息、批准日期、电子签章、证书状态、使用用途等详细信息，验证方式更加科学、准确，从根本上解决了纸质证书易损毁、易丢失、易伪造等问题，实现了从“纸质打印”到“电子核验”的飞跃。

从“单一使用”到“共享复用”。16 类电子证照的使用件可不限次数申请，申请人填写用途、期限等信息后，即可下载或打印电子证书使用件，改变了纸质证照一个时间点仅能一次使用的局限，企业可使用电子证照同时办理多个政务服务事项、参与多个工程项目招标、开展多个项目建设，充分发挥了许可证书所代表的资质、资格价值，释放了以往由于行政审批所束缚的企业动能，大大激发了市场活力。

从“粗放管理”到“精准监管”。证照全程电子化，实现了申请人与主管部门“零见面”，全流程标准化审核，最大限度压缩了权力寻租空间，在操作层面上基本杜绝了“吃拿卡要”的出现。而且电子证照的应用，住建部门能够准确掌握河北省住建相关企业资质情况和从业人员素质，为住建部门制定行业政策、引导市场规范发展提供了数据支持，同时为开展精准化监管，从源头上根治工程建设领域长期存在的资质借用、人员挂靠等问题提供了技术条件，真正做到了“小证照，解决大问题”。

三、共享交换

我国国家数据共享交换平台作为国家政务服务平台基础设施和数据交换通道，对于各省（自治区、直辖市）和国务院有关部门提出的政务服务数据共享需求，由国家政务服务平台统一受理和提供服务，并通过国家数据共享交换平台交换数据。

采用集中与分布相结合的方式进行信息资源目录服务和数据交换服务，其体系主要分为国家、省、地市三级节点，实现国家、省、市、县级数据交换，如图 4–8 所示。在国家级节点存储和提供政务信息资源总目录和国家级政务数据交换服务；在省级节点存储和提供相关省级政务信息资源分目录和省级交换服务；在地市级节点存储和提供地市级及以下政务信息资源分目录和地市级及以下交换服务。下级节点利用上级节点进行本级政务信息资源的注册和跨区域的数据交换。

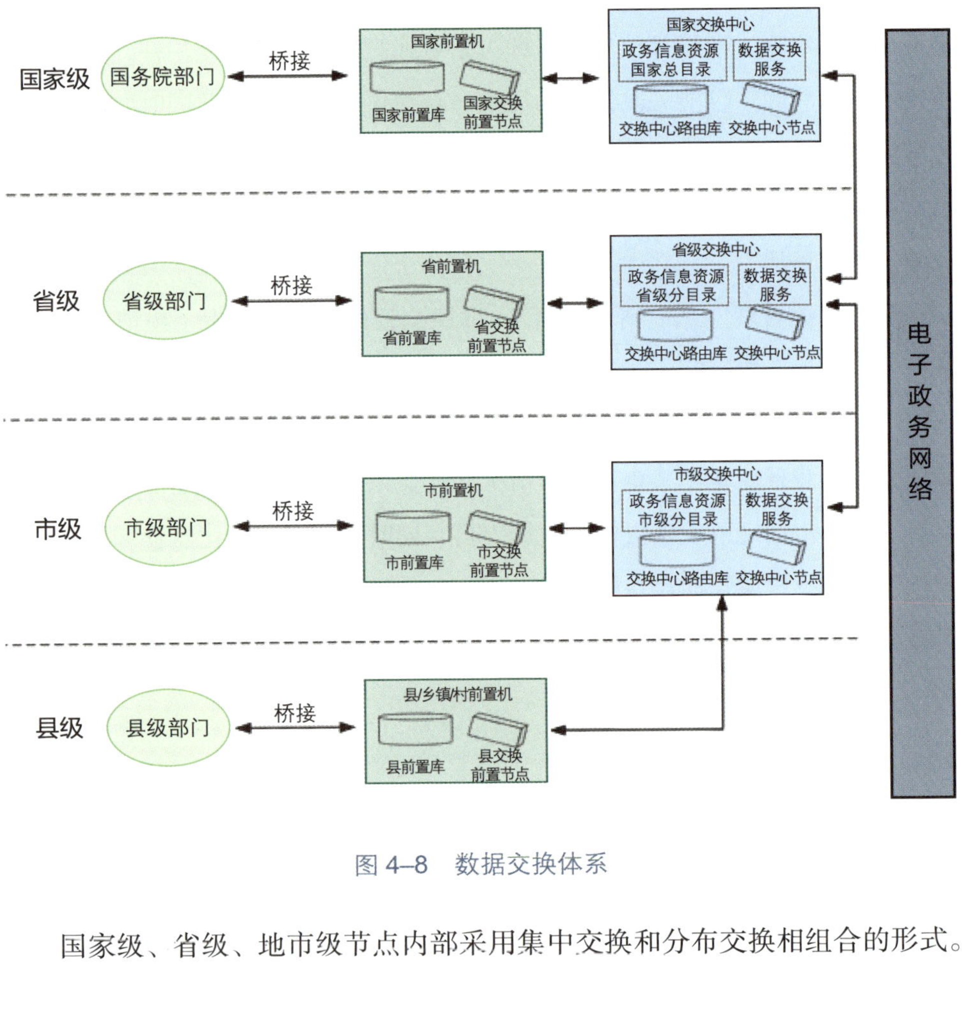

图 4–8 数据交换体系

国家级、省级、地市级节点内部采用集中交换和分布交换相组合的形式。

集中交换模式将信息资源集中存储于共享信息库中，信息资源提供者或使用者通过访问共享信息库实现信息资源交换。对于信息共享程度较高的信息资源，可采用集中交换模式。在集中交换的基础上进行数据清洗、加工、整合，并为其他部门提供服务，便于各类主题信息的统计分析和提高信息查询效率。分布交换模式将信息资源分别存储于各业务信息库中，以目录的方式进行数据共享，信息资源提供者和使用者通过交换节点提供的交换服务实现信息资源的跨部门共享，实现一数一源、一源多用、跨部门共享。集中与分布相结合，从而支持多种服务模式。国家级、省级、地市级节点之间通过国家级政务服务平台和省级政务服务平台实现数据跨域交换。

第五章

Digital Government

数字政府的核心
——开放与参与

数字政府的核心是数据开放与公众参与，通过数据开放、隐私保护，让公众参与到数字服务设计、政策制定的过程中，参与到数字服务的满意度调查过程中，构建开放、透明与包容的数字政府形态。

第一节 政府数据开放

政府部门在履职的过程中采集和存储了大量的数据，如何让这些数据资源发挥最大的价值，政府数据开放并让公众参与已成为共识。

一、数据资源与开放

数据已经成为重要的战略资产，政府数据资源成为各国加强数据资源管理的先行领域。随着人口数量增长、流动性增强、经济发展的速度不断加快等因素的增多，政府各部门与社会各方面合作愈来愈密切，使得政府部门在日常办公、行政管理与公共服务中采集并储存了大量数据，而且这些数据还在不断增长当中。开放政府数据是由政府部门、公共机构产生或委托产生的数据，可供任何人使用、重用和再分配。

开放数据强调数据的社会属性，即面向公众或特定群体开放。开放数据一般有三项基本元素。一是非歧视性：数据如果开放，就对所有人都开放。二是机器可读性：数据如果开放，则提供机器可读格式。三是开放授权性：数据如果开放，则其对应授权条款应确保使用者自由免费访问、获取、使用、加值、演绎、拷贝、传播的权利。

二、政府数据开放的价值

政府开放数据是政府公开的一项重要内容，是政府公开在数据时代的一种实践。政府数据除了包括政府机构在实现行政目标的过程中生成、收集、维护、管理和拥有的数据外，还应包括公共部门（如图书馆、医院、学校、外部机构、第三方服务机构）产生的数据。即，广义的政府数据指政府和公共机构依据职责所生产、创造、收集、处理和存储的数据。因此，政府数据开放是指在保障数据安全、国家安全和个人隐私前提下，公共部门在法律法规范围内开放其生产或拥有的按照一定标准规范组织过后的数据集。这部分数据集可以提供给社会、企业、公民、研究人员自由使用，实现数据增值，为社会创造价值。

政府数据的获取、再利用和再分配不仅为公共部门机构创造价值，更为整个社会创造价值，使所有利益攸关方能够全面、免费地获取公共数据，并让个人有机会评估各行政机构的表现。政府数据的开放，可以使公众与企业自由、免费地访问查阅相关数据，在获取、使用相关数据的同时，将意见、建议反馈给政府有关部门，这既提高了政府工作的透明度，也成为经济和社会发展的重要动力。

第二节　国内外政府数据开放探索与隐私保护

政府数据开放增加了公众获取及利用数据的机会，不论是国内还是国外政府都进行了积极探索，政府数据开放的重视程度越来越高。在重视数据开放提升透明度和效率的同时，各国也纷纷发布数据保护法确保个人数据和隐私的安全。

一、国外政府数据开放趋势

世界各国普遍注重通过门户网站提高数据的可用程度。凯捷咨询公司对全球 23 个国家和地区的数据开放门户进行了调查，并对数据门户的可用性和数据可用性两个层次进行了深入分析（参见图 5–1）。

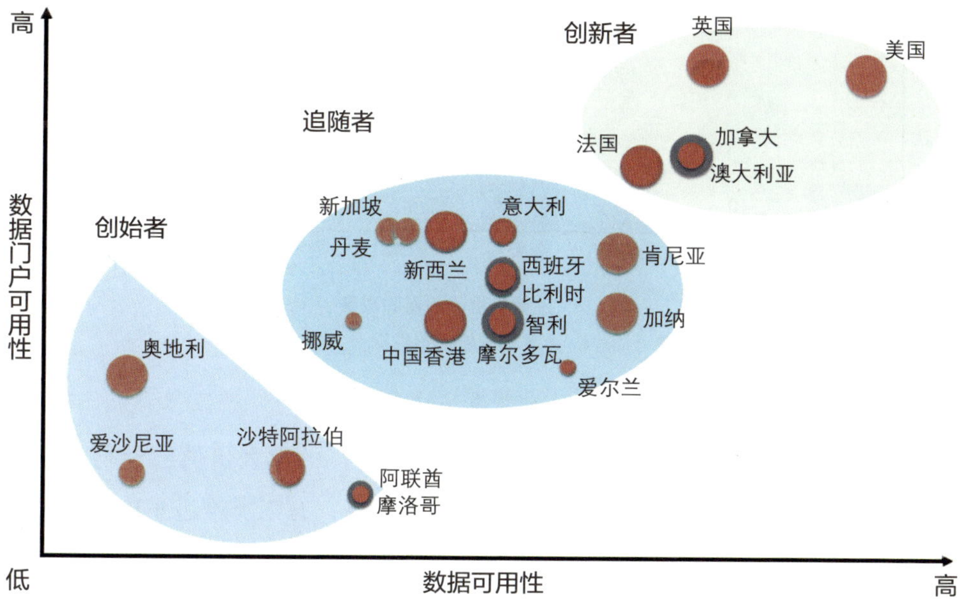

图 5–1 全球政府数据开放数据门户可用性与数据可用性分布

在图 5–1 中，图例的大小代表了政府的支持度。整体而言，奥地利、爱沙尼亚、沙特阿拉伯、阿联酋和摩洛哥等 5 个国家发展程度较低，属于创始者层次；新加坡、丹麦、意大利、新西兰、挪威、爱尔兰、加纳、肯尼亚、西班牙、比利时、智利、摩尔多瓦和中国香港等 13 个国家（地区）属于追随者层次；美国、英国、法国、加拿大、澳大利亚等 5 个发达国家属于创新者，开放数据的可用性较高。

此外，数据创新组织（The Center for Data Innovation）对 G8 数据开放情况进行了深入调查，并对他们在 G8 数据开放宪章提出的开放五原则进行对应得分（每项原则最高得 20 分，参见图 5–2）。结果显示，G8 数据开放情况差异性较大，但从数据质量和数量方面来看，各国重视程度普遍较高。

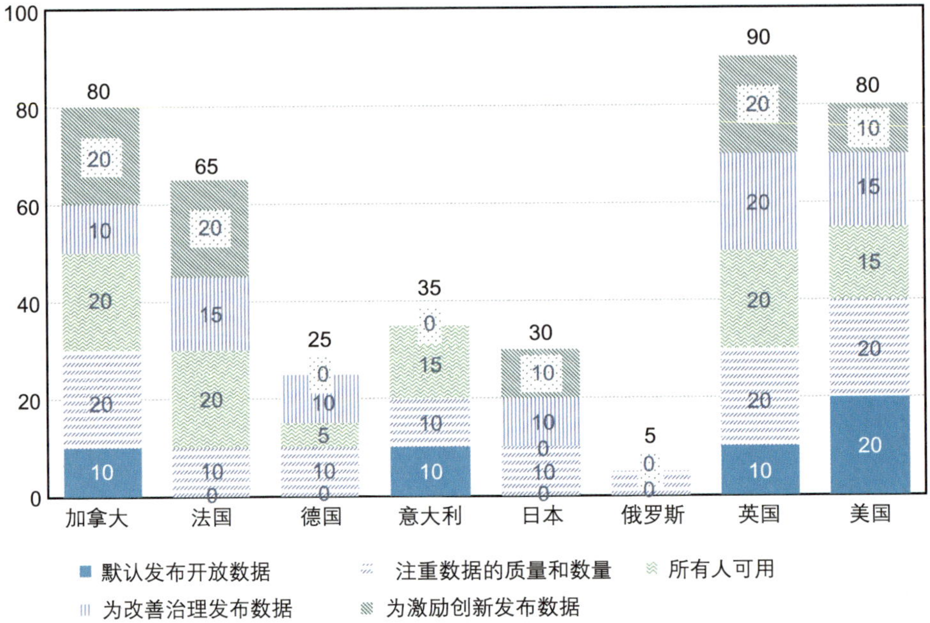

图 5–2　G8 国家数据开放情况统计分析

发达国家信息化建设起步早，对政府数据潜在的重大价值已经得到广泛共识。其中，美国政府数据开放的市场化程度很高，有三类推进主体：一是政府部门，负责制订规划和政策、外包管理等宏观工作。二是民营部门，包括企业和非营利性组织，负责大部分具体的增值开发利用工作，包括帮政府分发信息、增值开发、销售等。三是第三方机构，负责对与政府保管的、与自身相关的信息提出增值开发利用要求，比如隐私权所有者，对发生的矛盾进行建议和仲裁，包括民众、法庭、研究者等。美国采用政府主导下的市场化合作模式，包括与企业签订合作协议、授予特许经营权等方式实现政府数据开放运营。

欧盟在公共数据资源开发利用方面略显保守，直到 20 世纪 80 年代才开始重视公共部门的信息资源开发利用，一方面，欧盟建立了公共部门信息再利用的政策，另一方面，它还引导欧盟成员国建立相应的政策机制。但是与美国不同，欧盟允许民众获取政府信息，也允许政府机构拥有对信息的版权。因此，如无政府授权，任何社会机构都不得利用政府信息进行商业性开发。但是从欧盟各成员国来看，许多欧洲国家允许政府部门通过提供有偿信息服务来营利，以弥补政府经费的不足，甚至有些国家还详细规定了各部门的“创收”比例，即信息营利占部门支出的比例。政府与商业机构开展了多种形式的合作，如政府信息工作外包、公私合营进行信息开发、政府向商业机构出售信息专营权等。

英国公共数据资源开发利用相对于美国和欧盟来说较为折中。它广泛采用开放政府许可证 (OGL) 模式，使得公共部门信息许可模式越来越简洁、透明和便利，对于公共部门信息的使用和再利用的限制越来越少。开放政府许可证 (OGL) 模式的“许可证框架”分为三类许可证：一是“开放政府许可证”(OGL)，授权不论是商业性目的还是非商业性目的的政府信息的免费使用，该许可是默认的；二是“非商业性政府许可证”，授权出于非商业性目的的政府信息免费使用；三是“收费许可证”，授权收费的政府信息使用，主要适用于受版权或数据权保护的信息，并且信息提供者要求对信息的使用收取成本费用及一定合理的投资回报。

澳大利亚公共数据资源开发利用类似英国但比其更精细化和标准化。它在承认公共数据资源版权的前提下，为不同类型的公共数据资源提供了不同权利和义务的许可使用方式，这种标准化的许可使用模式提高了公共数据资源的再利用效率，最大化地发挥信息资源的社会和经济价值。澳大利亚政府开放获取与许可框架为政府和相关部门的公共信息开放获取利用提供了支持和指导，降低了公开政府信息的风险，增加了透明性，促进了开放数据获取计划。

二、国内政府数据开放探索

我国政府数据开放虽然起步较晚，但在数据管理机构优化设置和数据开放模式探索方面取得了一些经验。

1. 成立专门数据管理机构

负责统筹管理本区域、本领域的政府数据开放运营工作。各地区结合新一轮政府机构改革，着眼于建设一体化高效运行的“整体政府”，通过构建“数据 + 业务”驱动的管理新机制，与转变政府职能、深化“放管服”改革紧密结合，政务服务和大数据统筹管理成为改革亮点。

表 5–1 省级数据管理机构设立情况

省级行政区	机构名称	隶属机构
北京	北京市政务服务管理局	北京市政府
上海	上海市大数据中心	上海市政府办公厅
天津	天津市大数据管理中心	天津市委网信办
重庆	重庆市大数据应用发展管理局	重庆市政府
河北	河北省政务服务管理办公室	河北省政府
山西	山西省行政审批服务管理局	山西省政府
内蒙古	内蒙古自治区政务服务局	内蒙古自治区政府
黑龙江	黑龙江省营商环境建设监督局	黑龙江省政府
吉林	吉林省政务服务和数字化建设局	吉林省政府
辽宁	辽宁省营商环境建设局	辽宁省政府
山东	山东省政务服务管理办公室（省大数据局）	山东省政府
江苏	江苏省政务服务管理办公室	江苏省政府
安徽	安徽省数据资源管理局（省政务服务管理局）	安徽省政府
河南	河南省大数据管理局	河南省办公厅
浙江	浙江省大数据发展管理局	浙江省政府办公厅
福建	数字福建建设领导小组办公室（省大数据管理局）	福建省发改委
江西	江西政务服务管理办公室	江西省发改委
湖北	湖北省政务服务管理办公室	湖北省政府办公厅
湖南	湖南省政务管理服务局	湖南省政府办公厅
广东	广东省政务服务数据管理局	广东省政府办公厅
广西	广西壮族自治区大数据发展局	广西壮族自治区政府
四川	四川省大数据中心	四川省政府
贵州	贵州省大数据发展管理局	贵州省政府
云南	云南省政务服务管理局	云南省政府办公厅
青海	青海省政务服务监督管理局	青海省办公厅

上海市成立“一网通办”改革和政务公开领导小组，负责统筹规划、协调推进全市政务信息资源共享、“一网通办”等工作；成立大数据中心，承担政务数据归集、应用融合等工作。构建了覆盖数据采集、归集、整合、共享、开放、应用等各环节的大数据资源管理平台，形成覆盖全市所有行业领域的城市大数据枢纽，建立数据供需“三清单”管理制度，优化公共数据供需管理流程。上海市数据交易中心推进商业数据流通、政府数据与社会数据融合，在数据交易、数据权属、数据治理等方面进行了创新探索。

贵州省先后成立省大数据发展领导小组、省大数据安全领导小组、省大数据发展管理局，在各市（州）组建了大数据管理机构，建立了省市（州）县“三级云长制”，在全省实现了协同推动大数据发展的工作格局。贵州省由省大数据局联合省国资委对云上贵州提供的数据服务进行年度考核。

交通运输部建立联系制度推进政务数据开放开发。以共建共管为原则建立出行云联席会议制度。交通运输部科技司为召集单位，23 个省市交通运输厅 / 局、32 家企业、12 家高校科研单位、一家媒体等共 68 家单位组成联席成员单位；以激活政企数据创新动力为目标确定用户管理制度，用户涵盖政府、企业、科研院所等多种交通大数据创新主体。

2. 成立政企合作公司

负责政府数据平台建设运营及数据采集、加工处理、数据服务等工作。地方政府成为政府数据开放建设的主要推动者和践行者，在广东、贵州、山东、湖南、湖北、福建、沈阳等地方，普遍采用政府主导、公司市场化运营方式，探索政府数据开放及开发利用新模式。

其中，广东省通过签订授权协议、建立数据分级制度等方式加强数据产品管理。一是政企合作公司与各地各厅局签署书面协议。约定由政企合作公司提供技术服务范围内的政务数据只允许用于指定用途的政务服务，未经书面同意，不得作任何其他目的之用。广东省政务大数据中心作为省市县一体化的政务大数据中心，数据在一个体系内流转，数据开发利用时不离开省政务大数据中心，同时，数据的所有流动、使用可以溯源、审计，“数据不落地”的设计既能保证数据使用的各类需求，也能保证数据的安全性。二是政企合作公司制定数据分类分级策略，按重要程度分为公开信息、内部信息、一级秘密、二级秘密、三级秘密五个级别。所接触的政务数据属于最高密级（三级），按“最少授权原则”进行授权且其操作必须得到全程监控。三是建立了审核机制。数据使用部门在系统中提交跨部门数据使用需求，经过政数局审核，并由数据归属单位批准后，由政企合作公司依据批准结果进行系统开发、实施。

贵州省通过和政企合作公司签订数据授权协议、明确企业责任等方式加强数据产品管理。政企合作公司对数据的责任主要表现在：在使用数据前，应签订数据保密协议；在数据流转过程中，应保障数据流转安全；在利用数据进行开发利用时，也应保障数据安全。针对政务数据向企业授权，政府部门与企业签订数据保密协议，明确数据资源使用的范围和各方承担职责责任。数据资源统一由贵州省大数据局进行管理，政企合作公司提供数据技术服务支撑。政企合作公司申请授权涉及：一是有明确的数据资源应用场景；二是有明确的数据安全管理制度；三是有完善的数据安全管控产品，保障数据资源安全可控。在与政务部门合作或支撑政务部门的过程中，对数据泄露问题的处理：首先会签订数据保密协议，对各方职责进行明确规定，并建立相关数据安全预案，一旦出现数据泄露，责任方应尽快启动预案，尽力挽救，以使影响最小化，但应承担规定内相关的责任。

福建省建立覆盖全过程的数据授权开发程序。对于需要开放数据的企事业单位，需要按照以下流程进行数据开放。一是公共数据资源申请。首先在平台线上提交授权开放开发的政务数据申请，说明需要数据的描述，来源部门、类型、数据年限、科研用途、适用范围等；同时提交数据管理机构规定的相关资料。高校或者科研院所获得的数据只能用于科研教育等公益性活动。二是数据使用审批及授权。大数据管理机构定期受理数据申请开放需求，并召集数据应用部门及数字福建相关专家进行研讨，探讨申请数据是否能够进行开放开发。三是数据的对接和开放。授权开放的政务数据从政务数据汇聚平台传递给政务数据开放平台，再由开放平台传输至大数据开发平台。若申请的数据已经在政务数据开放平台存在，则直接由开放平台向大数据开发平台授权使用相关数据。四是数据资源的开发。授权开发对象或者合作开发对象在大数据开发平台中使用平台提供的样例数据进行开发，在输出结果及程序逻辑经过审查后，由平台运维人员将其程序在运维环境中运行，并向开发者输出需要使用的数据结果。开发过程应当按照法律、法规和协议，进行数据开发利用，保障数据安全。五是定期发布开发报告。开发者在大数据开发平台定期向授权数据管理机构报告开发利用情况，其依法获得的开发收益权益受法律保护。

贵阳市强化研究提升数据保护和开发能力。一是加强政府开放数据的安全保障与质量评价研究。针对政府开放数据面临的安全担忧和质量不高等问题，研究政府数据在“依申请开放”条件下的安全监管与审计保护技术；研究面向多租户的数据开放权限管理模型，实现基于开放平台不同授权场景下的“数据沙箱模式”；研究开放数据质量的评价技术与方法，推动政府部门优化提升数据质量水平，促进数据的再利用。二是加强政府数据共享开放标准规范和管理制度研究。针对政府数据共享开放配套保障机制不健全的问题，研究构建全方位、立体化的政府数据共享开放管理体系和标准体系；研究建立数据共享开放的激励机制，鼓励政府部门开展数据共享开放；研究建立政府数据资产管理的理论框架，促进数据资产流通。三是加强基于政府开放数据的公共服务创新模式研究。以企业、高校、社会组织为主导，充分利用政府对外开放的公共交通、卫生医疗、文化教育、健康养老等社会关注度较高的公共服务领域数据集，结合社会数据资源，在公共服务模式的设计和实现方面开展创新研究，促进公共服务水平提升，同时推动政府数据的进一步开放。

三、政府数据开放的隐私保护

数据保护法律政策至关重要，因为它能确保个人、社区和各组织的隐私，使他们免于遭受未经授权的监督和歧视性监视。各国对于个人数据保护的监管各不相同。在政府数据开放的各项保障建设中，政策法规对推动政府数据开放，更快地获得政府数据开放所带来的效益起到指引、规范和保障作用。

在欧洲，无论采用何种技术处理个人数据，个人数据都会得到法律保护。事实上，欧盟被认为拥有最严格的隐私保护法律条款。2018 年，欧盟《通用数据保护条例》正式施行，面向所有收集、处理、储存、管理欧盟公众个人数据的企业，限制了这些企业收集与处理用户个人信息的权限，旨在将个人信息的最终控制权交还给用户本人。即便如此，在违规和未经授权的数据检索方面仍然存在风险，例如对个人敏感数据的大量保存，参与数据收集和存储的人员的数量仍旧过多。数据的完整性和连续性也面临风险，如何确保数据安全备份以确定电子政务服务的顺畅运行需要数据保护政策的有效支撑。

在美国，政府为保证开放数据运动顺利实行，制定了一系列的政策法规：《开放透明政府备忘录》《增加联邦资助的科研超过访问的政策》《政府信息公开和机器可读行政命令》，对数据进行分类分级，从而区分数据的开放程度，将数据分为常规数据、私人数据、保密数据、非公开数据、受保护的非公开数据 5 个级别，分别对公众以及数据资料中所指实体开放。

在英国，《开放数据白皮书》中提出要聘用隐私保护专家来参与整个政府数据开放的过程，从而为隐私保护提供更加专业的保障。美国规定各部门应对照现有法律规定和部门高级隐私专员一起来决定数据的公开是否恰当，并需向法律部门咨询协商最后确定。英国的信息专员办公室是可以承担保护个人隐私全部职能的重要机构，他们可以协助公共部门开放数据、根据法律对涉及隐私泄露的行为进行调查、依据隐私泄露情况对其进行补救、做好对隐私权保护的宣传工作，并且对隐私权方面的诸多问题进行更深一步的研究。

在澳大利亚，政府颁布《隐私修正（提高国民隐私保护）法》，是对 1988 年《隐私法》的重大改变，包括用澳大利亚隐私原则替换信息隐私原则和国民隐私原则，增加对个人身份标识的定义，并重申了个人信息的定义，强调个人信息是指可识别个人的信息或评价，不论该信息或评价的真假，也不论该信息是否被有关载体记录下来。增加了澳大利亚隐私保护控诉，规定可以对因违反澳大利亚隐私原则而对个人隐私形成妨害的法案和实践守则进行控诉。

在日本，政府颁布《行政组织持有的个人信息保护法》和《独立行政法人持有的个人信息保护法》，规定在行政机构中处理个人信息的基本规则，例如限制个人信息的保留、澄清使用目的、限制个人信息的使用和提供、确保个人信息的准确性和确保信息安全的措施等。个人拥有对信息要求公开的权利、要求更正的权利、要求中止使用的权利等已被确立为确保信息安全的个人参与机制。

在国内，中央和地方纷纷出台一系列政策措施来完善政府数据开放的内控机制、明确各方安全责任、建立安全管理制度、增强安全防护措施等，确保政府数据开放可管可控。2015 年 9 月，国务院印发《促进大数据发展行动纲要》，对大数据开放应用等工作提供指导意见，并提出在 2018 年底前建成国家政府数据统一开放平台，实现政府公共数据资源合理适度向社会开放。2016 年，国务院印发《政务信息资源共享管理暂行办法》；2017 年 2 月，中央全面深化改革领导小组审议通过了《关于推进公共信息资源开放的若干意见》，要求着力推进重点领域公共信息资源开放，释放经济价值和社会效应；同年 10 月，党的十九大报告强调“加快建设创新型国家”，对加快建设网络强国、数字中国、智慧社会等提出新方略；同年 12 月，习近平总书记在中共中央政治局第二次集体学习时强调，推动实施国家大数据战略，加快完善数字基础设施，推进数据资源整合和开放共享。随后工信部、交通部、水利部等中央部委相继发布了数据开放领域规划，如工信部的《大数据产业发展规划（2016—2020 年）》、交通运输部的《关于推进交通运输行业数据资源开放共享的实施意见》、水利部的《关于推进水利大数据发展的指导意见》、地方政府结合自身实际情况，也陆续制定了一系列数据开放的政策措施。

从中央和地方推动政府数据共享、开放、开发的相关政策来看，其主要内容包括以下几点：一是建立政府数据开放的统筹协调机制，健全相关法规制度和标准体系建设，探索建立数据开放、数据保护等制度。二是加大政府数据资源的汇集、发掘和开发利用，深化与各个行业数据融合和创新应用，提升政府行政效率，更好地服务企业群众干事创业，优化营商环境。三是加大推动大数据关键技术研发、大数据产业发展和专业人才培养的力度。

表 5–2 我国现有的政府数据开放法规表

时间	法律规章	主要内容
2012 年	《关于加强网络信息保护的决定》	明确规定任何组织和个人不得以非法渠道窃取或获取、出售公民的个人电子信息
2017 年	《中华人民共和国网络安全法》	我国第一部网络安全法，维护网络安全，保护公民个人信息
2017 年	《中华人民共和国民法总则》中第 111 条规定	自然人的个人信息受法律保护，任何组织和个人需要获取他人个人信息的，应当依法取得并确保信息安全
2017 年	《国家安全法》《民法通则》《侵权责任法》《居民身份证法》《治安管理处罚法》《政府信息公开条例》《刑法修正案》的各项法条	公民隐私权，个人信息受法律保护，对泄露公民个人隐私行为进行规制

第三节 公众数字化参与

公众的数字化参与旨在增加公共服务提供系统的获取、便利和有效性，让公众参与政治和民政事务，发展基于知识的社会和经济，提高政府业务和公共服务提供者业务的透明度和问责制，进而在公众和机构之间以及被治理者和管理者之间建立信任，并追求更高价值的公共政策目标。政府的数字化转型通过数字渠道与外部行为者彼此互动，在各种数字平台上建立其存在和运作机制，跨组织边界开展协作，并展示技术驱动的内部运作方面的业绩改进。

一、数字化参与的产生与效果

随着互联网的广泛应用以及信息和通信技术的不断发展，各领域信息化水平得到全面提升，无论是网络基础设施的广泛安装还是电子政务应用都得到进一步深化，这促使信息化背景下的公众参与向数字化参与的方向迈进。数字化参与是指“利用信息和通信技术建立公众与政府之间的相互连接，以扩大和深化公众的政治参与”。数字化参与丰富了公众参与的途径，方便了公众参与的方式，公众可通过政府网站、微博、微信等方式参与到公共事务中来，拓展了公众参与的内容，同时也有利于激发公众的参与热情。

数字化参与不仅仅是公众参与渠道的扩展，更是参与方式与参与内容的深度和效度的增强；不仅是提出问题得到解答，更主要的是促进政策的形成并影响行动。参与的前提是了解，公众只有在充分、确实了解政府活动的基础上才能有的放矢，有效参与国家治理和社会事务管理，使自己的主体地位得到彰显，使自身的利益得到维护和增进。无论是为了有效地参与行政管理，还是为了保护自己的合法权益，公众都需要了解行政机关的情况，特别是行政机关内部规章制度的信息和涉及本人切身利益的资料。而公众对政府的了解程度以及参与行政的深度，则在很大程度上取决于政府公开化的程度。政府信息的客观、公正以及尽可能充分地公开可以帮助公众对行使行政权的整个过程予以全面监督和客观评判，化解公共利益与公众利益的冲突，同时更有助于与公众进行对话，做出价值偏好性的选择，激发公众积极参与行政的热情。

数字技术如社交网络、语义网、开放数据的关联分析和传感器网络等的出现与使用，使政府不得不与公众接触，让公众参与并促进公众监督。因此出现了各种技术使能的创新，包括公众咨询、众包和共同交付、电子规则制作、公共服务社会企业、志愿公共服务、自动化欺诈检测、参与预算编制、数字协作问责制、公开和调查服务、数字监督机构、公众记分卡、数据驱动的新闻、在线审议和讨论、开放政府数据生态系统、公私伙伴关系、政府合同的公共招标和主动发布政府数据（图 5–3）。参与阶段数字政府创新的制度化导致出现新的治理范式，移动政府，即使用移动技术来改变治理进程或用户与政府之间的互动；公共资源，即帮助各国政府提高其态势意识并影响其决定和结果的公共资源；参与性治理，即允许公众行使发言权和投票权的国家认可的体制进程，参与执行公共政策；网络治理，即政府协调公共、私人和非营利组织，实现网络治理；开放政府，即公众有权查阅政府的文件和法律程序，以便进行有效的公共监督。

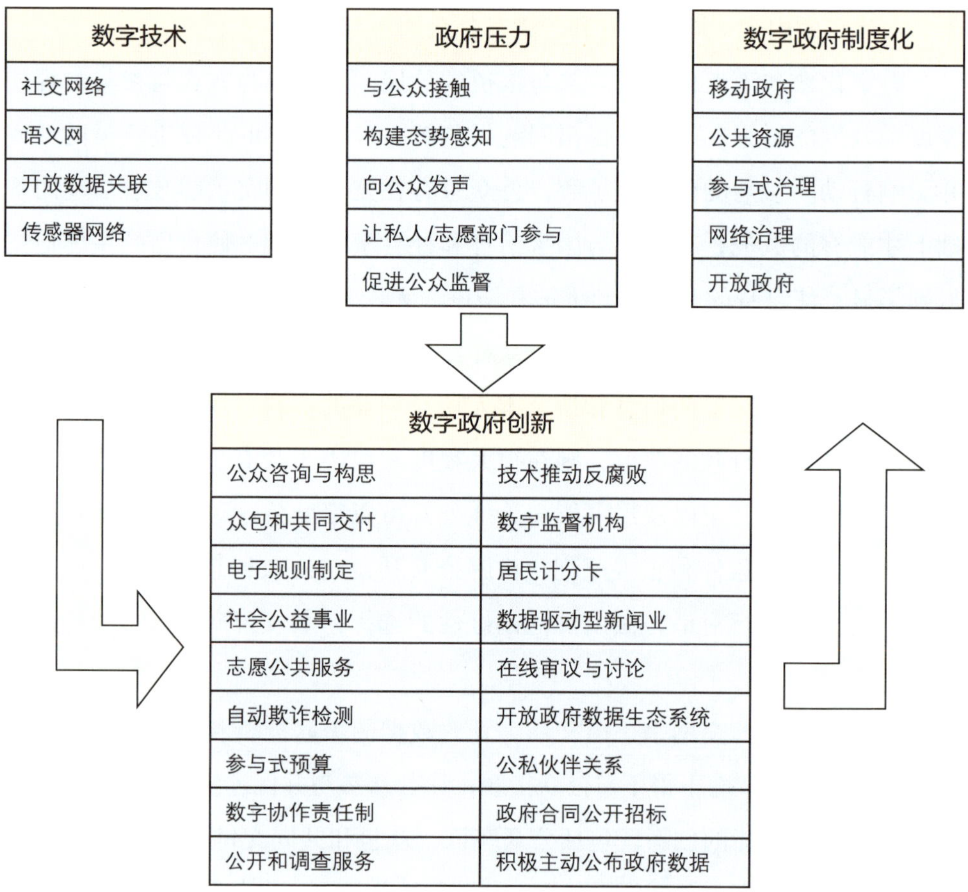

图 5–3　数字化参与驱动因素

二、公共政策数字化参与

政府通过电子信息的多渠道发布，有利于公众获取相应的信息来实现公众参与。公众通过多种电子反馈渠道对公共政策建言献策，实现电子咨询。政府通过与公众共同制定政策，提供公共服务来增强公众的权能，实现电子决策。电子决策是衡量数字参与成熟度的最高形式，公众不仅可以在线咨询问题，还可以参与到决策中来，政府通过对草案的意见征集让公众参与公共事务的决策，并对意见征集的结果进行反馈，让公众知悉哪些意见得到了采纳，修订了草案的哪些部分等，从而让民意得到充分的反映。目前大多数政府部门的网站上都提供意见征集栏，但对意见征集的反馈，提供反馈结果的却不多，这会影响公众的参与热情。

公众享有的信息越广泛，就会更有针对性地提出适合国情发展的改革意见。目前各政府部门在有关民生、经济、福利、环保等政策与决策问题上加大政府信息公开，让公众通过政府网站、微博、微信等社交媒体实现数字化参与，对提高政府决策的质量与效果具有重要作用。随着我国电子政务应用的深入，数字化参与也在政治协商、政策制定、公共服务等公共事务中得到广泛的应用。例如公众通过问政平台、政府官方微博和微信、市长信箱等多种渠道参与到教育、医疗、住房等惠及民生的公共事务中来。数字化参与是政府接近公众、保证公众参与管理的重要途径，也说明政府已经开始增加公众权能使其有效地参与公共政策的制定、公共事务的管理等。数字化参与一方面拓宽了公共参与的途径、降低了参与成本、提高了参与效率，使广泛参与成为可能；另一方面，数字化参与为公众开通了便捷获取政府信息的渠道，使公众拥有更加完备的信息，提升了公众对政策问题的认识和对政策制定过程的了解，具备了参与公共决策活动的技能，保证了公共参与的实际效果与质量。

三、公共服务满意度参与

公共服务满意度是指公众对公共服务可感知的效果与其期望比较后，形成的一种失望或者愉悦的感觉状态。建立公众参与和反馈机制能够帮助政府及时发现服务供给过程中出现的问题，了解公众服务的实际需求，基于公众需求导向供给数字化公共服务或产品。

数字化环境中公共服务设计和交付流程要以公众需求为起点，即从公众的角度来理解他们的需求，而不仅仅是通过项目的角度来理解需求。这里的用户包括所有参与服务交付的用户：终端用户、提供服务的公务员以及其他支持最终用户访问服务的中介。服务设计的效果如何，政务服务建设得好不好，关键在好不好用，办事人满不满意，要让公众参与到服务的满意度评价中。对企业、群众办事中的差评和堵点痛点问题要及时处理整改并反馈，以持续提升政务服务质量和效率，实现政务服务从政府供给导向转变为企业群众需求导向的目标，努力建设人民满意的服务型政府。

我国印发了《关于建立政务服务"好差评"制度提高政务服务水平的意见》，提出2020年底前，全面建成政务服务"好差评"制度体系，建成全国一体化在线政务服务平台"好差评"管理体系，各级政务服务机构、各类政务服务平台全部开展"好差评"。这成为我国深化党和国家机构改革的目标之一，建立政务服务"好差评"制度为落实"加快建设人民满意的服务型政府"这一目标提供了制度保障，也给公众参与政务服务提供更多的话语权。

从公众对政府服务的价值期望、政府服务的效用、公众感知价值、公众感知成本和公众决策价值等方面构建政府服务的价值分析模型，构建以公共利益和公共治理结果为导向的价值链评估，不仅可以促进主体间合作和责任的分担，而且有利于从整体上优化行政组织结构，整合行政资源，提高机关行政资源的使用效率。建立以整体性治理任务为导向的评估机制，从政府服务的主体、内容、方式、程序、监督和问责等方面研究服务型政府的评估标杆，将公众满意、舆论监督等整合起来，形成联动整体评估框架。让每个办事企业和群众都能自愿自主真实评价，每个差评都得到整改，形成评价、反馈、整改、监督全流程衔接，企业和群众积极参与、社会各界广泛评价、政府部门及时改进的良性互动局面，促进政务服务质量持续提升。

第六章

Digital Government

数字政府的关键——决策与支撑

数字政府的关键是决策与支撑，如何利用数据科学决策、预测政策需求和对未来作出规划，是数字政府应对危机、解决核心问题的目标。掌握用数据思考和解决社会问题的新方法，树立数据决策方式，实现从经验决策向数据决策、从事后诸葛向事前预测、从随意决策向确定性决策等方面的转变。

第一节　数据驱动的决策

大数据的出现为科学决策提供了可能，但是大数据因其复杂性，也给科学决策带来了客观困难。因此，我们认为，准确、全面了解大数据推动科学决策的重大意义，精准把握大数据决策的基本特征，是以数据驱动科学决策的基本前提。

一、数据决策的内涵

大数据因其规模巨大、类型复杂、产生速度快、价值密度低等特点，对现有信息资源管理和数据治理构成巨大挑战。运用新理念、新技术、新方法对大数据进行全生命周期的创新管理和应用，是推动国民经济转型和社会管理创新的重要契机，也是国家综合竞争力提升的重要趋势。支撑这场大数据革命的底层力量，不仅仅是技术革命，更是领导意识、组织文化和行为方式的思维革命。在国家治理层面，尤其需要掌握用数据思考和解决社会问题的新方法，最重要的是树立数据决策方式。

所谓数据决策，就是用大数据分析技术和方法分析问题和解决问题的思路和方法。主要体现在以下三个方面：一是针对决策问题，大数据带来的不是随机样本，而是多维度的整体数据；二是大数据基于统计学的简单算法思维，即不追求精确性，而追求明确的宏观特性；三是从因果分析的“为什么”转向关联分析的“是什么”，后者更具有实效性与实际价值。

二、数据决策的意义

全面、及时、准确地掌握社会信息，分析社会问题和社会矛盾，这是科学决策的基础。在传统的行政管理中，要么过于依赖经验和直觉，习惯了“拍脑袋决策、拍胸脯办事”，不愿意深入调研社会现象，“蜻蜓点水”“闭塞眼睛捉麻雀”；要么缺乏科学化的分析工具，“到处只问一下子”“只见树木不见森林”，缺乏对于社会现象的全面、真实的了解。大数据技术的“大容量”“多样化”等特点，有助于切实了解社会现象，正确把握社会发展规律，提升公共决策的科学化水平。

大数据技术有助于客观地把握社会规律。传统来说，对于社会现象的观测立足于人为设定的主观指标，而且数据统计过程中难免会受到人为因素的影响。例如，辽宁、山西等地数据造假现象的揭露，显示出传统调查数据的局限性。大数据调查的数据来源种类多元，不再限于传统的数字式统计方式，文本、声音、图片等均可以作为数据来源，具有客观性、真实性的特点。例如，国家统计局利用高速公路监控信息改进公路运输统计方法，利用物联网、卫星数据等对农作物种植空间等进行统计，大大拓展了政府统计的范围和精度，为宏观经济发展提供统计基础，为相关决策提供客观分析的基础。

三、数据决策的特征

大数据决策具有动态性。大数据通常以数据流的形态出现，反映了事物的动态变化特征，因而面向数据流的动态化知识获取方法成为大数据决策的重要基础。同时在决策的过程中，“牵一发而动全身”的决策使其对全局的各个方面产生影响，并在大数据的数据流中体现出来。此时需要基于大数据特性，获取不断在进行动态演化的知识，从而使决策和执行能迅速响应变化的现实。简而言之，在大数据体系下，静态的、过程烦琐的传统决策模式，将转变成为具备描述、预测、引导等功能，并且在理想状态下可以形成实时反馈闭环的动态决策模式。

大数据决策具有全面性。大数据之“大”，在于其跨领域、跨媒介、跨时间的多源特性，大数据决策可脱离传统决策只专注特定视角的特征，通过综合信息收集、交叉和运用，获得全局性视角。同时在决策方法上，大数据决策摒弃了传统的单一、独立的决策信息分析方式，通过对信息的关联性分析和融合性分析，进一步挖掘数据的潜在价值，实现多源头和多类型数据对全面性决策的有效协同。因而，大数据决策的思维方式注重系统性和全方位性，在面对多目标问题上有更高的协同处置、交互处置水平。

大数据决策具有不确定性。大数据体量大、类型复杂且变化迅速，即便运用强大的数据收集和分析手段，在很多情况下，仍然难以全面且完整地捕捉信息，大数据的动态性又进一步加强了大数据的不确定性，给当下的大数据分析技术提出诸多挑战。因而在大数据环境下的决策，仍然面临着信息不够全面的问题，并且依据现阶段的技术水平，大数据决策所需要的数据融合分析、跨领域关联性分析能力仍未达到理想效果，尤其是在一些非稳态、强耦合的大数据环境下，动态决策面临更大的阻碍。因而在未来，为了更为高效地进行决策，不断提高决策的精细化水平，需要更有针对性地攻克大数据的不确定性难题。

第二节 决策转型

以大数据为重要依托，实现从经验决策向数据决策转型，从事后分析向事前预测转型，从随意决策向确定性决策转型，从决策信息不对称走向对称，从决策粗放转向精细化决策。

一、经验决策转变为数据决策

1. 从因果关系转变为相关关系

维克托·迈尔—舍恩伯格认为:“大数据时代最大的思维转变就是，放弃追求事物的因果关系，转而关注事物的相关关系，即人们只需知道‘是什么’即可，而不用知道‘为什么’。”在大数据前所未有地渗透进各行各业的今天，人们不再对事件的缘由刨根问底，而是利用统计学研究各种数据间的相关关系，来推算出结论，从而对未来发展趋势做出判断并制定相应决策。相关关系告诉我们，有这样的一类事件，并不具有强烈的因果关系，但它的确正在发生。例如，沃尔玛超市的管理人员运用 Aprior 算法，分析出看起来并不相关的“啤酒”和“尿布”之间的关联性，挖掘客户的购买行为，提高了销售收入。类似地，决策者在制定决策以前，不必再深究事件的内在原因，只要借鉴大数据相关性分析得出的结论，便可得出具有科学性的决策。

2. 从经验主导转变为数据驱动

决策可以由三种方式分别或混合驱动：直觉、经验和逻辑。经验是基于归纳依据过去情势做出的推断，逻辑是基于演绎依据理论假设做出的预言。相较于直觉或经验驱动决策，以逻辑思维引领的决策模式往往更为科学可靠。同时，人具备的先进经验的重要性也不容忽视。一般来说，组织内部资历深、见识广的核心人员可以为决策制定提供宝贵的建议。在传统的决策模式下，政府决策者往往只遵循内心直觉或过往经验判断事情的发展趋势而做出决策，如此“拍脑袋”决策常常导致决策失误。在大数据的潮流下，这一失误将得到扼制。通过大数据的帮助，管理者的决策方式将由“经验主导”向“数据量化驱动”过度，直觉的判断、依靠经验办事将让位于精准的数据分析。可以预见，随着大数据向政府治理各领域的逐步渗透，以往以直觉或经验主导的“拍脑袋”决策模式，将逐渐让位于以逻辑思维主导的大数据决策模式。耶鲁大学教授丹尼尔·埃斯蒂指出:“基于数据驱动的决策方法，政府将更加有效率、更加开放、更加负责，引导政府前进的将是基于实证的事实——而不是意识形态，也不是利益集团——在政府决策过程中施加的影响。”

二、事后诸葛转变为事前预测

1. 大数据分析的本质

大数据分析的核心就是预测。通过对海量复杂的数据进行分析与运算，将人类的行为进行量化归类，从中归纳出潜在的规律，从而测量事件结果发生的可能性，这是运用大数据进行预测的逻辑。类似地，可以将这一逻辑运用到政府制定决策的过程中，从而使决策从“事后诸葛”向“事前预测”转变。

伴随着社会的快速变迁，风险的气息正弥散在稀松平常的社会生活中，各类社会矛盾频发。以往的政府决策模式往往不能保证决策的灵活性与动态性，甚至是滞后于事态发展。但随着大数据在政府决策中的深入应用，大数据的预测能力将与政府决策良好结合，传统决策过程的静态性与滞后性将得以改变，决策的前瞻性与动态性将得到巩固与加强。大数据通过对海量复杂的数据进行收集，并运用数学算法与相关性分析方法，归纳出潜在的规律，或模拟事件发展的趋势，从而得出事件结果的可能性。这不但有助于提升决策的深度与广度，还可以修正决策者的直觉偏差或经验误导。例如，面对交通安全突发事件，传感器或其他移动设备会成为交通状况的数据源，位置、速度和其他事件信息会实时发回大数据中心，并通过地图标记显示各路段的运行状况，以预测交通状况和可能产生的风险，实现突发事件事前控制。

2. 事前预判

通过事前预判，大数据很好地解决了政府决策的时效滞后问题。在小数据时代，决策是静态的、阶段性的，不能紧扣变化着的信息实情；而在大数据时代，决策具有更好的动态性、时效性，从而大大地消解了复杂环境变化带来的无效信息的难题。大数据在进行数据汇总、数据准备和数据处理的过程中，能够对各种时间问题、错误问题进行有效的解决，这就大大提高了政府决策对数据的“响应时间”和“数据决策”能力。在大数据的帮助下，政府可以快速响应数据的变化，政府从数据分析到形成决策的时间大大地缩短了，成本降低的同时也提高了决策的效果。全球复杂网络专家巴拉巴西认为：93% 的人类行为是可以预测的。当我们将生活数字化、公式化以及模型化的时候，我们会发现其实大家都非常相似。人类行为看上去很随意、很偶然，但其实却极其容易被预测。大数据可以使管理者的决策思维超越眼前的事实。例如，2009 年暴发的甲型 H1N1 流感，谷歌公司通过观察人们在网上的搜索记录，在流感暴发的几周前便判断出流感的传播源头，从而使公共卫生机构的官员获得了极有价值的数据信息，并作出有针对性的行动决策，而这比疾控中心的判断提前了一两周。

三、随意性决策转向确定性决策

在传统决策模式下，政府决策者只能根据直觉或参考已有经验进行决策制定，这就带来了决策过于主观的问题。而在信息时代的今日，我国社会的价值体系愈发呈现多元化。多样的价值观念导致决策目标的多样性，决策者必须权衡不同利益主体间的平衡，这是决策的理想状态。这不但对决策者提出了更高的要求，同时也增加了决策的不确定性与潜在风险。

肩负如此重担与风险的决策者，是难以依靠传统决策模式来制定科学决策的。在传统的确定性情境下，决策者对组织的领导危险之一就是决策者易以非黑即白来判定不确定性。但是，低估或者忽略不确定性的战略，对组织是无益的，甚至是危害的。面对经济、政治、社会、文化等诸多领域的驳杂问题，决策者无法形成全面客观的科学目光审视决策问题，将威胁到决策的科学性。科学的决策应当基于客观事实与经验，是客观性和主观性共同作用的结果。

大数据有助于多源异构数据的整合与应用。在当今时代，单一来源的信息早已无法满足人们关于海量数据的高要求，人们期待或恳求多来源数据的融合以得到更全面的结论。在这一背景之上，数据融合技术应运而生。数据融合技术从多源数据中得出估计和判决，以增加数据的可信度、提高可靠性、降低不确定性。数据分析在政府决策过程中的重要性不言而喻。只有对各类数据进行深度收集挖掘，并对各项因素进行合理的量化与分析，才能对事件的性质与发展趋势得到全面且准确的把握，为决策制定提供有借鉴意义的参考。数据融合利用来自多个数据源的异构数据，来获得综合性协作性推断，通常情况下，通过协作获得的推断比单独的数据来源或决策人员所做的决策更好。更重要的是，这种技术应该有效地利用资源之间的冗余和补充性，从而在全局视图中实现最优的系统性能。

大数据有助于决策过程的实时感知与事中预测。事中感知同样在政府决策过程中具有重要意义。如果政府决策在正式推行后未能吸纳社会成员的反馈，一旦决策具有偏差或不可行性，其造成的损失将可能无法挽回。因此在决策实行过程中，决策者应当寻求多方渠道，对其成果及反馈不断跟进，把握事件最新进展。大数据时代，基于互联网和智能设备的实时数据收集与更新，政府决策部门能够以最快的速度掌握决策事件和决策对象的变化，并且通过完整的数据分析与决策系统，实现对数据的分析和对决策对象的清晰认识，使决策的渐进调整和优化成为可能，将失误风险与损失尽量压缩。另外，大数据能够完成对决策结果的跟踪，通过对决策效果的量化可视化分析，能够对决策者的决策责任进行界定。

四、决策信息不对称转向对称开放

大数据有助于政府决策结构由“等级制”转向“扁平化”。传统决策模式呈现自上而下的特点，这是与政府金字塔式的组织形式相对应的。如此民主集中式内核的决策模式，导致决策信息只有自上而下的单向路径，而无法在水平方向上流动。下层的信息点只能从上一级的决策点获得信息支持。从而，多层次的委托代理链导致信息传递时滞和信息失真，代理成本过高，决策低效。而大数据可以消解政府内部信息不对称、不流通的难题。大数据平台的搭建具有公开化与透明化的要求，这就打破了政府部门之间的信息流通壁垒，消解了层层递进的严苛关卡，从而提高部门间的沟通与协商效率。黄洁认为，随着大数据技术的不断更新，我国政府决策将会形成一种基于CDO（首席数据官）决策支持系统的网络状新型政府决策模式。可见，随着大型政府大数据平台的建立，各部门的数据将得到统一的搜集、存储与处理，并且能被各层次的政府部门共享，从而形成各部门协同合作的扁平化政府决策结构。

大数据打破信息碎片化与信息孤岛现象。长久以来，中央与地方之间、地方与地方之间由于决策主体、决策领域等因素的不同，导致决策的搜集处理标准不能统一，数据碎片化现象严重。甚至由于系统的异构，大量数据被重复搜集，增加了决策的时间与精力成本。此外，数据的运用与处理还需要上级的层层审批，数据保护主义和数据割据现象此起彼伏。群众在政府部门间来回奔走、填写多余资料的情况也时有发生。这不但将造成数据资源的浪费，还折损了政府的决策与办事效率。而大数据的共享性与开放性将对政府的数据开放与共享形成倒逼机制，推动不同政府部门之间实现数据共享，简化办事流程，提高政府公共服务能力。

大数据有助于决策过程的开放性。政府在决策过程中与社会公众形成一种委托—代理的关系，而信息在这种关系中的完全水平将会影响到权责关系的对等性高低。非对称信息情况与对称信息情况下的最优合同不同，代理人的行为只有在信息对称的条件下才能被有效观察到，委托人也只有在信息对等的情况下才能评估代理人的行为水平并对其进行规制。信息的不对称将导致委托代理关系的变质，而大数据则可以扭转这一趋势。大数据具有高度的共享能力与整合能力，其来源已形成社会化态势。政府决策者、数据分析公司、社会团体，甚至是个人，都可能就某一社会问题做出辅助性的数据分析。大数据还可以帮助政府获得不同利益主体对决策的反馈，对决策对象与决策效果产生科学的再认知。总而言之，随着大数据在政府决策中的深度应用，决策主体将由传统语境下“一手包办”的政府向政府、社会共同治理转变，人们的参与热情与民主理念也将改变。

五、粗放决策转向决策精细化

“精细化政府”是政府治理体系及治理能力现代化的必然要求。“精细化政府”，即要求政府在简政放权于社会与市场的同时，精确定位政府各部门职能所在，健全部门职责体系，从而建设更合理、更高效的组织结构，减少职能交叉重复，释放更为有力的治理力量。“精细化政府”的目标是信息时代下大数据技术发展与政府管理能力发展不谋而合的必然结果。计算机强大的数字运算与数据存储分析能力为政府管理能力的提升提供了有力的技术支持；而大数据技术的发展也倒逼政府必须紧跟潮流，建设更为高效的治理体系，才能在社会迅速变迁的背景下，满足公众对公共产品和公共服务的个性化需求。完善大数据与政府治理的结合方案，是时代的必然选择。

全量数据为精细化决策提供广泛充足的数据支撑。大数据具有高效率的搜集能力和高容量的存储能力，为政府决策提供了海量的信息资源基础；大数据具有精确的挖掘能力，以相关性分析为基础，进行关联数据的自动搜寻，从而挖掘潜在信息；大数据更有高效的分析能力，能够快速分析看似无关的数据间可能的相关规律，把握事态的发展趋势。虽然海量数据信息的价值密度较低，但通过大数据技术的升级，可以使其价值从量的累积直至发生质的变化，从而对政府决策产生重要的借鉴作用，降低政府决策的偏差与无效情况，提高地方政府治理决策的精细化。例如，据《广州日报》报道，2012 年 3 月至 2014 年 6 月，广州黄埔区利用“三化”信息系统，已收集 7891 件居民服务需求记录，已登记 78539 宗各类纠纷和隐患事件，并在数据分析的基础上，发现群众的真实需求，使群众参与决策过程，使政府决策更人性化、便民化。

动态数据为精细化决策提供对决策对象的科学认知。随着社会变迁，政府决策对象呈现多元化特点，涵盖政治、经济、社会、文化以及生态等领域的各类事务。只有对决策对象产生科学认知，才能做出科学的决策。在我国的过往实践中，政府决策就常常因为信息缺失与信息偏差导致决策对象定位与认知不准。而动态实时的数据信息，很大程度上改善了传统体制下对政府决策对象的模糊认知。无处不在的各类信息来源，使得决策对象的轮廓从模糊到清晰、从含糊到精准、从片面到全面，以及对象认知的因地制宜、因时制宜。“一方面，通过大数据构建突发事件拼图，为决策执行提供可视化、可靠性和科学性依据，一旦决策执行过程与突发事件决策目标发生偏差，能够及时进行矫正，避免突发事件决策扭曲或执行不力，强化对突发事件决策执行的监督力度，有效防止决策执行出现偏离。另一方面，通过搜集决策执行中产生的监测记录能够追踪决策执行过程，使决策者充分掌握突发事件的进展形势，知晓先前决策的效果，并感知突发事件衍生的新问题，整合减少不确定性，实时调整突发事件决策和应急方案，将风险损失降到最低。”

第三节　决策支撑

决策支撑是数字政府的关键，这既需要树立正确的主体观念，也要强化各个地方、各个部门的海量数据管理，并且实现多源数据融合；同时，决策支撑还需要强化数据安全，加快建立专业的人才队伍。

一、决策主体观念

虽然大数据思维具有更高的时效性与价值，但我国政府决策主体普遍存在大数据观念淡薄的问题。在新中国成立初期，由于经济基础的薄弱与社会资源的限制，我国政府实行中央集权式的计划体制。这一体制有助于我国迅速发展经济，但也致使官员的官僚主义与“官本位”思想的根深蒂固。即使是在我国经济体制转型的过程中，如此落后的思想观念仍然存在于各地的地方政府中。一项针对我国主要部委信息化部门的调查显示，“有近四成的负责人对大数据提升业务能力并未予以足够重视”。现代政府是科学决策过程的主体，如果落后的思想观念一直存在而未被消解，政府决策主体将不会真正接纳大数据技术，从而抑制政府治理的创新实践。

大数据观念与数据分析的思想相向而行。落后陈旧的思想观念首先表现为“官本位”的根深蒂固。当前，部分政府领导仍然保有以官为本、以官为贵、以官为尊的价值观，以个人的直觉与经验作为决策的唯一标准，并排斥大数据技术的发挥。如此“拍脑袋决策”极易导致决策的失误，从而遏抑政府决策的效率与效果。大数据时代，由经验决策向数据决策的转变是公共管理的必然要求与基本趋势。在理想的决策过程中，官员的个人智慧与大数据技术应当承载着相辅相成的作用。大数据技术可以从复杂现象中透视事物的内在本质、嗅探事件的内在规律；而官员的个人智慧则可以启发决策的思路、指引决策的创新。事实上，“唯数据论”与“拍脑袋决策”皆为决策方式的极端，是不可取的。

大数据观念与服务政府理念相向而行。建设服务型政府是我国行政体制改革的基本方向和重要内容，以“以人民为中心”发展思想、全心全意为人民服务理念作为指导思想。这就要求政府在日益变化的大环境下，不断更新自身的专业水平，增强灵活性与应变能力。这与大数据观念不谋而合。然而，部分政府部门领导对大数据观念的欠缺，政府决策仍然保持严密传统的干预性，在日新月异的全球化竞争中显得愈发力不从心。在大数据时代，数据生成和更新换代的速度极快，数据价值密度却低，这就要求政府决策主体不仅必须形成良好的大数据理念，更要不断提升大数据挖掘的能力，聚沙成塔、去伪存真，方可显示大数据的存在价值，提升决策的科学性与服务性。

二、数据融合

随着政府信息化建设向纵深发展，各个地方、各个部门的信息化系统分别产生海量数据，并且以数据、文本、图片、多媒体等多种非结构化形式存在。在同一部门中，由于缺乏统一的标准，不同种类非结构化形式的数据信息难以归并而格式化；在不同部门间，由于建设时长与主体不同、业务领域多样等原因，各个信息化系统呈现异构的特点，海量的数据信息更难以得到统一，从而形成数据碎片。而当数据碎片积累到一定程度且得不到互联共享，呈现割裂休眠的态势时，将导致“信息孤岛”。而数据融合则是将来源于不同部门、不同系统、不同数据（即多源异构）通过一定标准汇聚整合。

长期以来，我国政府呈现科层制的传统结构。在这一体制下，虽然上下级间的纵向沟通频率高、效率好，但平级间的横向沟通却非常薄弱稀疏，信息的横向流动也被遏抑。因此，部门官员也没有形成数据共享的观念，而是将数据视为权力的象征，如果将其开放共享将导致部门利益受损。在如此观念的影响下，官员往往固步自封、独守数据，甚至由于权责界限和地理区划而衍生出数据保护主义。这不仅无益于数据碎片的解决，反而加剧了信息孤岛的趋势。

受新公共管理的“企业家政府”理论模型的影响，部分政府的信息私有化、信息竞争、信息服务市场化等思维较为严重，公共信息的服务范围也更多局限于政府组织内部，未扩展到政府组织和部门外部，未体现以公众为本位，没能考虑公众对公共信息服务的偏好与选择。在跨省域政务、政企合作与多元共治等领域，政府、企业、社会各自占有一定的资源，却缺少合理有效的流动互动渠道，来充分发挥其内在的应用价值。与政府相比，一些企业与社会组织可能掌握着更为全面直观的数据资源，或是更为先进的大数据技术，如果政府能与其形成长期稳定的沟通合作，就可以达成优势互补，尽可能挖掘数据资源的内在价值。

三、数据安全

隐私权是一种基本人格权利。公众享有的私人生活安宁与私人信息秘密依法受到保护，不被他人非法侵扰、知悉、收集、利用和公开。然而，随着数据的深入记载，以社交网站为代表的互联网正无时无刻不追踪人们的行为轨迹，嗅探人们的行为特征。以此，大数据可以形成数字化记忆与全景控制的效果。近年来，全球各地的负面隐私事件时有发生，公众已觉察到个人信息被政府有关部门监控的可能性。这一消极情绪将消解人们对政府的好感度与信赖度，甚至对政府部门与其延伸的各类政策产生冷漠甚至是抵触的心理。如果这种情绪加以蔓延，政府决策的制定与推行也面临诸多操作上的障碍。

大数据技术的特性，决定了其具有泄露个人隐私的可能性。虽然大数据的价值密度低且可能重复，但大数据依托海量全景数据，并通过一定的技术支持，将这些看似分散无关联的信息整合，从而可以分析出特定对象的行为轨迹与人格特质。当前，有一部分互联网企业对个人信息的使用与保护规则的意识较为淡薄，而一部分公众也没有对自身自我保护的手段产生正确的认识。对比国外，发达国家涉及个人信息与隐私的法律条款较为完备成熟，而我国还没有形成相对细致的法律对隐私问题进行统一监管与惩处。同时，政府作为治理隐私问题的当局，也应该以身作则。

大数据安全要和国家信息安全相一致。习近平总书记在 2014 年 2 月中央网络安全和信息化领导小组第一次会议上提出了一体两翼的双轮驱动观：“网络安全和信息化是一体之两翼、驱动之双轮，必须统一谋划、统一部署、统一推进、统一实施。”随着各级政府数据库的存储量日益剧增，政府管理的难度也随之加大。各类结构数据集中存储的模式进一步提高了信息泄露的风险。一旦数据存储系统崩溃或信息处理系统瘫痪，整个数据库中的海量资源将难以寻回。而如果不法分子得以侵入政府内部数据库，则将造成信息泄露和被窃取的严重问题，带来无法挽回的损失，也对政府形象产生负面影响。另外，部分电子政务领域的官员存在防范意识低、技术不娴熟、没有备用方案等问题，一旦引发操作失误，也将威胁政府信息系统的安全。

加强大数据安全机制建设。由于对隐私信息进行保护是政府数据管理的职责所在，而大数据时代的数据信息具有高度开放性和快速流通性，这对国家安全机制提出了更高的要求。因此，政府必须出台并健全相关法律法规，通过法规制度的刚性力量来维护个人隐私，框束数据使用者的行为范围。应尽早制定专门的法律，对隐私权和商业秘密的概念、特征、范围、内容、侵权构成要件以及侵权责任、救济制度等做出具体、详细的规定，进一步规范相关信息的搜集、保管、处理、利用及公开。同时，应当建立相应的法规制度，对数据信息的存储期限进行合理限制。一旦超过存储期限，数据信息资源库就拒绝被访问和使用，从而更好地维护数据信息安全。另外，要继续发展更为先进的大数据安全机制，“重点加强密码技术、身份鉴别技术、预警、网络监管、检测与应急处理、信息安全测试与评估、灾难恢复等关键技术的研究开发，以确保机密部门的信息安全”。

四、法律环境

建立健全信息公开、数据开放的制度环境。我国对大数据发展的立法回应相对滞后，2008 年施行的《政府信息公开条例》无法赶上世界“数据民主”的浪潮。2019 年，国务院公布修订后的政府信息公开条例，坚持“公开为常态、不公开为例外”的原则。

在未来应继续借鉴国际经验，在做好大数据发展顶层设计的基础上，保障《网络安全法》全面实施，抓紧制定兼顾国际发展趋势和我国国情的《政府信息公开法》和《个人信息保护法》。按照开放、保障安全、价值导向、质量保障和权责利统一的原则，建立数据开放和共享的相关法规和制度，明确政府数据共享机制的责任主体，打破科层制模式下不必要的数据壁垒，为提升决策实效提供帮助。应提升信息公开条例的立法层级，致力于政府数据的全面开放共享；尽快出台符合时代需求的个人信息保护法；应实现立法的精细化，提升可操作性；拓宽开放途径，提供方便快捷、多样化、高质量、全方位的政府信息。

五、专业人才队伍

在信息化时代，全球各国间的竞争日益激烈，人才培养也成为至关重要的制约因素之一。大数据专业人才的数量和质量决定着一国大数据技术的研发水平，并关系到政府决策的科学性与创新性，从而影响政府的治理水平。近年来，我国的大数据产业进入爆发式发展的阶段，然而随之而来的是专业人才，尤其是复合型人才的短缺。中科院院士、北京大数据研究院院长鄂维南曾指出："我们面临的最严重的问题就是应用场景和人才的问题，应用场景的问题是需要时间，人才问题是我这么多年来碰到的最严峻的问题。"

大数据行业与时俱进的发展将对人才培养提出更高的要求。大数据的浪潮汹涌来袭，其应用规模呈指数级增长态势。这不仅仅是信息科技领域的革命，更是加速政府创新、引领社会变革的利器。大数据分析面临庞大繁杂的数据，这对专业人员的数据挖掘、处理与分析的能力提出更高要求。而随着大数据往各垂直领域的延伸发展，对统计学、数学专业的人才，主要从事数据分析、数据挖掘、人工智能等偏软件领域的需求加大。然而，虽然我国的大数据产业与国际领先水平步伐几近相同，但在技术与应用领域内仍存在差距，部分技术仍需依靠国外大数据企业。尤其是在我国的政府部门，掌握大数据技术与应用的专业化人才严重短缺，这将致使数据挖掘与分析的质量参差不齐，影响到政府决策的科学性与有效性。

我国互联网行业的发展虽走在世界前列，但大数据决策的运用水平与发达国家相比有较大差距，主要是决策主体墨守成规的现象比较突出。因此，转变观念、与时俱进、积极应对是目前决策领域发展的首要工作。在大数据视角下，人们面对的是呈现出混杂特征的全体数据，这些数据相互之间不再是简单的因果关系，而是多重混合交叉的相关关系。决策主体要摒弃"拍脑袋"或是有限样本抽样的抽象分析方法，改变政府决策的理念维度、决策方式和决策思路，从数据收集者转向数据分析者，从大数据关联分析中预测社会需求，预判社会问题，探索政府决策的多元主体、实时分布式存储及价值关联特征，提升政府决策能力。

政府应该重视对自己内部已有的技术人员的培养，要定期组织大数据专业培训机构人员对体制内的技术人员进行培训，教授专业的大数据技术知识，并建立相应的考核与激励机制。同时，定期开展经验交流报告会，分享先进技术与实践经验，取长补短、因地制宜。基于目前企业的大数据技术发展更为迅速、硬件设施更为完备的现实状况，建立政企合作模式势在必行，要让政府部门的工作人员有更多的机会深入大数据技术应用的前端，去和企业中的大数据技术人才进行专业的探讨和交流。对于企业内的优秀的专业技术人才，政府可以采取聘用制模式，运用专业人才的宝贵实践经验为政府治理创新应用做出更大贡献。

作为人才摇篮的高校在培养复合型人才上应加大力度，可以开展政校合作模式，在高校内设置专业的大数据技术课程，包括大数据挖掘、大数据存储、大数据分析及物联网、云计算等专业前沿知识，以及公共管理学科的专业知识、统计学的相关知识。在理论学习的同时，扩展实践交流的机会。要培育大量的数据科学家和数据架构师，提高人才质量，并将其选送到政府科学决策工作岗位上来，组成一支高素质的政府科学决策大数据分析队伍，为政府科学决策能力提升做出积极贡献。

第四节　数据辅助决策实践

以政务服务数据事项为例，运用大数据技术，对政务服务事项信息、办件信息、用户行为信息和业务信息等数据进行深度融合、精细化管理、智能化数据分析与挖掘，提供统计结果全覆盖、服务事项全包含、办件分析有侧重的大数据分析应用服务。能及时了解用户需求，提高服务质量，提升个性化服务水平；揭示政务服务过程的内在图景，发现和洞察服务流程中的纰漏、冗余；掌握各地区各部门政务服务能力和发展水平，监督考察各地区各部门工作整体运行情况；探查社会民生关注热点，推测经济运行、行业发展情况。大数据分析结果通过政务服务 App 和政务服务微信公众号向百姓和企业提供服务，通过网上政务服务工作门户向业务人员和领导提供服务，进而为有效利用政务信息数据资源，增进服务质量、降低服务成本、提升决策科学性，为简化事项审批流程、提高审批和服务效能创造条件，为简政放权、政府职能转变提供依据。

一、数据资源融合

政务服务大数据资源融合是开展大数据分析的基础，主要是实现基础数据和业务数据的处理、质量提升，数据融合和高效可靠存储。在数据处理方面，采用大数据并行计算技术，对政务服务平台产生和汇聚的政务服务事项信息、办件信息、用户注册信息、用户行为信息和业务系统运行信息进行数据清洗、转换、比对，采用本体和主数据管理技术实现数据融合，构建形成统一的业务信息资源库。在数据存储方面，采用分布式存储方式，按数据类型存储到分布式文件系统、分布式数据库、分布式数据仓库和非关系型数据库，实现数据存储，包括数据存储模型定义、数据批量存储、数据备份等内容。

主要功能可包括：数据预处理、数据抽取转换加载、地理编码、数据融合、数据元、业务对象、数据服务集成、大数据监控和业务运行在线监测等功能。

二、数据知识化管理

政府服务大数据知识化管理实现政务服务基础信息与业务信息知识化主

题化管理。知识化主题化管理是按照某一主题，组织关联其他相关信息形成主题模型，如以法人或人口为主题，关联构建企业或个人账号信息、基本信息、办件信息、浏览关注等内容；以地方部门为主题，形成地方部门政务服务事项、历史办件情况、办件效率等相关内容；以政务服务事项为主题，提取不同地区办理流程、办事效率对比、办件数量统计等内容。管理内容包括主题模型定义、主题模型增删改查、数据内容更新、数据增删改查、数据读写分离管理等管理操作。

主要功能可包括：数据在线汇集、数据预处理、数据管理维护、加载入库、数据动态更新、数据库运行监控、知识化管理等内容。

三、数据分析与数据挖掘

采用分布式计算、内存计算、机器学习等技术，面向数据查询、数据统计分析、数据挖掘分析三种不同应用场景，建立数据统计和分析模型，实现查询结果快速提取、统计结果实时计算和决策知识智能分析。数据查询能在海量数据中快速检索符合条件的数据，支持单一条件和复合条件的检索。数据统计查询在主题模型的基础上，允许用户进行多角度、多层次的统计查询和关联分析，支持上钻、下取、切片、切块分析等操作。数据挖掘分析通过集成格局分析、关联分析、趋势分析、文本挖掘等模型，实现用户关注问题、社会发展热点、政府改革成效等问题深度分析，为领导决策提供信息参考。

主要功能可包括：即席查询、多维在线分析、智能报表服务、聚类分析、时空趋势分析、空间格局分析、关联关系分析、预测分析等内容。

四、个性化主题应用服务

利用大数据分析与挖掘所获得的规律、趋势、关联规则等有价值信息及知识，通过综合直观的统计图表、地图、报告等信息展现形式，向政务服务用户、政务服务业务人员、地方部门领导提供个性化、主题化的决策类信息服务，实现信息的深度利用，为政务服务提高效率、降低成本、发现短板、优化服务提供数据和技术支撑。

面向政务服务用户，提供政务服务事项快速智能检索、个人或企业政务服务信息画像、个人办件信息统计查询、个人服务事项排位分析、个性化信息推送等服务，为用户了解个人或企业处理政务服务相关情况，方便快捷办理事务、提高个人或法人办件效率提供支撑。具体的政务服务用户信息服务功能包括信息智能检索、历史数据统计分析、当前服务事项进度及其预测、个人服务事项统计排位分析、个性化信息推荐等。

面向政务服务业务人员，基于历史存档数据与其他水平互联的相关单位政务服务统计数据，实现服务事项办理流程、办理时间、办理结果的横向纵向对比，提示办理过程中效率改进环节，提供用户办理热点事项，进而为业务人员优化政务服务流程，提升政务服务水平提供信息及技术支撑。具体的政务业务用户信息服务功能包括信息智能检索、信息总览、历史数据统计分析、工作量统计、效率分析、个人处理事项排位分析、个性化信息推荐等。

提供政务服务事项办件数量、办件类型、时间变化、地方部门办理情况等信息统计分析，便于领导掌握政务服务客观数据；提供地方部门正常办理、提前完成、延时办理信息和用户评价信息，为评估地方和部门政府服务水平提供数据支持；提供业务运行监测，包括可达性分析评价、可用性监测、用户投诉回报等服务，为掌握业务运行情况提供支持；同时，利用政府政务服务数据直观了解各项政策措施的落实状态及运行效果，如企业运行、社会福利及养老、医疗、住房等社会民生热点情况，分析简政放权、产业结构调整等改革政策在地方部门的实施成效，从而为领导宏观决策提供信息参考。具体的决策用户信息服务功能包括政务服务运行图、信息智能检索、快速专题构建、个性化信息推荐等。

第七章

Digital Government

数字政府的实现——能力与评价

数字政府的实现是能力与评价，通过对数字能力与技能的培养，提升公共部门的数字素养，完成公共部门的数字化转型，通过数字技术的投入，开发创新应用，不断培育数字文化建设；通过对数字政府发展进行科学、有效的评价，以持续提升政府的信息化、数字化发展水平，促进数字政府能力的提升。

第一节 数字能力与素养

数字素养与数字能力是数字时代重要的生活、生产技能，数字素养与数字能力的提升成为教育创新的重要目标指向，世界各国纷纷采取不同策略提升公民数字素养与数字能力，对数字能力进行多维度的定义与阐释，创新数字能力成熟度测评工具，通过公共数字文化建设营造数字氛围，充分发挥公共数字资源效能，有效提升公民数字能力。

一、数字素养的提升

1. 数字素养的内涵

自 1974 年保罗·泽考斯基（Paul Zurkowski）提出“信息素养”以来，信息能力、数字能力、数字技能等概念在政策领域和研究领域被广泛采用。1994 年，以色列学者 Yoram Eshe-Alkalai 提出“数字素养”的概念。这些概念的提出和衍变，反映了人们获取信息途径和方式的变化，愈加彰显信息通信技术（ICT）逐渐融入生产生活，并改变人们的认知和行为的不断发展的趋势。数字素养一词的英语表述为 Digital Literacy，其中 Literacy 通常指的是读写能力，而 Digital Literacy 的内涵十分广泛，并不单单指数字化的读写能力，还包含了其他数字化的特殊技能。数字素养是人们基于认知与技术能力，利用通信技术来发现、获取、鉴别、创造、交流信息的一系列数字化技能的总称。数字素养包括了获取和使用数字信息的能力、创造数字信息的能力和交流分享数字信息的能力。数字化的读写能力是数字素养的核心内容，但是随着通信技术的迅速发展，人们接收信息、交流信息的方式不断变化，数字素养的内涵范围也随之变化，例如，现如今，使用电子阅读器浏览电子书或者上传、分享网络视频都可以称为是一种数字技能。

信息通信技术的发展逐渐改变着劳动力市场结构、工作的形式和对劳动力的能力需求，技能的发展和更新周期随之缩短。新的技术为教育在培养能融入数字社会的劳动力方面提出了挑战。国际组织、社会团体，以及各个国家已经意识到了数字素养的重要性，并将提升人们的数字素养作为工作的重要部分。为促进数字素养提升，他们从不同的领域、层面和维度开展研究、实施计划、评估效果。

2. 提升数字素养的策略

首先，政府要在创造良好的数字素养发展环境中扮演引领者角色。在政府战略规划、政策举措和专门机构的支持下，各利益相关方建立可持续的合作。各国各地要把数字素养发展融入战略、规划、举措和工作重点；支持免费和开源软件，促进公共资金开发的数字素养发展资源的开放使用；防治数字素养因性别、年龄等原因而产生和扩大差异；鼓励非正规教育提供者（如图书馆、社区活动中心）提供相关培训；开展数字素养相关评估。政府在制定战略规划、政策举措时，也应从国家战略高度出发，汇聚各相关部门（教育培训、信息产业、人力资源等）的智慧和方案。

其次，政府应支持各利益相关方创新合作模式，针对不同的学习需求，丰富数字素养的获取途径，共同促进数字素养教育发展。数字技能可以通过多种途径获得，如学校教育、非正规教育培训和各种自主的和非正式的学习。不同层面的数字素养普及和提升需要创新的合作模式。如基础的功能性数字素养的普及，需要政府公共资金的大力支持，教育机构、社会组织、网络服务提供商也需要承担这方面的社会责任，以支持全面和公平的数字素养普及。在一般数字素养方面，信息技术公司、社会组织、教育机构可以更多地发挥作用，挖掘和满足人们在数字素养方面的学习需求。

再次，加强教师的数字素养提升，确保学生获得有质量的数字学习环境。2011 年，《联合国教科文组织教师信息通信技术能力框架》就提出，要使数字技能成为教师培训的重点。要认识到，教师的数字素养，不仅包括数字内容的创作、编辑、改进、更新的技能，还包括对控制数据隐私和数字身份的重要性的认识、管理自身所产生的数据的能力、评估和判断信息来源相关度和可靠性的能力等。

二、数字素养培训渠道

国际组织早已意识到了发展公众数字素养的重要性和必要性，并通过科学研究、框架制定等路径凝聚对于数字素养的共识，提升人们的数字素养。联合国教科文组织在数字素养发展方面发挥了引领性角色。将数字素养视为支持作为 2030 年全球可持续发展议程重要组成部分的第四个可持续发展目标（SDG4）实现的重要力量。UNESCO 首先呼吁各国在教室中配备电脑、接入网络，以确保全面、有效的学习环境的建立，促进基础教育的普及和扩大职业技术、高等教育发展。SDG4 还呼吁各国要让青年和成人掌握就业创业相关的技能，包括技术和职业技能，并为此设立了指标“掌握信息通信技术技能的青年和成人比例”。2016 年，经合组织在其《数字素养框架》中描述了一系列在任务导向型使用中的“信息技术通用技能”。同年通过的《坎昆宣言》还强调了通过政策制定和实施，特别是教育和培训系统的能力建设、教育的信息化来提升人们的数字素养，帮助人们通过终身学习和在职培训不断更新和提升技能。

欧盟在数字素养方面的探索由来已久。作为欧盟“教育与培训 2010 计划”（ET2010）的重要成果，欧盟核心素养于 2006 年出台，其中八大核心素养之一就是数字素养。自 2005 年起，欧盟委员会就开始对公众数字能力进行研究与调查，旨在为欧盟委员会和成员国提供可续有据的政策支持，以利用数字技术的潜力创新教育和培训实践，提高公众终身学习的机会，以应对新事物、新技术的兴起带来的就业、个人发展和社会包容等方面的新挑战与新技能的需求。2017 年，欧洲委员会发布《公众数字能力框架 2.1》(*European Digital Competence Framework for Citizens*)，在《公众数字能力框架 2.0》的基础上进行了概念模型更新，进一步将数字能力从基础到高度专业化分为八个水平，并展示了欧洲、成员国和区域层面的实践实例。欧洲公众数字能力框架，为提高公众的数字能力提供了一个工具，它已成为欧洲和成员国数字能力倡议发展和战略规划的参考。《公众数字能力框架 2.1》构建了 5 个数字能力维度：维度 1，识别数字能力的不同能力领域，将数字能力分为 5 个领域；维度 2，每个相关能力领域的具体能力内容与描述；维度 3，每个能力的熟练水平；维度 4，适用于每个能力的知识、技能和态度；维度 5，基于不同目的的能力适用性示例。如图 7–1 所示。

图 7–1 五种数字能力维度框架

维度 1 中 5 个不同的能力领域及维度 2 中的能力内容表现为：

第一，信息和数字素养能力领域，其能力内容为浏览、搜索、过滤数据、信息和数字内容，评估数据、信息和数字内容，管理数据、信息和数字内容；

第二，沟通与协作能力领域，其能力内容为通过数字技术进行交互，通过数字技术共享，通过数字技术参与公众身份，通过数字技术进行协作，网络礼仪，管理数字标识；

第三，数字内容创建能力领域，其能力内容为开发数字内容，数字化内容的整合与再细化，版权和许可证，编程；

第四，安全能力领域，其能力内容为保护装置，保护个人数据和隐私，保护健康和福祉，保护环境；

第五，解决问题能力领域，其能力内容为解决技术问题，确定需求和技术响应，创造性地使用数字技术，识别数字能力差距。

《公众数字能力框架 2.1》将公众数字能力熟练水平划分为 8 个等级，不同等级的数字熟练水平对应不同的任务复杂性，以及公众不同的自主性和认知层面。如表 7–1 所示。

表 7–1 数字能力熟练水平测度表

数字能力熟练水平			
数字能力熟练程度	任务的复杂性	自主性	认知层面
1	简单任务	需要指导	记忆
2	简单任务	有自主性，必要时需指导	记忆
3	明确的常规任务和简单的问题	独立完成	理解
4	明确的非常规任务和问题	根据自身需要独立完成	理解
5	不同的任务和问题	指导他人	适应
6	绝大部分适当的任务	能够在复杂环境中适应他人	评估
7	用有限的方案解决复杂问题	为专业化实践贡献力量，指导他人	创造
8	用多种方案解决复杂问题	能够提出新的想法和方法	创造

自20世纪80年代开始，一些研究开始关注当时和未来一段时间发展所需要的“关键技能”，在教育中获取这些关键技能的理论、政策与实践的浪潮从美国蔓延至英国、新西兰等国家，以及亚太经合组织、经合组织等国际组织。其中就有与信息、信息技术相关的技能。进入21世纪，一些国家就开始特别关注数字素养提升（特别是其中的基本数字素养），提出和实施了基础数字技能发展相关计划。这些计划以提升人们的数字技能意识、强调数字技能的重要性为主要目的。例如，挪威2006年发起的“职场的基本素养”计划（后改名为“技能+”计划）致力于提升成人的计算、口语交际、数字素养等能力。再如，自2012年12月，法国原国民教育、高等教育与科研部制订了规划，并投入10亿欧元的公共资金，旨在促进校园的信息化，提供数字教与学资源，让学生掌握相关技能、接受有关数字素养的评估并提升师生数字安全意识。除了基本数字素养，越来越多的国家开始重视编码，将其视为培养学生计算思维的重要途径。一些国家如丹麦、英国、爱沙尼亚，更将编码纳入学校必修课程。新加坡的“Code@SG”倡议旨在将编码作为“国家能力”来建设。

教育机构、研究机构、社会团体和企业常以合作关系共同推进某一群体的数字素养。例如，谷歌与澳大利亚爱得莱德大学计算部合作为中小学教师提供慕课，帮助他们实施新的国家课程中对于编程和编码的要求。试验阶段完成后，该项目获得了政府690万澳元的资金，支持其在四年间开展全国性的推广。法国“1,2,3...Codez!”是由“动手做”基金（La main à la pate）发起的支持教师和学生进行编码的项目。该项目结合了面对面的培训和在线开放资源，在开展编码面授的同时提供大量教学和学习资源。微软、谷歌等企业、出版商、非营利性社团组织以及法国计算机科学和自动化研究所参与该项目。美国的非营利性组织Sense Media与哈佛大学、青年组织等合作开发一系列资源，旨在提升孩子们的批判思维，帮助他们在数字世界中能够负责任地行动、积极地进行交流。研究机构在合作关系中通常承担重要的提供理论模型的角色，如加拿大“媒体智慧”数字素养中心提出的数字素养模型。

在我国，数字素养也越来越受到重视。2016年9月，由教育部委托北京师范大学，联合国内高校近百位专家成立的课题组的研究成果《中国学生发展核心素养》发布，关系到课程标准修订、学生评价等诸多方面工作，对于教育改革具有重要意义。《中国学生发展核心素养》在“自主发展”这一方面的“学会学习”素养中提出了“信息意识”这一基本要点，强调要让学生能自觉、有效地获取、评估、鉴别、使用信息，具有数字化生存能力，具有网络伦理道德与信息安全意识等。在“社会参与”这一方面的“实践创新”素养中提出了“技术运用”这一基本要点，强调要让学生理解技术与人类文明的有机联系，具有学习掌握技术的兴趣和意愿等。可见，我国发展核心素养强调信息和信息技术的意识（包括网络伦理道德和安全），获取、使用和辨别能力，并以相关数字素养提升学生的终身学习能力、实践创新能力。这是数字素养在我国学生发展核心素养框架中的体现。

三、数字文化构建

1. 公共数字文化要义

从字面来讲，“数字文化”有两方面含义：一是文化是以数字形态存在和发展的，以网络为传播载体的，数字文化是人类文化发展的数字化形态的最典型体现；二是数字网络本身就是一种新兴文化形态的表现形式，数字文化不仅是一种技术与社会现实，更是一种文化现实。简而言之,“数字文化”就是“数字的文化（特性）”与“文化的数字（形态）”。

公共文化服务是政府为保障公众基本的文化权益和文化需求提供的文化产品和服务。它以政府财政支出作为经费支持由公共文化服务机构如图书馆、博物馆、档案馆、美术馆、文化馆、非物质文化遗产管理机构等依托馆藏资源开展日常服务工作。国外发达国家和地区公共服务起步较早，19世纪末德国就提出了公共服务概念。公共文化服务是公共服务的重要方面，发达国家在文化领域形成了自身特色和不同模式，主要可归纳为3种：一是市场主导模式（以美国、德国为代表），政府主要依赖各类文化团体、机构和政策法规来管理文化服务；二是政府主导模式（以法国、日本为代表），政府通过中央及下属行政部门直接领导文化服务开展；三是“一臂之距”模式（以英国、澳大利亚为代表），政府借助于民间文化团体来管理文化。

在数字化、网络化环境下，公共数字文化服务建设成为公共文化服务体系建设的重要内容。不同类型的公共文化机构纷纷依托互联网将本馆的数字资源与服务传递给社会公众。在网络环境下公众更期待一个集成了不同文化机构数字馆藏资源的“一站式”服务平台，这就使得公共数字文化资源整合工作显得尤为重要。公共数字文化资源整合是指将图书馆、博物馆、档案馆、美术馆、文化馆、非物质文化遗产管理机构等公共文化服务机构相对分散的、异构的馆藏数字资源进行类聚、融合、重组从而实现资源“站式”查找与获取。国外发达国家公共数字文化建设项目不仅包括全球或区域组织项目，如世界数字图书馆、欧洲数字图书馆、亚洲数字图书馆，还包括美国记忆项目、美国公共数字图书馆项目、法国 Gallica 项目、英国文化在线项目、德国 BAM 项目等。

2. 数字文化的构建

2015 年，德勤数字化咨询机构基于一项全球数字化调查，就有关数字化转型问题对来自 70 多个国家的 1200 多名政府官员进行了调查，并访谈了 140 名政府领导与外部专家，经过研究分析，最终形成了《政府数字化转型之路》报告。调查显示，全球各国政府在数字化转型过程中处于不同阶段，少数国家政府处于“成熟”阶段，绝大多数国家政府仍处于“早期”或者“发展”阶段。数字化转型水平较高、较成熟的政府通常具有一个清晰、连续的数字化战略，并且这个战略能够同时结合数字文化与推动变革的领导力。根据对参与数字化转型的政府部门的 140 名领导进行访谈的结果，该调查总结出影响政府数字化转型的五个因素：战略、领导力、劳动力技能、数字文化与用户焦点，进而研究了不同数字化转型成熟度水平国家在这五个因素方面的不同表现与行为举措。在数字文化方面，处于数字化转型早期阶段的政府通常具有风险规避、分散等特点，处于数字化转型发展阶段的政府具有风险承受能力并且能够适应创新和协作，处于数字化转型成熟阶段的政府则能够接受风险并且促进创新和协作。

数字文化有助于提高政府部门敢于冒险、接受风险的意愿，能够培养、提升政府创新和协作的能力。通常，数字化转型较为成熟的政府具备有利于数字化转型的文化，他们具有培养创新、培养协作的工作环境，并保持积极的冒险态度。敢于冒险正成为数字化转型较为成熟政府的文化常态。受数字化趋势的影响，在数字化转型成熟的公共部门中，创新和协作文化发生了巨大变化。数字化成熟的公共部门组织更擅于冒险，更愿意尝试敏捷的“快速失败，快速成功”的方法，他们比处于数字化转型“早期”阶段的政府机构更容易改变面对风险的态度。

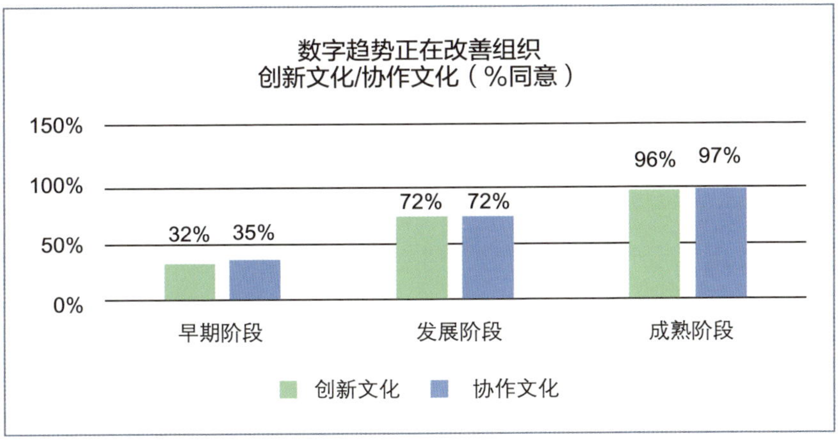

图 7–2 数字趋势下的创新文化与协作文化

“缺乏创业精神”“不愿意冒险”“缺乏协作、共享文化”是政府数字化转型过程中重要的障碍。调查中发现，在国防、能源、法律和司法等部门，数字文化相对较弱。这些部门更专注于重要的公共服务领域，错误容忍度较低，在这些领域中，微小的操作错误可能会产生长期的破坏性影响。由于根深蒂固的规避风险文化的存在，国防、能源、法律和司法等部门难以实现创新，他们不太愿意尝试，更不愿意使用数字技术进行创新与合作。

数字化转型不仅仅是技术的实现，它还需要用新数字化的眼光看待旧问题和旧过程。数字化的思维方式，需要考虑不同利益相关者，在公共产品与服务供给、工作方式等方面都与以往公共部门的思维方式有很大的不同。对于数字化思维的构成，全球范围内还没有达成一致的定义，但是通过分析具有数字化思维的组织，发现他们具有一些共同的特征：功能开放、共同创造、聚焦用户以及灵活的工作方式。现有的文化规范却在一定程度上阻碍着政府机构形成数字文化氛围。

构建数字文化是公共部门领导在加快数字化转型过程中需要考虑的关键问题之一。近年来，各国政府也采取了一定举措用以加强组织的创新和协作文化。随着数字化成熟程度不断加深，组织机构越来越多地利用数字化趋势和技术来加强创新和协作文化。调查发现了一些构建数字文化的成功策略：

（1）改变工作环境以促进协作。包括工作环境布局和风格调整，比如搬到开放式办公室，或者召集不同的团队共同办公；改进日常技术，减少对计算机桌面的限制，引入平板电脑或移动设备，采用电话会议的方式等。工作环境的这种变化发出了一个强烈的信号，即文化需要更新，这种文化更新可以提高生产力，提高协作水平和灵活性，进而推动数字经济的发展。

（2）更加关注管理变革。调查显示，提供公共服务的一线职能部门通常认为数字化转型特别具有挑战性，各国政府需要加强对管理变革和人员培训的关注，用数字工具赋予一线公务人员更多的灵活性和自由裁量权来完成他们的工作。

（3）为关键职位指定动员者。许多政府已经任命了新的有关数字化转型工作的主管，部门和机构任命首席数字官的趋势持续发展。这种任命方式能够通过有影响力者产生鼓动，挑战现状，从而刺激文化变革。尽管这些职位不一定需要外部人员，但需要经过精心设计，以便对系统进行调整。这些任命必须与治理变革紧密结合，如果成效好，则将成为新技能和新思维方式的典范。

表 7–2 公共服务职能部门的创新文化与协作文化比较研究

	敢于面对、愿意接受风险	提升数字化创新文化	提升数字化协作文化
中央机构	高于平均值	低于平均值	低于平均值
国防部门	低于平均值	低于平均值	低于平均值
经济发展部门	低于平均值	高于平均值	高于平均值
教育部门	高于平均值	高于平均值	高于平均值
能源部门	低于平均值	低于平均值	低于平均值
环境部门	高于平均值	高于平均值	高于平均值
财政税收部门	低于平均值	低于平均值	低于平均值
健康医疗部门	高于平均值	低于平均值	低于平均值
高等教育部门	高于平均值	高于平均值	高于平均值
信息和通信技术部门	高于平均值	高于平均值	高于平均值
国际事务部门	低于平均值	低于平均值	高于平均值
法律与司法部门	低于平均值	低于平均值	低于平均值
社会服务部门	高于平均值	高于平均值	高于平均值
交通部门	低于平均值	高于平均值	高于平均值

●（深色）高于平均值　●（橙色）低于平均值

注：此表依据被调查者回答相应问题的比例进行分类。

3. 国外数字文化资源建设实践

20 世纪 90 年代以来，面临数字资源呈指数级别增长的趋势和公共文化机构经费日趋紧张的压力，为更好满足公众日益增长的数字文化资源需求，国外兴起了大量数字文化资源共建共享项目，以节省投入成本和提高服务质量。始于 20 世纪 90 年代的国外公共数字文化资源共建共享实践和研究，经历了合作共建、资源共享以及知识共享 3 个阶段。公共数字文化资源共建共享最早的实践应该是 1990 年美国国会图书馆启动的美国记忆项目（American Memory）和 1992 年联合国教科文组织发起的“世界记忆”计划（the Memory of the World Program）。到 21 世纪，国外公共数字文化资源共建共享项目越来越多。2008 年国际图联发布了专业报告《公共图书馆、档案馆和博物馆：合作趋势》，从全球项目、洲际项目、国家项目、地区与当地项目 4 个角度来介绍公共数字文化资源共建共享的例子。

目前，国外典型的公共数字文化共建共享代表项目有：

（1）世界数字图书馆（World Digital Library），其网站于 2009 年 4 月 21 日由联合国教科文组织开通，目的是推动图书、博物、档案一体化服务实践，以促进思想自由交流、信息广泛获取、知识充分共享，并增进文化多样性。

（2）欧洲数字图书馆（Europeana Digital Library），其网站于 2008 年 11 月 20 日开通，该项目由法国、德国、意大利、西班牙、波兰、匈牙利六国首脑共同建议创建，旨在实现欧洲文化和科学资源的共建共享。

（3）美国公共数字图书馆（Digital Public Library of America），其网站于 2013 年上线，提供美国图书馆、博物馆、档案馆数字资源的一站式检索服务。

（4）英国“文化在线”项目（CultureOnline），由英国文化媒体与体育部于 2002 年设立，旨在通过联合数字技术和文化资源，促进对国家文化遗产的开发利用。

（5）韩国国家数字图书馆项目，旨在实现图书馆系统、博物馆、大学、政府机构文化遗产资源的整合。

4. 国内数字文化资源建设实践

作为公共文化服务的重要组成部分，公共数字文化服务是我国“十二五”和“十三五”时期的重点建设内容，在缩小数字鸿沟、促进落后地区公共文化跨越式发展等方面发挥了日益重要的作用。同时随着社会信息化建设不断深入发展和“互联网+”资源整合时代的到来，推动跨行业、跨系统、跨机构的数字资源整合与共享就成为理论界与实践界共同关注的热点问题。

我国信息资源共建共享模式有中国高等教育文献保障系统（CALIS）、中英文图书数字化国际合作计划（CADAL）、中国高校人文社会科学文献中心（CASHL）、国家科技图书文献中心（NSTL）等，但从公共文化角度来看，公共数字文化服务建设项目主要还是指全国文化信息资源共享工程（2002年）、数字图书馆推广工程（2011）和公共电子阅览室计划（2012）。在文化共享工程实施的十多年来，不同公共文化机构的资源建设各行其是，各自为政，技术标准不统一，关联性低，共建共享很欠缺，不可避免地造成资源重复建设和资源浪费，更无法发挥公共文化机构作为一个整体的综合优势。2011年文化部杨志今副部长在全国文化共享工程会议上指出，如何能既推动文化系统内（数字图书馆、数字博物馆、数字美术馆、非物质文化遗产、舞台艺术精品等）的资源整合力度，又加强与系统外机构（组织、教育、广电、信息产业、农业、科技等）的合作力度，以实现全社会文化资源共建共享，是一个非常重要的问题。公共数字文化资源共建共享问题日益受到国家政策的重点关注。2015年1月出台的《关于加快构建现代公共文化服务体系的意见》首次在中央文件中强调要加快推进公共文化服务数字化建设，构建标准统一、互联互通的公共数字文化服务网络，在基层实现共建共享，这标志着公共数字文化建设上升到国家文化发展战略层面。其后，2016年12月出台的《公共文化服务保障法》明确指出：“国家统筹规划公共数字文化建设，构建标准统一、互联互通的公共数字文化服务网络，建设公共文化信息资源库，实现基层网络服务共建共享。”2017年2月出台的《文化部“十三五”时期文化发展改革规划》提出要统筹实施三大惠民工程，完善国家公共文化数字支撑平台，建设国家基本的公共数字文化资源库。2017 年 7 月文化部印发的《“十三五”时期公共数字文化建设规划》更加具体地提出要坚持“需求导向、分工合作、共建共享”原则，打造分级分布式数字文化资源库群，加强公共数字文化资源保障。

5. 公共数字文化建设存在的主要问题

第一，结构性问题。数字文化资源结构在宏观层面是指构成数字文化资源体系每个部分相结合的形式，从微观层面概念讲，主要是指单项数字文化资源的构成形式。具体来说，公共数字文化建设中的结构问题体现在以下两个方面：首先，在整体结构上存在问题，这是由于缺乏战略规划，导致在建设数字文化资源中出现孤岛建设模式，因此整体结构不合理，也容易出现重复建设以及黏合度低、共享度较低的现状。其次，个体结构存在问题。这是因为在初期构建文化资源时，各个方案都没有想到数据共享的问题，因此没有统一数据规范标准，导致文化资源结构发展不规范。同时，信息处理技术的丰富也导致对元数据的处理存在差异性。

第二，平台对接问题。长久以来，图书馆的发展较为独立，甚至存在较强的竞争局面，但是在网络环境下，图书馆需要开放平台，借助互联网实现转型，形成以多元化的、整合式的架构平台为支撑，为企业和个人提供多元服务的新模式，为大众提供新的知识获取途径。公共数字文化平台的打造需要打造信息壁垒，快速发现知识并且充分利用，这就要求对知识管道进行整合。虽然当前国内已经搭建公共数字文化平台，但是数字图书馆、数字文化馆、数字博物馆内部之间相互合作程度和共享性不高，更不用说不同文化机构的资源共享。

第三，服务效能问题。在“互联网 +”时代下，政府也在加大对公共数字文化发展领域的投入，逐步建成一批国家级、省级重点建设工程。虽然取得了一定的成绩，但是在公共数字文化资源建设中依然存在服务效能较低的问题，主要体现在以下三个方面：首先，共享不足。主要体现在受众面和辐射面较小，同时数字文化平台资源没有形成影响力，导致对资源的使用程度不高。其次，传输不畅、使用不便。由于没有建立多元化信息管理机制以及缺乏统一的技术平台，同时对大数据技术应用的滞后性，导致出现“信息孤岛”，很多信息资源未能发挥出更大的作用。最后，管理水平不高。数字共同文化资源的建设需要以满足用户需求为导向，因此需要打造系统的管理体系，但是在具体的管理中没有形成以市场为导向的管理机制，未能构建资源整合体系，表现为在公共文化资源的事前不能预判、事中不能及时管理、事后评价手段也较为缺失。

6. 加强公共数字文化资源建设的对策

第一，优化公共数字文化资源结构。要想调整和优化公共数字文化资源结构，就要扩大资源重新整合。具体来说，首先要集成化跨公共文化服务机构的数字资源整合，以此让用户更加方便地使用公共数字文化资源和服务系统。其次，实现对信息资源的整合可以避免重复建设，而每个机构都可以在科学规划下发挥出自身的优势，实现共同发展。调整和优化公共数字文化资源结构还必须改善服务效率偏低、服务总量不足的现状，并且加强对资源的利用率。首先，需要深入调查和研究社会阶层的差异性需求，进而对不同群众提供有针对性的公共数字文化资源，建成资源广、种类繁多的公共数字文化资源体系。其次，公共数字文化资源需要得到社会力量的支持，群众可以参与到文化资源的建设中，进而最大程度地满足群众文化建设的需求。最后，需要对公共数字文化资源科学统筹、合理规划，充分发挥数字文化资源的可持续性，深入到不同领域、文化机构，发挥出技术优势，打造特色公共数字文化资源，创建文化品牌，提升社会影响力。

第二，对接公共数字文化服务平台。网络的发展由门户到平台，并发展成为平台对接已是必然，从美国数字图书馆、欧洲数字图书馆发展历程来看，都高度重视协作化体系的建立，不断提升数据品质，便于人们实现利益共享。当前，打造数字公共文化平台多以数字图书馆为中坚力量，打造对接平台需要解决以下问题：首先，馆藏元数据管理问题。这其中包括元数据标准制定问题、构建最佳实践模型、评估元数据质量和开放共享元数据。比如说大英图书馆近年来发布的馆藏元数据报告，其内容主要基于实施馆藏元数据战略，实现了馆藏资源和社会信息的交融，进而得到用户的认可。其次，技术性问题。其中包括系统搭建问题、更新和维护问题，比如说 IMLS 国家数字平台项目，美国借助该平台打造档案馆、图书馆、博物馆合作共建的平台，对于数据的保存、关联以及计算解决方案做出周密部署，并且实现了技术的整合，对难点技术制订了明确的作战方案。

第二节 创新技术与数字化投入

世界各国的数字政府建设、发展情况各不相同，目前来看，电子政务水平较发达的国家已经积累了数字政府发展理念与方法，政府数字化转型取得了明显成效，其中政府鼓励新技术的创新与应用，加大对相关基础设施、技术研究应用、人才培养的投入成为普遍做法。数字政府建设涉及先进的技术、设备和高素质人员，需要财政、人力、环境等多方面的投入，在政府主导下，多元主体参与的充足的数字政府建设投入，能够加快数字政府建设的推进。

一、数字技术创新应用

1. 区块链技术与数字政府建设

区块链是由多个参与方共同记录和维护的分布式数据库，该数据库通过哈希索引形成一种链状结构，其中数据的记录和维护通过密码学技术来保护其完整性，使得任何一方难以篡改、抵赖、造假。区块链技术提供了不同组织机构在非可信环境下建立信任的可能性，降低了电子数据取证的成本，带来了建立信任的范式转变，在特定场景下可以产生巨大的价值。

（1）区块链的特性。

①去中心化：不依赖额外的第三方管理机构或硬件设施；

②难以篡改：数据全网传播和同步，篡改成本极为高昂；

③自治性：对“人”的信任改变为对机器的信任；

④智能化：在区块链上部署智能合约，可以执行复杂的业务逻辑；

⑤隐私性：加密技术的使用，有利于保护用户的身份或其他隐私信息；

⑥安全性：不会因为某个节点的原因影响整体系统的功能和安全。

（2）国外区块链技术在数字政府中的应用。

爱沙尼亚被认为是数字政府的全球领先国，2007 年，早在区块链技术问世之前，爱沙尼亚就启动了全民数字身份证项目，推出了无钥签名基础架构（Keyless Signature Infrastructure, 简称 KSI）。2014 年爱沙尼亚发起“数字国家计划”，旨在通过部署区块链、人工智能、大数据等先进技术，“建立全球首个没有物理边界，完全基于数字空间及共识的数字国家”。涵养教育、健康、投票、数字签名、交通、税收等领域。目前，90% 以上的爱沙尼亚民众拥有电子身份卡，持有电子身份证卡的公众可以获取 4000 多项公共和私人的数字化服务；98% 的银行交易在网上完成。

美国政府高度重视区块链技术的研究和应用。美国政府认为，可能应用到区块链技术的领域包括：财务管理、采购，IT 资产和供应链管理，智能合约，专利、商标版权、特许权使用费，政府签发的证件，如签证、护照、SSN 和出生证明、联邦人力劳动力数据、拨款、联邦援助和外援交付等。目前区块链技术已经深入渗透和应用到了多个政府部门和机构。

除此之外，其他国家政府机构也在不同方面应用区块链技术。在格鲁吉亚，区块链网络被用于减少乔治亚州的财产注册费，保证土地所有权安全的交易。迪拜通过与 IBM、ConsenSy 合作，利用区块链加速政务效率、创造新产业，预计在 2020 年将所有政府交易转变为区块链模式，每年可节省 1 亿页文书工作，2510万小时工作时间和4.11亿公里的公众出行历程，成为区块链先锋城市。

（3）区块链技术在国内政务领域的应用。

我国在区块链政策层面，一方面中央加大对ICO项目的监管，另一方面积极推动国内区块链的相关领域研究、标准化制定以及产业化发展。随着区块链技术的应用逐渐延伸至政府公共管理与社会治理领域，国内部分地方政府相继加大了对区块链技术的支持发展。在浙江，省政府将区块链发展写入政府工作报告；在南京，区块链技术应用于房产交易与不动产登记全业务一体化办理。

2016年底，贵阳市人民政府新闻办公室出版了《贵阳区块链发展和应用》的报告，探索区块链技术发展及其应用。根据白皮书总体架构和试点启动安排，2017年推进区块链在三大领域、共12个场景的试点应用：①政用领域：包括政府数据共享开放、数据铁笼监管、互联网金融监管等场景；②民用领域：包括精准扶贫、个人数据服务中心、个人医疗健康数据、智慧出行等场景；③商用领域：包括票据、小微企业信用认证、数据交易与数据资产流通、供应链管理与供应链金融、货运物流等场景。从后续发展落地情况来看，由于贵阳的经济和教育基础较为薄弱，对于区块链发展有掣肘作用，目前只有精准扶贫的2个项目落地，具有地方特点的“区块链＋精准扶贫”：利用区块链技术全程记录、顺序时间戳、不可篡改、可追溯等特性，将扶贫的场景中的贫困人口识别、资金、管理、监督、政策等各个环节纳入区块链管理系统。通过与传统的人员管理方式与区块链技术应用有机结合，让扶贫基金沿着规定的用途、使用条件、时间限制等使用规范安全、透明、精准地投放使用。

雄安新区由于其独特的地位，获得政策、资金等多方面支持，在区块链发展中占据先机，“超前布局区块链”被写进党中央、国务院对《河北雄安新区规划纲要》的批复，是区块链技术实际落地应用的城市中的表率。雄安区块链在政务领域最先落地，主要应用包括：①工程建设招标：雄安新区在政府管理中引入大数据、区块链技术，对工程建设投标等每一项决策，进行全过程信息留档，作为证据随时可以调取查看，出现问题依法问责；②“千年秀林”项目财务管理："千年秀林"项目通过雄安森林大数据系统进行，每棵树都有二维码专属"身份证"，实现从苗圃到种植、管护、成长的可追溯的全生命周期管理；③房屋租赁：2018 年上线区块链房屋租赁应用平台，挂牌房源信息、房东房客的身份信息及房屋租赁合同信息都记录在区块链上，相互验证、无法篡改。

2. 大数据应用技术与公共服务创新

大数据缓解公共服务供给不足、供求不一、供给"碎片化"的问题，需要将新型信息技术手段和平台融入公共服务建设，创新公共服务机制，满足人民的服务需求。

第一，公共服务供给机制创新的"数据驱动"逻辑。一是政府体制机制变革与公共服务供给。信息社会生产方式变革带动了经济社会生活的变革，提出政府治理的变革要适应经济社会发展的要求。政府是公共服务供给和社会治理的关键主体，政府体制机制变革对于创新公共服务模式具有重要实践价值。信息技术的进步导致经济社会超常规发展，需要政府治理创新，在产业集群建设、社会进步和民生改进中发挥作用。技术的进步导致交易成本的降低，从而改变了组织的内部结构和组织间关系，特别是权力关系。政府组织和市场、社会组织的边界模糊，政府需要应对社会整体化带来的挑战和问题，改变自身运作的方式。在大数据和人工智能背景下解决城市问题，将治理和技术结合起来，实现"智慧社会""智能化社会"的目标。创新部门联动多模式和鼓励多元主体参与，逐步实现政府公共服务模式从单线式"金字塔"结构向多线式"网络型"形态转变。二是合作平台搭建与公共服务的多元化供给。公共服务单一供给主体给政府部门带来较大的压力，更多主体参与到公共服务供给中是公共服务模式创新的发展趋势，大数据为各主体的参与搭建了平台，以此实现公共服务的共建共享。我国的数字政府治理应以服务型政府建设为核心目标，沿着"数字治理—服务型政府建设—合作治理"的路径前进，最终完成社会治理的变革，即实现传统社会治理方式向合作治理的转变。大数据背景下复杂系统的社会治理逻辑与社会的复杂现状具有高度的契合性，要充分发挥社会网络中关系、圈子、自组织的潜在社会治理能力，实现社会发展的动态平衡是应对社会治理高度复杂性与高度不确定性的可行路径。公众的多元需求和在社会化的利用将从不同维度发现与挖掘数据的价值，为此需要建立多元协同创新式的数据开放、共享与应用价值。

第二，“数据驱动”公共服务监管的智能化、体系化。新一轮技术革命和产业革命的迅猛发展，加速了资源、要素、市场和产业的融合、调整，新业态、新模式、新产业层出不穷，这对政府监管提出新要求和新挑战。适应经济社会发展需求，应发挥大数据在公共服务监管中的作用，实现智能化和综合化监管。一是创新政府监管方式与征信体系建设。政府监管的目的在于纠正市场失灵，降低社会交易成本和运行成本。利用大数据监管能够弥补传统监管方式的不足，并与信息监管、征信体系的建立相结合，促进社会公平正义，实现市场良性运行。要为征信市场化进行顶层设计，调动优质市场主体积极参与，建立牌照发放制度并加以动态优化，推动征信业务全面启动，不断改善金融公共服务。健全的监督机制是保证“互联网+政府服务”发展的重要手段，需要创建内外结合的监督机制，即以绩效评估为主的内部监督机制和以公众满意度为主的外部监督机制。二是构建全方位、全流程的监管体系。大数据的开放性增强了政府运作的透明度，运用大数据建立健全跨部门、跨区域的联动和协作机制，实现监管信息的互联互通，消除监管盲点。同时，运用大数据构建事中事后监管体系，鼓励社会公众、媒体参与市场监管，保证监管无死角，提高监管质量。利用大数据有利于加快构建行政监管、行业自律、舆论监督、群众参与等多种方式相结合的综合监管机制，有利于为建立和完善社会养老服务体系提供有力保障。数字治理和ICTs的发展，能够对政务服务相关各方之间的关系和互动模式带来深刻影响，能够强化对整个政务服务过程的监督监管，促进行政审批权力的公开透明。三是数据开放与信息安全。大数据时代如何促进政府信息的开放与共享，进而更好地提高公共服务监管水平，有效发挥政府数据的价值，关乎人民群众的切身利益。同时，数据的开放与共享、公共服务监管的透明运作也势必带来信息安全防护问题。大数据的存储和处理模式，不可避免地会带来个人信息安全和隐私保护的严峻问题。大数据无论是作为新技术，还是作为加工对象的海量数据资源，都是作为生产资料的表现形式，而这种信息时代新的生产资料的占有权与使用权却被“数据权贵”阶层所垄断，形成了大数据时代的不平等。互联网时代是数据驱动的全新时代，数据资源已成为“互联网 +”时期重要的生产要素，开放政府数据（OGD）将释放出更大的信息生产力，成为新常态下驱动智慧治理的重要因素。

二、数字化经费投入

信息技术变革迅速，为政府管理与公共治理带来了新的发展契机，移动互联网丰富了公共服务渠道和范围，云服务为电子政务系统提供了更加灵活的建设和运维模式，大数据日益成为支撑政府科学决策、精准管理的重要工具。世界主要国家都把数字政府建设作为构筑比较优势、提升国家竞争力的战略举措。因此，各国加大技术、人才、教育等支撑与投入，数字政府建设步伐全面提升。

1. 美国加快政府传统 IT 数字化改造

2018 年上半年，美国政府先后发布《总统管理议程》《21 世纪政府解决方案：改革计划和重组建议》，要求加快各个联邦机构 IT 数字化改造，建立现代数字政府。美国政府每年投入大量资金用于 IT 领域研究与发展，2018 年美国 IT 总支出为 835 亿美元，2019 年将达到 882 亿美元（如图 7–3 所示）。

图 7–3 美国年度 IT 总支出（2011—2020）

图 7–4　美国年度 IT 总支出重大投资比（2011—2020）

图 7–4 显示过去几个财政年度美国政府所有机构的 IT 支出总额。每个财政年度进一步划分为“重大”和“非重大”投资的支出额。“重大”投资中的支出金额是非常重要的，这些投资需要提交业务案例，从而提供与支出相关的成本、进度和绩效数据，以保证更高的公开性和透明度。

2. 欧盟《未来数字化转型投资计划 2021—2027》

2018 年 6 月，欧盟发布了《未来数字化转型投资计划 2021—2027》，旨在提供一个强大的投资计划框架，与数字化单一市场战略相匹配，以充分利用数字转型带来的新机遇。该投资计划显示，未来欧盟在数字领域的投资将比过去高得多，将更加关注公共利益领域，将加强与会员国之间的项目合作。根据欧盟委员会制定的数字欧洲计划，欧盟计划投入 92 亿欧元总预算，以塑造和支持欧洲社会和经济的数字化转型（如图 7–5 所示）。《未来数字化转型投资计划 2021—2027》将大大促进超级计算、人工智能、网络安全和高级数字技术等方面的前线投资。

3. 澳大利亚加大投资区块链技术，加强数字教育

为支撑国家数字化战略，澳大利亚将区块链技术、5G 移动网络和人工智能等作为一种推动和支持数字经济和未来基础设施的变革性创新。澳大利亚立志成为新兴区块链产业的领导者，并将其研发重点放在监管、技能、创新、投

资以及国际竞争与合作上。为了加强澳大利亚区块链产业建设，该国工业、科学和技术部长 Karen Andrews 以及贸易旅游和投资部长 Simon Birmingham 发布了一份联合声明，概述了该国区块链战略和政府投资计划。政府已经投资约 497000 美元的资金用于数字化转型机构调研区块链技术应用优势，另外，还有 248000 美元的资金用于澳大利亚标准局制定国际区块链标准。

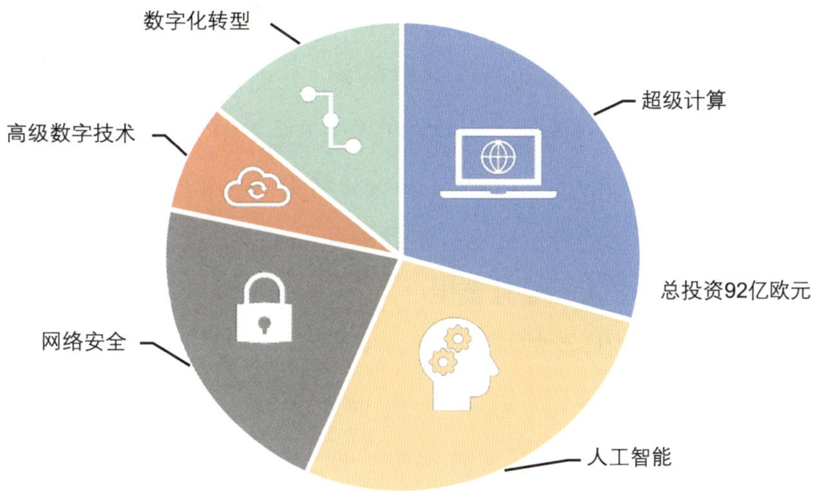

图 7–5 欧盟未来数字化转型投资预算

根据 Gartner 的最新预测，2019 年澳大利亚的信息技术（IT）产品和服务支出将达到近 930 亿澳元，比 2018 年增长 3.5%，略高于全球的平均增长率（3.2%）。IT 服务是澳大利亚最大的 IT 支出类别，也呈现出健康增长趋势，预计 2019 年市场将达到 344 亿美元，比 2018 年增长 4.4%。

2015 年，澳大利亚教育部发布了《机遇源自学习（2013—2014 年）》报告。该报告全面回顾了过去一个财年教育部在推动基础教育、高等教育研究等方面做出的努力和取得的成绩，并对财政报表进行了汇总。其中，报告中关于教育信息化的内容尤为引人关注。报告指出，2013—2014 年，通过“积极合作项目”，来自乡村和偏远地区的 193 名基础教育教师接受了在线研讨和培训。此外，教育部为先天残障学生提供了4938个辅助性科技项目。报告显示，2010年启动的“在线诊断工具项目”通过五年的实施已取得一定成绩，于2014年6月结束。此外，“数字教育革命项目”于2014年6月30日结束。2013—2014年度，用于数字教育的费用为22.4万澳元，比预算少1000澳元。澳大利亚教育部将从2015年起实施新型的、以学生为中心的自助模式，以确保学生入学率继续增长。此外，教育部将在扩大学校自主权、缩小原住民学生差距、促进家校联系等方面采取一系列举措。

澳大利亚政府发布数字化身份框架草案。此前，澳大利亚联邦政府公布数字化平台Govpass发展计划，宣称将在2017至2018财年内投入2270万澳元以完成该项发展计划的下一阶段。Govpass将提供一套可信数字化身份框架，用于帮助民众获得必要的身份证明并借此顺利以在线方式使用政府服务。这项举措未来还将有望被扩大至企业范围之内。Govpass将对接现有文件与面部验证服务，从而建立更为广泛的身份体系。

4. 日本加大研究投入，推进大数据发展

2018年，为了推进大数据的研究和发展，日本政府、企业，甚至学校迅速加大在大数据软硬件及系统等相关领域的研究投入。据日本矢野经济研究所调查统计，日本国内大数据收集、存储、分析、应用等相关行业市场规模在2011年度约为1900亿日元（约合112亿元人民币），2015年达4200亿日元（约合248亿元人民币），到2020年预计将超过1兆日元（约合590亿元人民币）。另外，日本政府在2013年发布了《创建最尖端IT国家宣言》，全面阐述了2013年至2020年间以发展开放公共数据和大数据为核心的国家战略，强调“提升日本竞争力，大数据应用不可或缺”。战略中包括了向民间开放公共数据、促进大数据的广泛应用等政策。为此，日本政府大量投资用于大数据研发，包括开发高速网络基础设施和试验高效的数据中心运营系统、数据分析应用项目，以此增加日本工业竞争力、拓展新行业。

5. 韩国增加数字政府建设投入，推进5G发展战略

韩国数字政府建设属于“政府主导”模式，对数字政府能够提高国家核

心竞争力有着深刻的认识。尽管韩国总统快速更迭，但从 1996 年的金泳三总统成立韩国政府“信息化推进委员会”，2001 年的金大中设立了直接对总统负责的“电子政务特别委员会”，此后韩国历任总统都高度重视数字政府建设，投入了巨大的精力和资金。韩国把数字政府建设和扶持信息通信产业这一经济目标捆绑在一起推进。数字政府建设需要长期持续不断的投入，韩国政府把信息通信产业发展带来的实际效益为数字政府建设提供重要的支撑。

2019 年 4 月，为迎接 5G 时代的到来，由韩国科学技术信息通信部主导、联合 10 个政府部门参加的韩国 5G 技术协调会（Korean 5G Tech-Concert）发表了韩国 5G+ 战略。战略选定五项核心服务和十大“5G+ 战略产业”，并设立了在 2026 年之前打造 60 万个工作岗位、达成 180 万亿韩元生产总值（约 1.06 万亿元人民币）、出口额 730 亿美元的目标。

6. 新加坡增加投入资助关键数字技术

2018 年，新加坡信息通信媒体发展管理局（IMDA）宣布，为区块链相关公司提供种子基金，以开发一个综合区块链平台，该平台将连接行业内外的所有利益相关者。2019 年 3 月，在第 11 届新加坡研究、创新和企业委员会（RIEC）会议上，新加坡宣布将在“研究、创新与企业 2020 计划”（RIE 2020）下再额外投入 5 亿新元（约合 24.8 亿元人民币）用于提升新加坡的核心数字技术，包括人工智能、超级计算、网络安全、机器人等。

7. 匈牙利投资建设全国数字化福利计划网络

匈牙利政府 2018 年 2 月启动了全国数字化福利计划网络（DJP），该项发展总共将投入 50 亿福林，根据计划，2018 年底在全国 1500 个场地实现数字化链接。政府希望匈牙利每个公众和企业都成为数字化的受益者。网络中每个场地将投入 200 万福林，站点内配备现代化数字设备（平板电脑、笔记本电脑、智能手机、多功能设备）和指导培训，使得社区空间都可以链接 DJP 点，实现互联网接入、信息通信，并获得专家领域的专业知识。公众如果希望提高基本的数字化技能，或了解更多的数字世界，也可以前来获得免费培训。

8. 英国政府培养数字人才、技能和文化氛围

英国政府发布的《政府转型战略（2017—2020）》旨在加快推进政府数字服务，强化“数字政府即平台”的理念，促进跨政府部门建设共享平台，提高政府数字服务效能，改善民众与政府之间的关系。该战略逐一列出了2020年之前英国政府转型需要达到的水平状态，制定了具体的工作计划措施，并对英国政府2020年以后的发展远景进行了展望，其目标和重点任务包括了培养数字人才、技能和文化氛围。英国的目标是拥有世界上最具数字技能意识的公务员队伍，让英国的政府数字服务成为全球最领先的公共服务。为实现这一目标，首先就需要提升英国领导者在数字项目管理方面的技能。英国将在政府部门中提供数字、数据和技术职业机会，建立良好的职业发展道路和奖励机制，依托各类教育机构为数字、数据和技术专业人员提供最优质的学习和受教育机会。英国希望培养优良的政府数字文化，通过提升政府人员的数字技能，在让数字技术专家理解政府业务的同时，也要确保其他专业领域的公务员能够支持政府数字化转型。通过建设数据科学院校，实施数据科学加速培训计划，建立政府数据科学应用能力，使政府成为数字、数据和技术等人才队伍最具吸引力的理想工作场所。同时，通过与公务员人力资源部门合作，确保其他专业领域的人才能够掌握数字工具和技术，让非数字技术领域的专家能够理解数字化工作方式的优势；通过与公务员培训计划合作，确保当前和未来的政府领导者接受过数字项目管理培训，能够有效管理数字时代的政府组织。

数字政府不仅为民众提供优质的公共服务，而且将通过采用有效的数字工具、构建工作场景技术、优化治理流程体系，为公务员创造良好的外部工作环境，以提高工作效率，更好应对工作挑战。在公务员采用的日常通用技术、业务方案管理、内部控制流程、支持快速决策、政府商业采购、服务质量控制、服务保障措施、服务价值转化等方面，英国政府机构开展了丰富的实践。基于统一数字市场理念，英国政府的数字服务采购合同，将体现以用户为中心、以设计为导向、以数据为驱动的开放方式。英国政府计划到2020年

底为公务员创造更加适应数字化要求的工作环境，确保公务员的工作场所能够运用统一的、可交互操作的技术。同时，通过相关研究为公务员提供数字服务经典案例，并使之一般化为标准的政府业务流程，从而形成通用数字工具，使所有政府部门都能管理、资助和有效运营包括跨部门服务在内的各种数字服务。在上述政策的推进下，英国公务员将具备舒适的、不受时间和空间限制的办公环境，这将有助于形成一种开放的、数字化的政策制定和在线服务氛围。

英国政府斥资 68 亿英镑推进 5G 和光纤普及。英国政府公布的《2018 国家基础设施和建设渠道》报告指出英国将投入 6000 亿英镑用于国家基础设施，资助 11 项基础设施项目，其中 68 亿英镑将用于推动在 2027 年实现 5G 普及，在 2033 年实现全国范围的光纤覆盖。报告中涉及的正在筹备的部分项目包括维珍传媒的 Project Lightning（无须任何公共资金支持）；BDUK 的农村全光纤计划（将在三年内获得 2 亿英镑资金）；预计将于 2020 年 5 月完成的 700MHz 频谱清理计划（将获得 5.29 亿英镑的资金）。

第三节 数字政府评价

数字政府的建设与发展是整体性的、全局的，因此对数字政府的评价从在线服务成熟度转向更加全面的整体评估，除在线服务外，还包括基础准备、环境支撑、协同治理、公众参与和数字技术的使用等。通过标杆分析，可以找出不同地区的发展差距，促进各地数字政府的协调发展。

一、在线服务评价转向数字政府评估

侧重于在线服务的电子政务评价已经十分普及，由日本早稻田大学推出的电子政务调查报告主要从基础设施、管理优化、在线服务、国家门户、政府首席信息官、数字政府推广支撑机制、数字化参与、开放政府、网络安全、新技术使用等 10 个方面对被调查的国家电子政务情况进行全面分析。其指标体系不断变化，2010 年增加了电子参与，2014 年增加了开放政府数据，2016 年增加了新兴 ICT 技术的应用指标，2017 年改名为国际数字政府报告。早稻田大学的数字政府评价指标并没有完全反映出数字时代的特征，对于用户如何参与服务设计未作考察，缺乏公众对服务满意度的评价。Accenture 在 2014 年对巴西、德国、印度、挪威、新加坡、韩国、沙特、阿联酋、英国和美国 10 个国家进行了数字政府的评价，包括 50% 服务交付经验 +10% 的在线服务成熟度 +40% 公众满意度。公众服务交付经验主要考察政府部门以公众为中心的程度，包括应用多渠道和跨部门公共服务交付中的主动交流，社交媒体的使用与参与。公众满意度关注公众认为政府满足他们的需求并提供有质量服务的程度。服务成熟度侧重政府提供发布、交互和在线交易等服务水平。

Accenture 对联邦 IT 机构进行分析后认为，信息技术不再仅仅是一个促进因素，技术对于联邦机构的运作和创新能力至关重要。随着技术变革的步伐不断升级，IT 的角色正在迅速转变。在最成功的机构中，IT 正在引领新的业务模式和新的工作方式，将联邦 IT 组织转变为更加注重使命、创新和灵活的组织。首席信息官、首席技术官和其他联邦 IT 领导人面临着艰巨的挑战，他们必须重组他们的 IT 组织，以更快的速度、更精简的操作掌握更多样化的技能，他们还必须成为其机构内的变革推动者和业务领袖，提出和实施更创新、更有成效和更有效率的办法，使任务得以实现和推进。建议 IT 领导者变成业务领导者，因为技术与任务输出之间的关系一直不紧密，IT 领导者利用他们对技术的潜力和局限性的独特理解来帮助他们的机构设想新的可能性，并抓住这些机会。由于技术深深地植根于机构的结构中，因此需要新的伙伴关系和协作，对于 IT 来说，这意味着转向共同的愿景和目标，更多地关注影响和结果，加快这一转变的一种方法是将 IT 人才直接部署到任务、业务和运营中，在那里他们可以一起工作以实现共同的目标。不断的革新是数字时代的一个标志，要想成功，IT 领导者通过流动的环境、流动的劳动力、流动的数据和流动的应用，协调一致地快速满足新的和正在出现的需求。

二、基于组件的数字政府能力评估框架

大数据、云计算、社交媒体、移动互联网，以及 AI 等新技术应用改变了人们看待政务服务的方式。政府数字化转型的过程中要不断提高公共管理的效能、创新服务的模式、满足透明化和问责的需要，实现有效资源配置与管理、刺激经济发展、增强社会包容性，但各地发展水平很不平衡，通过数字政府发展水平的评估，评比对象可以找到自己的差距，明确发展方向，创新为本地公众和企业提供服务的模式和价值，缩小地域之间的数字鸿沟。数字政府的评估体系如图 7–6 所示，分为数字基础准备度、数字环境支撑度、数字服务成熟度、数字协同治理度、数字公众参与度和数字技术使用度 6 个方面。

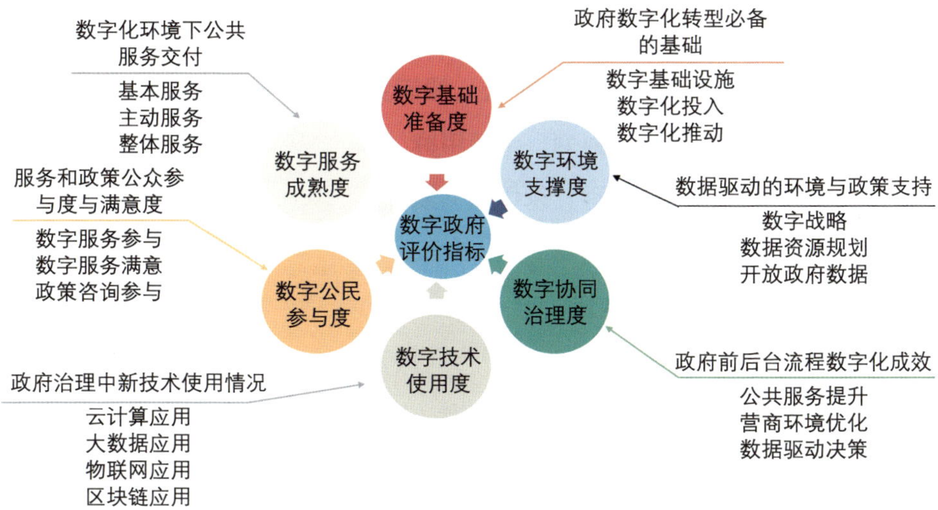

图 7–6 数字政府评估体系

数字基础准备度主要考察政府数字化转型必备的基础，数字化投入、公务员的数字技能培训、数字文化环境、统一数字身份认证、电子印章和电子证照库等数字基础设施。

数字环境支撑度主要考察各地数字政府规划的战略引领，数字管理机构的统筹推进作用，政府数据资源的管理、标准、架构等的整体规划，数据共享交换、开放数据的使用、数据安全管理和隐私保护等政府开放和使用数据的程度等方面。

数字服务成熟度主要关注数字化环境下政务服务的办理事项信息的基础提供，到针对个人和企业要办理的一件事的所有流程中的服务交付情况，基于数据分析的主动服务、定制服务，以及跨部门、跨层级的服务交付等。

数字协同治理度主要关注数据驱动下部门协同推进服务流程缩减、营商环境优化和市场主体信用体系的建设，数据驱动的政策需求预测、自然灾害的应对，以及网格化管理和安全等。

数字公众参与度主要关注数字服务的设计过程中公众的参与情况，对终端用户、提供服务的公务员以及其他支持最终用户访问服务的中介等需求的调查，对公众数字服务满意度的调查及反馈，以及政策咨询的公众在线参与度。

数字技术使用度主要考察各地政府在创新服务交付的过程中对云计算、大数据、物联网、人工智能和区块链等数字技术采纳，包含云平台的集约化建设、大数据应用创新、环境治理等。

第八章

Digital Government

数字政府建设的中国经验

为全面落实党的十九大关于建设“网络强国、数字中国、智慧社会”的战略部署，更好地适应当前数字化时代对政府治理体系和治理能力提出的新要求，各地区积极制订数字政府发展规划，强力推动数字政府建设，大幅提升服务效率，优化营商环境，增强发展动力，为推进国家治理体系和治理能力现代化提供了有力支撑。

第一节　广东：数字政府改革打造一体化整体政府

广东省率先提出数字政府改革，发布数字政府建设规划，组建广东省政务服务数据管理局，从体制机制改革入手，率先探索制度创新与技术创新相结合、政务服务与数据管理相融合的新模式。

一、统筹规划数字政府发展战略

1. 发布数字政府规划

广东省作为中国经济最发达的省份和改革开放的前沿阵地，省政府将互联网思维及整体发展思维应用到政府改革领域，以“互联网思维”来指导行政改革和数字政府建设，依托现代信息技术大力发展数字政府。2017 年，广东省先后发布了《广东“数字政府”改革建设方案》《广东“数字政府”发展总体规划（2018—2020 年）》《广东“数字政府”建设总体规划（2018—2020 年）实施方案》等一整套广东数字政府顶层设计的方案，为广东数字政府建设提供了强有力的指导。

2. 构建“管运分离”管理模式

广东省数字政府建设从体制机制入手，构建“管运分离”的数字政府改革管理新体制，组建政务服务数据管理局，作为广东省数字政府改革建设工作行政主管机构，由广东省直部门提出建设需求，由省政务服务数据管理局进行顶层设计、整合需求、组织实施、管理监督、市县指导、公共资源交易管理、政务数据资源管理。集中腾讯、三大基础电信运营商和华为公司优势资源，成立数字广东公司，负责数字政府建设运营（如图 8–1 所示）。

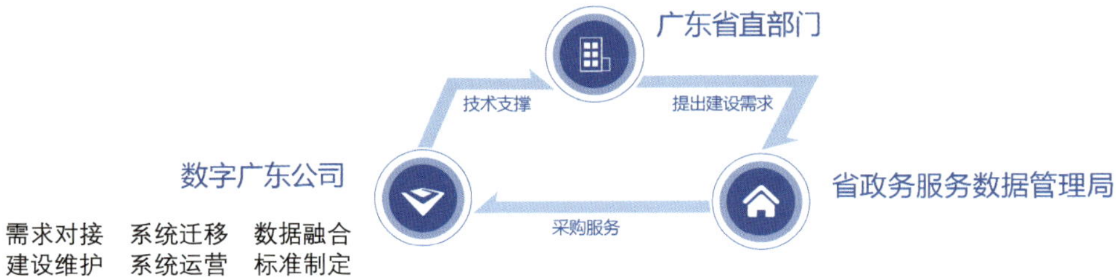

图 8–1　广东省数字政府建设管理运营角色

3. 建立“政企合作”运营模式

数字政府建设运营中心承担了方案设计以及省级电子政务基础设施和系统的建设运维工作，提供解决方案、系统管理、应用开发、数据融合、安全机制等专业化的综合服务。在政企合作模式中，国企和私企充分发挥了各自所长。国企展现在政府行业经验的优势，华为能够弥补网络基础设施方面的短板，私企的经营模式更具有灵活性，因此，私企和三大运营商可以形成“强强合作，联合创新”的政企合作模式。

二、数字政府的建设与实施

1. 创新数字服务方式

为了实现“进一门、跑一次、填一次、上一网”，广东在事项统一、平台统一、热线统一、窗口统一等方面做了大量努力。相继上线的“粤省事”移动民生服务平台、广东政务服务网和粤省事·协同办公平台。三大应用成为广东省探索整体型政府数字化发展的重要成果。

（1）服务民生方面。广东省面向百姓推出了全国首个集成民生服务的微信小程序“粤省事”。其中，政府统一规划各部门间的服务，并借助腾讯云开放的云计算、人工智能等技术能力，构建了全流程一体化的在线服务，为群众解决办事难、办事慢等问题。用户只需动动手指，便可实现政务服务“指尖办”，提升百姓的幸福感。截至 2019 年 6 月，“粤省事”小程序实名注册用户数超 1200 万，实现了公积金查询及转存、医保报销等 630 项高频便民服务事项办理，并推出身份证、社保卡、结婚证、残疾人证等 56 种个人电子证照，累计查询和办理业务量超 1.4 亿笔。“粤省事”是广东省数字政府改革建设的重要成果之一，自“粤省事”上线后，86% 的事项实现了零跑动，大大节约了群众的办事成本。

（2）改善营商环境方面。在政府部门统筹下，广东省打造了业务统一受理平台——“广东政务服务网”。通过打通各部门数据，“广东政务服务网”针对企业开办、多证合一、证照分离等进行了优化，减少办事所需证照数量，简化办事程序，降低办事成本，为企业及百姓提供一体化在线服务，减少群众跑腿次数。截至 2019 年 4 月,“广东政务服务网”全省事项进驻数总计 199 万项，便民利企专题服务 25 个，通过“广东政务服务网”新设立的企业已达 4.9 万家，“多证合一”系统已整合证照 24 个，办理量超过 2100 万笔。

（3）政务协同方面。一体化的协同办公平台已经在省直 42 个部门和 21 个地市全面推开，超过 90% 以上的省直单位启动了系统上云的工作，试点部门文件办理所需要的时间下降了约 40%，政务审批和服务效率得到大幅提升。

2. 重构政务云基础设施

广东构建一个技术先进、安全可靠、服务完备的政务云平台，进一步降低各部门信息化建设成本、促进政府部门间的信息资源利用和协同共享，提升基础设施利用率，推动政务信息资源共享，实现业务应用快速部署，保障业务应用系统安全可靠运行，推动省直各部门完成新建及现有政务业务系统的有序迁移上云。构建“ 1+N+M ”的数字政府政务云平台，包括 1 个省级政务云平台、N 个特色行业云平台、M 个地市级政务云平台，形成“全省一片云”的总体架构。

3. 加强数据安全风险管理

从数据安全风险管理角度，探索一种新的数据风险管理模式，建立数据运营方、数据管理方、数据监审方及数据标准方的“1+3”管理架构，形成统一规范的政务数据管理和安全保障体系，为政务数据共享提供有效的安全保障。数据运营方为数字广东公司，主要承担政务数据资源采集、传输、存储、使用、交换、销毁等全生命周期的数据运营工作。

三、数字政府的咨询与服务评价

1. 设立决策咨询机构

为加快数字政府改革建设、推动政府治理体系和治理能力现代化，广东省成立数字政府改革建设专家委员会。专家委员会作为省政府的决策咨询机构，针对数字政府改革建设中长期规划、重大决策、技术指导等出具的意见或建议，作为政府部门决策时的重要参考。通过发挥国内电子政务、信息技术、公共管理、财务审计等领域专家学者、行业领军人才的智力支持作用，进一步提升广东省数字政府改革建设水平。

2. 开展数字政府评价

以评促改、以评促建、以评促管成为近年来政府推进工作的重要抓手，为推进广东省数字政府改革，广东省政务服务数据管理局委托第三方进行了数字政府的第三方评估工作，从统筹推进机制、数字化支撑能力、数字化服务能力和创新情况四个方面对数字政府建设进行评价。统筹推进机制主要考察各地各部门如何推进数字政府改革建设工作，包括决策领导机制、工作协调机制；数字化支撑能力主要考察数据支撑能力和基础实施支撑能力；数字化服务能力主要考察各地各部门通过数字化方式向企业和群众提供服务的能力，包括数字化服务供给能力、服务标准化能力和服务体验；创新情况主要考察部门在公共服务、数据驱动等方面的创新能力。

四、优化提升

1. 建立运营中心人员互派机制

广东省数字政府运营中心的管理层由四家股东单位派员组成，政府部门派员到广东省数字政府运营中心协同系统迁移、流程优化等工作开展，广东省数字政府运营中心派员进驻部门，提供需求梳理、技术运维保障等服务。目前，广东省数字政府运营中心的研发技术团队汇聚了云计算、大数据、人工智能等多个领域的科技行业高端人才，其中派驻了 100 多位技术专家。

2. 构建数字政府合作生态圈

在广东省数字政府建设和改革进程中，参与的主体除了数字广东公司及其 4 大股东公司和华为等企业外，还需聚集应用开发商、信息安全公司、数据治理公司等各类企业，结合产业链的生态伙伴发挥各自专长，共建数字政府合作生态圈。广东省数字政府建设合作生态圈与高价值合作伙伴共同发挥各自优势和特色，在咨询监理、应用开发、信息安全、大数据、系统集成等方面为数字政府建设提供技术支撑。

第二节 福建：数字福建提供强有力的信息化引领和支撑

2000 年 10 月，时任福建省省长的习近平同志着眼未来，增创福建发展新优势，高瞻远瞩地做出了建设“数字福建”的战略决策，开启了福建大规模推进信息化建设的大幕。“数字福建”建设作为新世纪的一项重大战略工程持续推进，全力激发数字时代的魔力，引领和推动着经济发展、社会治理、百姓生活等方方面面的变革。作为信息化建设先行省份，福建省在推进数字福建进程中，以信息资源的整合共享和信息技术的创新应用为抓手，加快数字政府建设。

一、数字基础设施先行建设

2000年，福建省在全国率先大规模推进信息化建设，把加快电子政务建设作为重要抓手，先行先试，主动作为。率先统一建设全省政务信息网、开展信息资源整合与开发利用；率先实施省级范围政务信息资源标准化、规范化、时空化改造；率先开展省直部门数据中心和信息中心整合。福建省成为电子证照、无线政务专网、电子政务综合试点、政务信息开放、政务信息系统整合共享应用、健康医疗大数据等六项全国试点省份，电子政务建设保持全国领先。

福建省光网和4G已全面覆盖城乡，5G商用试点加快推进，陆上行政村实现100%通光纤，固定宽带家庭普及率居全国第二位；海峡两岸直通光缆和国家级互联网骨干直联点作用进一步发挥，互联网性能居全国前列，福州成为全国互联网核心节点、重要支点和新的数据交换口岸；窄带物联网基本实现福建全省全覆盖；适应数字经济、智慧社会发展需要的新一代信息基础设施体系正在加快形成。2017年4月25日，数字福建云计算中心政务云正式投入使用，截至2018年2月底，这个拥有1200个标准机柜的“最强大脑”，已为153个省直厅局委办近千个项目提供2561台虚拟服务器、1122TB存储、506个Oracle数据库实例及配套的网络与信息安全服务。

二、数据资源汇聚整合

作为我国首批共享数据接入省份，福建省积极推动省直部门按目录汇聚数据到省政务数据汇聚共享平台，由平台统一与国家共享交换平台对接，实现国家和福建省共享数据互联互通，在全国率先实现了省级政务数据中心整合。福建省政务数据汇聚共享平台作为数字福建重要的公共平台，为数字福建政务信息资源的目录服务、数据交换、数据汇聚、信息共享和业务协同提供统一的底层构架和解决方案。福建省政务数据汇聚共享平台已汇聚公安、工商、民政、人社等 57 个省直（中直）部门有关法人、自然人、信用、电子证照、传感监测等多种类别的 1700 多项共计 29 亿条数据记录（含文件），日均汇聚 414.5 万条数据记录。数据涵盖全省 140 多万家企业及 8 万家机关事业单位和社团组织信息、全省 3800 多万常住人口和 280 多万流动人口信息、5300 多万本电子证照、1 亿多条信用记录信息和 10 亿多条环境监测数据，在多证合一、市场协同监管、精准社会救助、企业信用公示等领域取得明显成效。以民政低保救助系统跨部门信息核对为例，经核验并查实后清理不满足条件低保户近 30%，节约全省低保金支出近 3 亿元。

按照“大平台、大整合、高共享”的集约化建设思路，福建率先启动建设省级“生态云”平台。2018 年 3 月，该平台正式上线运行，5 月在全国率先建成省级生态环境大数据平台并投入使用。全省生态环境数据资源中心有效打破了部门壁垒，构建纵向到底、横向到边的数据共享体系。纵向向上联通了生态环境部，向下贯通至市县级生态环境部门及相关企业；横向则汇聚了相关部门的业务数据、集成物联网数据和互联网数据。截至 2019 年 10 月底，该平台已汇聚 21 个部门相关厅局，集聚共享 132 类数据 90 余亿条、近 600T 数据，节约了大量的人力物力，引领环境管理转型升级，推进生态环境领域国家治理体系和治理能力现代化。

三、数据资源互通共享

2015 年，福建省启动实施省级政务数据整合汇聚与共享应用工程。2016 年 10 月，福建省人民政府发布了《福建省政务数据管理办法》（省政府令第 178 号），提出要加强政务数据管理，推进政务数据汇聚共享和开放开发，加快“数字福建”建设，增强政府公信力和透明度，提高行政效率，提升服务水平。

2017 年 11 月，福建省发布了《福建省人民政府办公厅关于印发福建省政务信息系统整合共享实施方案的通知》(闽政办〔2017〕126 号)，该通知要求，在 2018 年底，要基本完成省直部门和设区市政务系统清理和整合工作，完成事业单位数据中心整合，建成市级数据中心和政务数据汇聚共享平台，全省各级政务部门整合后的信息系统接入政务数据汇聚共享平台，常态化向政务数据汇聚共享平台汇聚数据；建立完善项目运维统一备案制度，加强信息共享审计、监督和评价，进一步优化政务信息化建设模式，政务数据共享和开放在重点领域取得突破性进展。

2018 年 6 月，福建省又发布了《福建省人民政府办公厅关于进一步加快推进政务信息系统整合共享工作的通知》(闽政办函〔2018〕30 号)，通知提出，要进一步强化整合共享工作责任落实，着力破解制约网上办事难点堵点，加快完善整合共享相关法规标准，加强整合共享安全保障和评估。据初步测算，政务信息系统整合共享方案实施后每年节省电子政务项目投资 7600 万元，节约运维费用 8500 万元，减少人员编制近百名。

福建省现已基本建成全省自然人对象档案（“一人一档”）和法人对象档案。自然人档案按照“户籍身份”“婚育收养”“投资置业”等 15 个维度对各部门涉人数据进行整合建档，法人对象档案按照“设立变更”“资质资格”“生产经营”等 13 个维度对各部门涉企数据进行整合建档；在数据整合基础上，提取了自然人和法人的特征标签以实现精准画像，同时建立了自然人、法人、物品、事件、地址等相关对象的关系图谱。

实现全省“一号通认”。率先建设省级统一身份认证平台——福建省社会用户实名认证授权平台，为全省各级政务平台提供身份认证支撑服务，对接 50 个省内政务服务平台（业务系统）身份认证对接，初步实现全省“一号通认”。

具备“一码通行”基础条件。完成与公安部网络身份认证系统（eID）对接，可以生成居民身份码；完成与福建省电子证照共享服务平台对接，最多可以生成户籍信息、婚育收养和社会保障等15类重要信息二维码，实现个人信息“一人一档，随手可查”；完成与省医保局业务系统对接，上线医保扫码付款功能，一键生成医保结算码，用户通过扫码支付即可在医保定点药店脱卡结算，初步具备“一码通行”基础条件。目前，正与省卫健委密切合作，推进电子健康码、医保结算码和金融支付码三码融合码应用，解决医疗卫生机构“多卡并存，互不通用”、手机支付无法结算等“痛点”“堵点”问题。

实现聚合支付。对接财政非税支付缴费平台、多卡融合公共平台、微信支付和支付宝等多个渠道，初步实现聚合支付。正在筹备建设全省统一支付平台，为各级各部门非税支付和商业支付提供线上线下缴费能力。

第三节 浙江:“最多跑一次”改革推进政府数字化转型

浙江省是全国首个信息经济示范区，也是国内唯一同时承担数字领域三个国家级试点任务的省份（即国家电子政务综合试点、公共信息资源开放试点、政务信息系统整合共享试点）。近年来，浙江省以“互联网+政务服务”为抓手，持续推进“四张清单一张网”和“最多跑一次”改革，政府数字化转型在审批服务领域率先突破，走在全国前列。但在顶层设计、平台建设、推进机制等方面仍存在短板，对科学决策、高效监管、精准治理的支撑作用尚未充分发挥，亟须进一步加强统筹、完善体系、创新方式，系统性、全方位、高标准推进政府数字化转型各项工作。

一、制定权力运行制度规范政府行为

浙江省“最多跑一次”改革中建立了行政权力运行标准，发布“最多跑一次”省级地方标准，在此基础上实行“一次办结”机制，在审批服务领域率先突破，建立了以标准化为核心的行政权力运作体系。浙江“最多跑一次”改革不仅从实质上提高了政府部门的办事效率，从根本上改变了政府公共服务质量，更重要的是对政府权力运行制度的规范和完善。如嘉兴市南湖区作为改革试点，先后推出行业许可“一证化”改革、现场标准化管理、无差别全科受理、机关内部“最多跑一次”改革、南湖吴江跨省政务通办、企业全生命周期“一件事”一窗通办、水电气报装“1100”行动等一系列全省乃至全国领先的改革，在推动审批流程精简化的基础上大幅提高审批效率。“最多跑一次”改革的深化落实有助于行政机关增强依法行政理念，共享数据，切实做到让群众少跑腿，让数据多跑路。

在“最多跑一次”改革举措中，除了向社会主体公开政府行政权力的数量、规模、边界、依据等组成要素之外，更重要的是要强调权力流程、办理时限、公开承诺等权力流程要素。浙江省在“最多跑一次”改革中构建制度健全规范的评估考核体系。借鉴国内外数字政府评估体系，从政府治理精细度、公共服务体验度、数据共享与开放价值度、制度规范包容度以及数字基础设施感知度等方面构建评价指标体系，形成系统科学、多维度、可操作的评估框架。建立健全效能评估和监督考核制度，积极引入第三方机构定期对数字政府绩效评价、政企合作等内容进行监督评估。发挥社会监督和舆论监督作用，及时回应社会关切，以惠民效果和群众评价检验考核数字政府建设。

“最多跑一次”改革不断向事中事后监管延伸，建立“12345”统一政务咨询投诉举报平台，构建综合行政执法与部门专业执法融合创新的行政执法体系，开展跨部门联合“双随机”抽查监管制度改革，深入落实“一次到位”的执法监管机制。建设全省统一规范的行政监管平台，提高智慧监管能力。充分利用大数据监管、智能监管，实现监管全过程、无死角“留痕”，最大限度防止执法监管部门“权力寻租”现象发生。推进基层治理体系“四个平台”建设，乡镇（街道）整合形成便民服务、市场监管、综治工作和综合执法四个功能性平台，衔接“最多跑一次”在基层落地。

二、“以人民为中心”优化政务服务供给

“前台综合受理，后台分类审批，统一窗口出件”的政务服务模式，是浙江省深化“放管服”改革，努力实现群众和企业到政府“最多跑一次”的主要做法。浙江的“最多跑一次”改革以人民本位为基本出发点，推进政府数字化转型，不断提高政府公共产品和服务供给的能力和水平，更加主动地适应社会、企业和个人的需求，真正做到便民利民、让人民满意。“最多跑一次”具有集中性，通过缩减政府审批部门和审批流程，将办理审批业务所需要的所有事项集中在一个窗口，解决群众“多头跑”的难题，给公众和企业到政府部门办事带来便利。

浙江省“最多跑一次”改革中构建了流程持续优化的服务供给体系。坚持以人民为中心提升“互联网＋政务服务”供给能力，解决群众日益增长的网上政务服务需要和不平衡不充分发展之间的矛盾。注重从用户实际需求而非政府部门自我判断出发，扎实开展用户需求分析和建议征集，基于用户体验和线上线下流程衔接优化扩展服务的广度和深度，从根本上改善用户体验，不断提升信息惠民能力和水平。探索创新社会治理和公共服务新形态，做到政务服务事项“应上尽上、全程在线”，全面激活大数据在政府治理、民生服务、产业和金融服务等领域的政用价值、社会价值和商用价值。为让更多新生儿父母享受“最多跑一次”便利，2019 年以来，浙江省景宁畲族自治县推出“出生一件事”全流程便利化改革，该县行政服务中心联合公安局、医保局、人力社保局和银行等相关部门单位，通过打通“信息壁垒”、优化业务流程、整合事项联办，高效推进部门配合、事项融合、流程再造、数据共享，实现“出生一件事”一站式联办、一体化服务。原先需花两天左右时间办妥的流程，现在可

缩短到一个小时左右；原先至少需要跑 6 个地方办理，现在一个窗口搞定，受到群众的高度认可。

浙江省“最多跑一次”改革中通过推进“互联网 + 政务服务”2.0 建设，建立数字化公共服务体系。在服务理念上坚持以用户为中心；在服务方式上强调以数据定义服务；在组织结构上实现政府与群众双在线（图 8–2）。利用信息化手段、新兴网络工具、大数据平台整合政务资源、优化办理流程，推进了地方政府管理数字化、智慧化，构建了现代政府数字治理新模式。

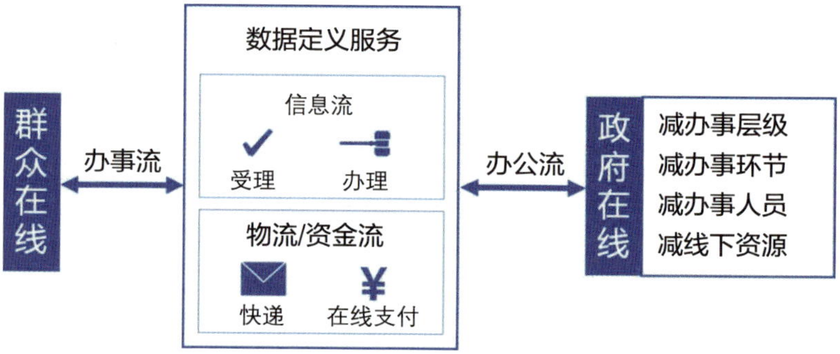

图 8–2　数字化公共服务体系

2018 年 12 月，杭州发布城市大脑（综合版），推出交通全域应用、优驾自动容错、重车全程严管等 9 项举措。2019 年又推出了舒心就医、欢快旅游、便捷泊车等 9 个重点应用场景。目前，杭州城市大脑的应用场景不断丰富，已形成 11 大系统、48 个场景同步推进的良好局面。在不断扩容的便民服务中，群众的获得感、幸福感和安全感也持续攀升。在用户视角，形成智能导服、自动填表、一次办结、查看状态、统一评价的一体化流程，整个行政服务流程可以通过移动端、PC 端、窗口端和自动终端等统一受理界面完成；在系统视角，实行统一办件调度，同时为数据共享和业务对接提供基础，实现业务流程的标准化、智能化和自动化；在领导视角，通过“互联网 + 政务服务”2.0 能够实时全面掌握办件情况、评价情况、连板效率、数据共享率等客观数据，推动高效公正监管。

三、平台化建设与互联互通推动数字协同治理

浙江省依托信息经济大省的优势，大力推进电子政务与公共数据统筹建设和资源整合，消除层级间、部门间数据壁垒，实现数据共享。建立人口综合库、法人综合库、信用信息库、电子证照库、资源地理信息库等多部门、多数据、多主体的信息资源库，全省共归集 198.7 亿条数据，累计共享 12.3 亿次。打造数据高铁进行实时增量采集、跨网传输和流失清洗，将行政生产系统产生的业务数据输送到面向业务的数据中心，实现实时全量的数据共享。

构建数据融合汇聚的信息共享体系。探索贯穿数据全生命周期的治理新路径，着力破解影响数据共享开放的体制和技术难题。依托省级政务云平台实现全省政务数据的融合汇聚，根据统一的数据采集与交换标准推动数据资源共享开放、部门间数据标准对接和系统互联，以流程再造实现跨部门、跨系统、跨地域、跨层级高效协同。按照物理分散、逻辑集中的模式，积极探索区块链、大数据等新兴技术在数据共享中的应用。加快建成政务信息资源共享交换目录，明确政府部门间共享协同的责任和义务，实现各类基础信息库和业务信息库的联通。在保障国家秘密、商业秘密和个人隐私的前提下，最大限度地向社会开放"负面清单"之外的政府数据，充分挖掘和释放政府大数据"红利"。

构建信息互联互通的平台支撑体系。借鉴"数字政府即平台"理念，打造统一安全的政务云平台、数据资源共享共用的大数据平台和一体化网上政务服务平台，形成大平台共享、大数据慧治、大系统共治的顶层架构，建成省级统筹、部门协同的"互联网 + 政务服务"新体系。基于政务 OA 和钉钉应用，实现智能随身、高效便捷的全平台实时提醒、全天候处理公务、全方位监督管理，实现审批更简、监管更强、服务更优。

构建政企合作共赢的协同推进体系。进一步完善政企合作机制，支持企业按照市场化、法治化规则参与数字政府建设。发挥省内互联网企业和电信运营商技术优势，鼓励熟悉政务业务的实力企业参与政府数字化转型。通过开放数据吸引社会力量共建政府数字服务平台，保持平台体系的开放兼容，确保平台体系可根据经济社会发展持续优化拓展。

四、“掌上办公”与“掌上办事”打造移动政务

浙江省政府从2016年开始试用“浙政钉”。2017年年初，省政府办公厅发文，为推动“互联网+政务”“最多跑一次”改革，决定在全省政务统一部署使用移动办公钉钉系统，提高行政决策效率。到2018年年底，“浙政钉”组织架构内，接入公职人员数量已超过120万人。包括浙江省政府、省属委办厅局机关和全省11个地市、90个区县都在钉钉上进行工作沟通和办公协同，浙江省进一步提出在医疗健康、教育培训、社会保障、救助抚恤、精准扶贫、文化旅游、公用事业、交通出行、法律服务、科技服务、社区服务、全面健身等公共服务领域全面推广和优化“浙里办”“浙政钉”，打造“掌上办公之省”和“掌上办事之省”。

掌上办公“浙政钉”使得浙江政务系统实现了省、市、县、乡、村五级机构的组织在线，完成了五级行政区划的移动联络系统建设，这在国内属于首例。“浙政钉”在浙江省全面推进，通过让数据多跑路，换取了群众和企业“最多跑一次”甚至不跑路，大大提升了政务办事及服务效率，助力政府数字化转型。其App的十大特色应用如下。

防范台风：政务钉钉平台指挥协同效率高。政府防范台风、化解自然灾害的风险指挥平台就是在钉钉上，效率非常高，应该说第一时间所有人员都会看到，在所有的时间都会付出行动。

五级在线：浙江实现省市县乡村五级在线。钉钉帮助浙江政务系统实现了省、市、县、乡、村五级机构的组织在线，完成了五级行政区划的移动联络系统建设，这在国内属于首例。

视频招聘：杭州余杭区政府面试全球应聘者。2018年6月2日，杭州市余杭区政府全球招聘进行视频面试。参加面试的92位应聘者分散在亚欧美非等世界各地，均未来到现场。余杭区创新工作方式，使用钉钉视频电话远程完成了此次面试。在现场大屏幕上，无论面试者身处亚洲、欧洲、北美洲还是非洲，使用的设备既有手机，也有电脑；网络既有4G，也有Wi-Fi，钉钉视频

的画面始终保持流畅清晰、音画同步。

智慧政协：杭州市政协用钉钉实现精准履职。2018 年 2 月，杭州市政协十一届二次会议召开，基于政务钉钉构建的市政协智慧履职平台在会议开幕当天正式上线启用，标志着委员迈入精准移动履职的智慧化时代。平台包括“10+N”个功能模块，“10”为结合政协履职工作而定制的十大特色功能，分别是政协新闻、政协公告、履职通知、会议资料、提案查询、社情民意、网络议政、我的履职、学习园地和履职菜单十大模块；“N”为钉钉原生的通讯录、DING、电话会议、视频会议、密聊等功能。

刷脸签到：衢州政务会议用钉钉智能硬件。2018 年 6 月 25 日，衢州市七届政府第二次全体（扩大）会议及廉政工作会议召开，144 个部门 300 名参会人员利用钉钉智能前台的人脸识别功能，完成“刷脸”签到，报名情况及到会情况在旁边的大屏幕上实时显示。这样高效便捷的签到方式，避免了“代会”现象，并节约了纸张和人力。

信息安全：台州打造“24 小时”在线型政府。2018 年 5 月 25 日，台州市召开全市政务钉钉应用部署培训会，以视频会议的形式，全市共 1600 余人参加会议。市政府副秘书长、办公室主任李创求作了部署讲话，称政务钉钉可打造“24 小时”在线型政府，钉钉注重信息安全，采用国家密码管理局认证的第三方加密系统进行信息传输和存储，确保敏感信息不外泄。

移动办公：嵊州依托钉钉打造“移动办公之城”。2018 年 6 月 29 日，浙江省嵊州市政府与阿里巴巴集团深度合作签约仪式暨嵊州打造“移动办公之城”启动仪式在嵊州举行。嵊州市委副书记、市长徐建役表示，希望和钉钉一起，共同将嵊州打造成县域移动智慧示范城市和全国首批“移动办公之城”区县样板。

化学融合：宁海打造全县政务“钉钉一张网”。宁海打造全县政务办公“钉钉一张网”，充分挖掘政务钉钉在“最多跑一次”改革中的嵌入应用作用，对涉及多部门、多环节的“一件事”改革进行“化学融合”，切实实现信息互通、数据共享，各部门办事人员之间可实时交流、实时监督。

掌上党建：三门县公安搭建钉钉党建获赞。2018 年 6 月 26 日，《人民公安报》三版头条聚焦浙江省三门县公安局在规范传统党建工作的基础上，积极创建“指尖上的党建”模式，打造新时期基层战斗堡垒的创新做法。这个名为“掌上党建”的平台落成在三门县公安局的钉钉办公软件上，实现了党建管理的全领域覆盖。

华侨办证：丽水公安用钉钉视频实现预审“零次跑”。浙江丽水市公安局出入境管理部门依托“互联网＋”技术，与钉钉平台合作，共同打造服务境外华人华侨，提供服务咨询、材料预审核、出入境记录查询及档案“零次跑”的“警侨驿站”平台。通过钉钉视频通话，开展办证预约，资料准备、传送，预受理和初核等工作，真正实现“零次跑”。

第四节　上海：“一网通办”建设数字政府

2018 年，上海市在全国两会期间提出全面推进政务服务“一网通办”，力争通过几年的努力，基本实现政府政务服务工作以部门管理为中心向以用户服务为中心转变，基本实现群众和企业办事线上“一次登录、全网通办”，线下“只进一扇门、最多跑一次”，基本建成“一网通办”框架体系和运作机制，基本建成整体协同、高效运行、精准服务、科学管理的智慧政府。

一、“一网通办”整体框架

上海市自 2018 年 4 月启动“一网通办”改革至今，拓展了“一网通办”服务事项范围，并深化政务服务标准化、规范化建设，继续推进一窗受理和集成服务改革，“一网通办”框架体系现已基本形成。

1.“一网通办”的“一”

建立一个总门户，服务事项一口进出。截至2019年10月，已接入2035个政务服务事项，实现行政审批事项全覆盖，并不断丰富公共服务和其他行政权力事项。其中，1839个事项具备最多跑一次能力，占比90.37%，实现“一平台、多渠道、多终端”服务。平台累计办件量已超2489万件，其中，最多跑一次办件量为1377.1万件，占总量的55.32%。

优化统一身份认证体系。推进各区、各部门网上办事系统现有用户体系全面整合，统一纳入“一网通办”。总门户个人实名用户注册量已突破1008万，其中户籍用户数量489万，占全市户籍人口总数的33.8%；法人用户注册量超过199万，占本市企业法人总数的92%。

推进统一总客服。推进各类政务热线数据向“一网通办”平台归集，优化“一网通办”诉求处理机制，建立健全各专业领域的咨询体系。总客服接收并处理的“一网通办”的相关诉求达到4.63万件，解决率达到99.71%，用户回访满意度达到86.31%。

推进统一公共支付。统一支付平台已整合微信、支付宝、银联三种主要支付渠道，对接47项收费事项，累计缴费887万笔，总金额超11.8亿元。

推进统一物流快递。扩大统一物流平台事项接入范围，实现“一网通办”接入事项物流服务全覆盖。现已与邮政、顺丰深度合作，能够为1142个事项寄送材料，累计寄件89.6万笔。

2.“一网通办”的“网”

上海全力推进“一网通办”的政务服务，旨在将面向企业和群众的所有线上线下服务事项，逐步做到一网受理，推进线上线下融合，服务事项全覆盖。1400个事项具备全程网办能力，实现审批事项全覆盖、办事指南标准化，解决线上线下“两张皮”的问题。进一步细化、量化业务口径标准，消除模糊条款、兜底条款，线下各级办事大厅同一事项无差别受理、同标准办理。聚焦教育、医疗、住房、社保、民政等与群众日常生产生活密切相关领域，拓展

“一网通办”服务事项范围，梳理一批公共服务事项，按照国家标准逐项开展标准化、规范化工作后，纳入“一网通办”总门户。

3.“一网通办”的“通”

177个社区服务事项实现全市通办，市区两级审批事项100%实现全网通办，16个区行政服务中心、220个社区事务受理服务中心综合窗口政务服务实现单窗通办，累计实现数据共享交换5.15亿余次，调用国家数据304万次。上海与江、浙、皖三省合力攻关，打造长三角“一网通办”专栏，上线全国首个区域政务服务“一网通办”旗舰店。目前，已经开通18个城市164个线下专窗办理点，实现了51个事项跨省办理。长三角全程网办总量为170万余件，线下专窗跨省办件729件，增强政务服务区域一体化效应。

4.“一网通办”的“办”

建设市民主页和企业专属网页，政府形成的所有证照等档案主动归集，为市民和企业建立专属档案室，可以在生活、工作、办事时使用，减少信息填报，提供更多便民措施。通过对档案的分析，从原来依申请被动服务转变为主动推送相关政策和提醒，提升企业和群众对智慧政府的感受度。在全市推行“一窗受理、分类审批、一口发证”的“综合窗口”机制，加快实现线上线下融合，标准一致、服务一体。

二、“一网通办”推进机制

上海市大力推动智慧政府建设，于2018年3月30日印发《全面推进“一网通办”加快建设智慧政府工作方案》(沪委发〔2018〕14号)。上海市以“一网通办”改革为突破口，应用大数据、人工智能、物联网等新技术，提升政府管理科学化、精细化、智能化水平，提出到2020年，形成整体协同、高效运行、精准服务、科学管理的智慧政府基本框架。

1.机制体制方面

为推进“一网通办”改革、完成建设智慧政府有关工作，上海市政府成立了由市长任组长的“上海市推进‘一网通办’改革和政务公开领导小组”，具体工作由市政府办公厅总牵头，各区各相关部门配合，市大数据中心负责实施。市政府办公厅内设的电子政务办、行政审批制度改革处、政务服务处、政务公开办分工协作，落实“一网通办”统筹协调、公共数据治理、政务服务标准化、业务流程优化再造、线下综合窗口建设、“一网通办”考核评估、改革宣传推广等工作。

2. 数据管理方面

为集中优势技术力量，全力落实“一网通办”改革举措，成立了上海市大数据中心。作为市政府办公厅管理的副局级事业单位，主要职责是做好发展战略、法规规章等基础性研究；承担政务数据、行业数据、社会数据等各方数据归集和应用融合工作；研究数据采集、传输、存储、挖掘、展现等技术；承担全市政务信息系统整合相关工作；承担上海“一网通办”总门户、政务云、政务外网、大数据平台、电子政务灾备中心等建设和运维管理。市大数据中心建成贯穿数据全生命周期的大数据资源平台，实现全市公共数据集中统一管理，同时加快建设若干主题数据库，为“一网通办”、经济社会数据分析、公共信用信息应用、城市综合管理等典型应用场景提供大数据支撑和数字服务。

为促进公共数据整合应用，推进“一网通办”建设，提升政府治理能力和公共服务水平，上海市政府于 2018 年 11 月 1 日正式实施《上海市公共数据和一网通办管理办法》（沪府令 9 号），2019 年 10 月 1 日正式实施《上海市公共数据开放暂行办法》（沪府令 21 号），还同步印发电子证照、电子印章、电子档案三个暂行管理办法，并配套若干个技术规范和管理规范文件。

2019 年 4 月 17 日印发《上海市政务信息系统整合实施方案》，推进形成基础设施集约统一、业务应用协同联动、政务服务利企便民的发展格局，实现政务信息系统的管理更加规范、应用更加高效、服务更加智能。根据方案，要形成覆盖全市、统筹利用、统一接入的数据共享大平台，构建深度应用、上下联动、纵横协管的业务协同大系统，避免各自为政、自成体系、重复投资、重复建设。力争用三年左右时间实现全市政府部门所有政务信息系统全面整合，实现数据的全面共享、业务的全面支持；通过跨部门、跨系统重点项目的推进，充分应用大数据、人工智能等新技术，有效提升政府部门的管理和服务水平。

三、“一网通办”协同治理

当前，信息技术革命持续演进及全球政府治理模式创新，给电子政务及数字政府带来重大机遇和挑战。上海市数字政府建设在政务服务治理方面取得了一定突破。

1. 痛点难点治理

群众企业到政府办事，还是存在环节多、手续多、耗时长、标准不一、材料重复等问题。“一网通办”聚焦解决群众和企业反映集中的这类政务服务痛点与难点，紧扣群众企业需求，以统一的数据共享交换平台，横向推动跨层级、跨区域、跨部门协同服务，纵向推进线上线下政务服务流程再造、数据共享、业务协同，形成融合一网受理、协同办理、综合管理为一体的政务服务体系。

2. 推进“好差评”制度

为持续优化政务服务，深入推进政府职能转变和“放管服”改革，2019年7月23日，上海市政府印发《建立“一网通办”政务服务“好差评”制度工作方案》的通知（沪府办发〔2019〕20号），持续推进“一网通办”从“以部门为中心”向“以用户为中心”转变，建立政务服务绩效由企业和群众来评判的“好差评”制度，倒逼各级政务服务部门不断改进工作，提供优质高效的政务服务。该方案提出，要科学设置本市政务服务“好差评”指标，实现接入“一网通办”的政务服务事项全覆盖，实体窗口和线上服务门户等各类政务服务渠道全覆盖，提供政务服务的政府部门全覆盖。

“好差评”服务旨在及时整理解决企业群众办事中的堵点难点问题，实现政务服务从政府供给导向转变为企业群众需求导向的目标，把对政务服务的评价权交给群众，使之成为政务版的“大众点评”，努力让群众和企业到政府办事像“网购”一样方便。截至目前，共收到评价 21 万余条，其中差评 1900 条。对于每条差评，政府按照“1、5、15”时限要求进行回复和整改，即在一个工作日内，先行联系反映问题的企业群众，沟通了解情况；对确实存在问题的，要在五个工作日内完成整改反馈；较为复杂的，要在 15 个工作日内办结。同时，市政府建立了“好差评”评价数据安全保障机制，确保企业群众信息保密、安全。图 8–3 是政务服务“开饭店”的“好差评”打分及评价页面，用户可以从“总体满意度”“指南准确性”“办事便捷度”“办理时效性”“服务创新型”等多个维度进行打分，并可通过留言、上传照片等方式进行评价。

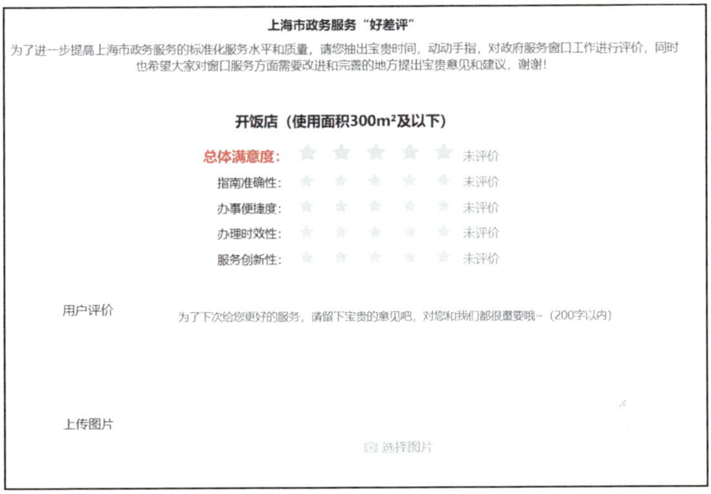

图 8–3 政务服务“开饭店”的“好差评”打分及评价页面

3. 新技术应用

有效整合各方资源，将大数据、云计算、物联网等技术深度应用于监管、服务、决策等政府工作全过程、各环节，加快建设整体协同、高效运行、精准服务、科学管理的智慧政府，让政府管理更智能，让政务服务更便利。以“一网通办”为标志，逐步建成以互联网为基础设施、以城市全量数据为基本资源、以全局即时分析为基本能力、以跨部门协调决策为应用场景的数据枢纽和智能中枢系统，更好地服务市委、市政府决策和研判，服务上海特大型城市智能化治理。

4. 营商环境优化

上海把“一网通办”作为优化营商环境的重要抓手，将营商环境的核心指标作为“一网通办”的改革内容，通过“一网通办”后台各部门业务流程再造、数据支撑和技术支持，加强跨部门、跨层级、跨区域的协同办理，简化申报材料，降低办事成本，营造国际一流营商环境。同时，切实转变作风，让管理部门工作人员当好服务企业的“店小二”，用干部的“辛苦指数”换取企业的“发展指数”。

2018 年，上海市以优化营商环境为目标，共出台了 43 个专项政策和配套文件，开发或升级了 20 个办事系统，大幅缩短审批办理时限，做到当场办结的要当场办结，无法做到当场办结的要做到提前办结，显著推动了政务服务“减时间、减材料、减环节、减跑动次数”。业务流程改革后截至 2019 年，对标世行标准，获得电力、开办企业、办理施工许可、登记财产、跨境贸易 5 项指标，企业办事时间在 2018 年缩短了 50.2% 的基础上再缩短了 40% 左右，手续环节在 2018 年减少 30.8% 的基础上再减少近 50%。根据 2018 年 10 月 31 日发布的《2019 世界银行营商环境报告》(上海是中国的报告样本城市，权重为 55%)，中国总体排名比 2018 年上升 32 位，位列全球第 46 名，为世界银行营商环境报告发布以来中国最好名次。

四、“一网通办”特色服务

1. “一件事一次办”

上海市政务服务网上推出了“一件事一次办”服务，选择服务“我要开饭店”(法人身份)，点击“立即办理”，进入主题引导页面，在选择完所有选项后，点击“线下办理”，整个服务需准备的材料和可选择办理地点一目了然，界面简洁易懂，用户仅需一杯咖啡时间即可完成整个网上申报过程，还可支持移动端扫码查看。“我要开饭店”服务办理流程如图 8–4 所示。

图 8–4 “我要开饭店”服务办理流程

在“一网通办”网站开通之前，所有材料需一证一办，且需要办理用户多层多级、反复多跑，过程烦琐，进度缓慢；开通“一网通办”网站之后，所有材料一次提交即可，办理用户仅需跑动一次即可轻松办理，流程得到简化，办理时间也大大缩短，鼠标一点，轻松搞定，效率显著提高。此外，每项服务右上角还有“好差评”服务，政府可以依据“好差评”服务反馈针对性地提高政务服务的标准化服务水平和质量。“一网通办”开通前后开饭店服务、办犬证服务办理效率对比分别如表 8–1、表 8–2 所示：

表 8–1 “一网通办”开通前后开饭店服务（法人身份）办理效率对比

	“一网通办”开通前	“一网通办”开通后
办理时间	58 个工作日	10 个工作日
跑动次数	6 次	1 次
递交材料	31 份	12 份
核验次数	3 次	1 次

表 8–2 “一网通办”开通前后办犬证服务（个人身份）办理效率对比

	“一网通办”开通前	“一网通办”开通后
办理时间	20 个工作日	10 个工作日
跑动次数	3 次	1 次
递交材料	3 份	0 份

2. 移动政务“随申办”App

“随申办市民云”App 是上海“一网通办”移动端总入口，是全国首个突破千万用户的政务服务 App。让市民找政府办事，像网购一样便利，是“随申办市民云”App 一直以来不断探索的目标。“随申办市民云”优先接入公众关注度高、办件量大、覆盖面广且适合在移动端办理的事项，目前已实现了面向个人和法人办事的指南查询、在线预约、亮证扫码、进度查询、服务找茬等五大功能，接入 637 项高频的、适合在移动端办理的事项，未来将引入小程序技术，拓展移动端政务服务渠道，并持续优化用户体验。目前，“随申办市民云”App 注册用户已经突破 1000 万，月活跃用户数 312 万，占总用户数的 30.95%，如果用注册用户 / 常住人口来比较渗透率的话，上海这一指标达到 41%，是全国“一网通办”渗透率最高的省份。

（1）亮证扫码。

市民或法人在办事时，使用公共服务平台的“亮证”功能查看、出示电子证照，其生成的二维码通过扫描即可在窗口系统实现自动验证，实现电子证照的互认共享和“在线亮证”。“随申办市民云”目前已经支持 20 张电子证照、10 张电子证明，市民在上海全市 220 家街镇社区事务受理中心均可实现“扫码验证”。

（2）长三角无感漫游专区。

“随申办市民云”开通了全国首个跨省办事应用“长三角无感漫游”专区，沪、苏、浙、皖的市民可通过该项应用实现“跨省办事”。目前，本应用首期覆盖长三角地区 14 个城市的共计 176 项服务。长三角的市民只需一次登录即可享受所有入驻移动端汇聚页上的服务，包括新生儿查重名、实时路况等热门服务。

第五节 湖北：机构改革推进数字政府建设

湖北省提出坚持以人民为中心的发展理念，以“互联网 + 政务服务”为抓手，以推动政府数字化转型，建设人民满意的服务型政府为目标，以提高政府决策水平、社会治理能力、公共服务效率为重点，创新政务服务，优化营商环境，促进湖北经济社会高质量发展。

一、组建新的管理机构，优化顶层设计

从体制机制这个关键切入点着力，统筹建全新型管理机构，推动实现政企合作，节省人力财力，提升工作效率。在领导体系方面，成立湖北省数字政府建设工作领导小组，由省长任组长，常务副省长任第一副组长，其他副省长任副组长，省直有关部门主要负责同志为成员，负责全省数字政府建设的组织领导、顶层设计和统筹协调。领导小组办公室设在省政府办公厅，由省政务管理办承担具体的推进工作。在工作架构方面，整合各方资源，理顺管理结构，全面形成了"一办、一中心、一平台、一专家委员会"的工作架构。"一办"就是整合分散在多个部门的政务管理、电子政务、行政审批改革等职能，成立新的省政务管理办，统筹负责全省政务服务和数字政府建设工作。"一中心"就是新组建省大数据中心，承担政务信息服务和综合应用等工作，为数字政府建设提供强力技术支撑。"一平台"就是省政务云平台，通过政企合作模式，不断完善平台功能，汇集全省政务资源，为线上政务服务提供平台支撑。"一专家委员会"就是聘请国内知名专家和企业家，组建专家咨询委员会，为数字政府的顶层设计、总体规划等提供决策咨询。

二、大力推进政策制度体系化，确保安全长效运行

湖北省政府常务会议专题研究并通过《湖北省数字政府建设的指导意见》，配套出台《数字政府建设实施方案》。确立了一个总体要求（进入全国第一方阵）、两个重要抓手（"互联网＋政务服务"和"互联网＋监管"）、三个重大目标（政府决策科学化、社会治理精准化、公共服务高效化）及 44 项建设项目的工作任务。明确以营商环境指标为指挥棒，先期迅速实现公共服务高效化，逐步落实社会治理精准化、政府决策科学化的工作路径；确定了以基础设施集约化支撑、政务服务一体化建设、协同办公智能化融合、政府治理科学化决策为"四大着力点"。

三、夯实数据管理制度规范，加强标准化管理

推动出台《湖北电子证照管理办法》《政务信息资源共享管理办法》和《政务信息化项目建设管理办法》。联合发改、财政制定《政务信息化项目共享整合和集约建设方案审核细则》，制定了行政许可事项编码、服务指南、审查细则编写的三个地方标准，编制了“鄂汇办”、身份认证平台对接的技术标准规范。近期又梳理出涉及数据采集、数据存储、数据治理、数据安全等关键领域的 40 项技术标准，拟以地方标准或管理制度等形式发布。

第六节 贵州：大数据＋政务引领数字政府建设

2014 年以来，贵州省以建设国家大数据综合试验区为契机，深入实施“聚通用”，推进系统整合、数据共享、流程再造、重心下沉，破解“互联互通难、信息共享难、业务协同难”等痛点、堵点和难点问题，全面构建线上线下融合的创新型服务体系作为支撑，打通服务群众的最后一公里，走出一条大数据助推脱贫新路子，全力打造“服务到家”品牌。贵州加快大数据与社会治理的融合，推动大数据应用提高政府治理能力取得显著成效，获批建设国家“互联网＋政务服务试点示范省”。

一、政务数据“聚通用”

贵州省推动大数据战略行动向纵深发展，加快建设国家大数据（贵州）综

合试验区，打造政务数据“聚通用”升级版，提升社会治理、民生服务、乡村振兴和产业发展水平。贵州积极推进政务数据“一云一网一平台”建设，通过建设云上贵州“一朵云”，形成“一云统揽”新体系，实现全省政府数据大集中；建设政务服务“一张网”，形成“一网通办”新支撑，实现政务服务大联通；打造智能工作“一平台”，形成“一平台服务”新赋能，实现数据资源大调度。目前，贵州省政务数据“一云一网一平台”如期建成，并正式上线运行。

“一云”，实现云上贵州“一朵云”，承载省、市、县政府部门全部9728个应用系统，实现所有系统网络通、应用通、数据通。数据集聚量从2015年的10TB增长到现在的1387TB。“云上贵州”从一个物理分散、逻辑集中的“大仓库”，变成一个统一的“大应用程序”，实现了应用和数据“大集中”。根据不同权限，通过“云上贵州”总云，可以查看访问省、市、县所有应用系统和相关数据，可实时查看每一个系统存在哪个数据中心、哪个机房、哪一台服务器上，以及占用多少存储量，并能实时监控每个机房、每个机柜、每台服务器的用电、通风、温度、湿度等情况，确保数据和系统安全可控。

“一网”，推进各级各部门电子政务外网、业务专网与互联网互联互通，除国家另行规定外，打通省级21家单位业务专网。利用广电网推进电子政务网络村级全覆盖，已在安顺市平坝区92个行政村实现试点覆盖。2019年底，贵州省将在全国率先实现电子政务网络省市县乡村五级全覆盖。桌面端建设“贵州政务服务网”、移动端打造“云上贵州多彩宝”，打造为群众提供政务服务的统一入口，实现全省网上政务服务端口“大统一”。“贵州政务服务网”首批接入国家政务服务平台，网上可查询和办理的省、市、县、乡、村五级服务事项达58.8万项，注册用户2370多万，占全省常住人口66%，实现“进一张网、办全省事”。“云上贵州多彩宝”面向老百姓提供高频服务事项，注册用户约190万，占常住人口的5%。生育登记、社保资格认证、婚姻登记预约等300余项高频、热频政务服务事项，可直接在网上办结，提供了身份证、驾驶证等电子凭证，在贵阳，坐飞机、住酒店可以不带身份证，通过“云上贵州多彩宝”电子身份证认证即可；开车忘记带驾驶证时，可以出示驾驶证电子凭证。

"一平台"，打通各级各部门自建业务审批系统，建设全省统一的数据治理平台和政务服务平台，统一服务省、市、县、乡、村五级，提供协同办公、行政审批、资金监管、数据调度、数据搜索等服务。在全国率先建立数据调度机制，探索政府数据治理体系，率先建成全省数据调度平台，着力解决数据"互联互通难、信息共享难、业务协同难"等问题，实现跨层级、跨地域、跨部门的数据高效调度管理，全省统一数据共享交换平台首批与国家平台对接，公安部、住建部、教育部等8个国家部委数据下沉到省平台。整合各级各部门办事服务平台，实现全省的工作人员在一个平台上办公、一个平台上审批、在一个平台上能够获取使用数据。政务移动办公平台注册用户达到20.7万。积极破解政务数据"全网检索"难题，在交通、农业领域初步实现了相关数据关联分析、智能搜索。

二、信息资源整合共享

建设全省一体化数据中心。贵州以"数据"为核心，按照"集中、集约、共享、一体化、融合、协同、服务"的理念，2014年，建成全国首个"统筹标准、统筹存储、统筹共享、统筹安全"的云上贵州系统平台，成为全省政府数据的大仓库，把数据和系统都"聚"起来。推动数据从"云端"向政用、民用、商用落地。为了解决安全性问题，云上贵州系统平台采用阿里云、华为云、华三云混合云架构部署方式，利用移动、联通、电信的三个主节点数据中心，按照"网络通、数据通、服务通"的要求，将各部门的非涉密应用系统进行统一管控。

制定全省统一的数据交换体系。2016年，贵州统筹搭建了全省统一的贵州省数据共享交换平台，在各市州开设数据共享交换市州分平台，建设了人口、法人等四大基础库和医疗健康、精准扶贫等主题库，形成全省政务数据共享资源池。按照"一数一源"的原则，统一标准格式，构建全省数据资源目录体系，强调数据目录下数据的可调用、可共享。共享平台接入了国家平台，基本形成了“上联国家、下通市州、横接厅局”的共享交换体系。精准扶贫云通过平台打通了省级公安、卫计、人社、民政等 17 家部门数据，实现扶贫数据实时共享，同时，通过国家和省级平台对接了国家扶贫办、教育部、公安部、住建部的相关数据。

接入各部门业务专网实现互联互通。为解决业务专网导致网络、应用、数据不通等问题，在满足专网数据安全前提下，通过接入汇聚、边界防护、访问交换、高级威胁监测等措施，推动电子政务外网和业务专网之间网络可达、应用可访、数据可通，逐步消除数据共享交换的“物理鸿沟”。目前，除国家另行规定外，省级 21 家单位 24 张业务专网全部打通。同时，利用广电网推进电子政务网络村级全覆盖，已在安顺市平坝区 92 个行政村实现试点覆盖。

加快推动政府信息公开数据开放。完善贵州省政府数据开放平台功能，探索贵州省政府数据开放平台与共享交换平台实现跨网域数据同步。加快推动政府开放数据数量质量提升，积极做好《贵州省政府数据共享开放条例》立法探索工作，促进数据共享开放立法取得突破。

三、政务数据调度机制的创新实践

实行政务数据“三权分治”。明确政务数据归集权，解决“谁归集，谁维护”问题；明确政务数据使用权，解决“谁使用，谁负责”问题；明确政务数据管理权，解决“谁管理、谁统筹”问题。从一定程度上规避了数据权属问题。

打造实体化数据调度中心。部门设置“数据专员”，专门负责受理或提出数据需求申请，及时响应；同时，建立协商机制，解决数据共享过程中的具体问题和难点，保障数据共享开放畅通。

建立数据调度平台。推动公共政务数据、高频使用数据的汇聚到公共数据资源池，基本实现政府部门对外提供共享开放数据与各生产数据之间同步，初步形成“数据使用部门提需求、数据归集部门做响应、数据共享管理部门保流转”的数据调度新局面。

目前，在贵州省数据共享交换平台上已有贵阳市、省卫健委、省扶贫办等 27 个地区和部门提出的数据需求，共涉及 340 项数据，其中 329 项数据已实现共享交换。为确保数据调度机制的有序实施，贵州省在拟制《贵州省政务数据资源管理暂行办法》，从规章层面规范全省政务数据资源管理工作。

2019 年 2 月，《贵州省大数据战略行动问责办法（试行）》由省委办公厅、省政府办公厅联合印发实施，为推动贵州数字政府建设提供有力的制度保障。办法要求开展大数据行动问责工作，要坚持“三个区分开来”和“依规依纪、实事求是，权责统一、失责必问，惩前毖后、治病救人，问题导向、注重实效”的原则，实行失职追责、尽职免责，激发担当责任、干事创业正能量。问责主要针对贯彻党中央、国务院和省委、省政府关于大数据战略行动各项决策部署不积极、不作为、不到位，贯彻《中共贵州省委、贵州省人民政府关于实施大数据战略行动建设国家大数据综合试验区的意见》(黔党发〔2016〕14 号)，以及年度目标任务落实不力的相关领导集体、相关负责人实施问责。受到问责的单位或个人，取消当年考核评优和评选各类先进的资格；对受到问责的领导干部，其职务调整和影响期按有关规定执行。

四、运用大数据提升政府管理与决策能力

贵州省在政务数据应用方面主要在做三件事，叫做“聚通用”。大数据前提在“聚”，关键在“通”，目的在“用”。以建设“云上贵州”系统平台为主抓手，让政府各部门数据在一个平台汇聚、一个标准通、一群队伍用，推动政府部门之间跨部门、跨区域、跨层级、跨系统的数据开放共享、流程协同、智慧应用，激活数据的政用价值。

通过促进跨领域、跨平台、跨部门数据的开放共享，使政府治理行为更加“可视化”，倒逼政府业务流程再造，提升管理效率。贵阳“社会和云”的“一图一库四应用”，建立了针对人、地、事、物、情、组织等多维度相互关联的块数据库，基于此数据库，发挥标签画像技术在精细化社会治理中的应

用，为政府在社会管理中提供更加真实可靠的决策支持数据，实现精细到楼层、到户的社会服务和管理。贵阳公安块数据指挥中心实时对贵阳市的人、事、物进行三维立体画像，以全新模式实现立体化管控。“电梯应急处置服务平台”能够统计和分析电梯困人等故障数据，运行以来，累计救援近1.5万次，到达现场平均时间11.6分钟，比国家标准缩短18.4分钟。

通过对跨部门、跨领域数据进行分析，使政府决策更具超前性、准确性和科学性。通过动态搜集民众需求，问政于民，问需于民，准确掌握社会大众的意愿和期望，提高社会公众对政府决策的参与度，在确保决策合理性的同时，让每个人都能达到专家的水平，保证决策顺利实施并达到预期目的，使政府决策更加民主化。“精准征兵”通过把公安、民政、教育、残联等各个部门数据与省军区数据融合，对全省的适龄青年进行精准画像、进行大数据分析。“智慧法院”对海量案件数据进行采集分析，精确推送典型案例、文书模板、裁判结果参考。贵州作为全国首批司法改革试点省份，试点法院法官人均结案数、结案率、当庭裁判率、服判息诉率、发回改判率等指标均明显趋好。“东方祥云”水库洪灾预警大数据应用，可将洪涝灾害预测期从传统的几十分钟提高到72小时。“智能交通云”接入各类交调站、车检器、视频监控、气象监测等感知设备约1.9万套，全省高速公路重要路段、长大构造物、收费站、服务区实现监测监控全覆盖，贵州省交通行业“用数据便民、用数据说话、用数据管理、用数据决策”。

以“服务到家”为抓手，利用大数据洞察民生需求，丰富服务内容，拓展服务渠道，扩大服务范围，提高服务质量，缩小城乡、区域差距，促进形成公平普惠、便捷高效的便民服务体系，不断满足人民群众日益增长的个性化、多样化需求，大幅提升群众的大数据获得感，推动数字贵州建设。“通村村”农村客运出行服务平台，在全国率先解决农村出行难、学生上学返家难、货运物流难的移动互联网应用平台，为农村老百姓提供安全、便捷、高效的出行服务和物流服务，成为乡村版“滴滴打车”，平台被列为2017年省级政府大数据应用示范项目。“贵州扶贫云”以大数据为支撑，打通公安、卫计、教育、人社、住建、民政、水利、国土、工商、水库移民、省招生考试院等13

个部门和单位数据，实现实时共享交换，精准识别扶贫对象的车子、房子、医疗、社保、子女教育等情况，自动生成数据、自动办理教育扶贫资助。“健康医疗云”构建了“纵向贯通、横向互通”和各级医疗机构“扁平化、零距离”的省、市、县、乡四级远程医疗服务体系，全省 293 家县级以上公立医院、妇幼保健机构和 1543 个乡镇卫生院全部联通远程医疗网络系统。2018 年，完成远程医疗业务总量 23.5 万例，远程培训 139 场次 15.4 万人次，远程检验归档 451.1 万例，全省县级公立医院及乡镇卫生院诊疗人次 8294.8 万人次，全省新农合参合病人在乡级就诊人次 2091.3 万人次。

五、数据复用推动政府服务能力提升

贵州省政务服务平台以“凡是能通过网络共享复用的材料，不得要求企业和群众重复提交；凡是能通过网络核验的信息，不得要求其他单位重复提供；凡是能实现网上办理的事项，不得要求必须到现场办理”为目标，以身份证号、统一社会信用代码为标识，个人申请材料库和电子证照批文库，实现跨地区、跨部门、跨层级“一库管理、互认共享”，让申请人无须重复提交材料，变被动服务为主动服务，极大地促进放管服改革的落地。一是建成全省统一电子证照批文库，形成居民电子证照目录和法人电子证照目录，汇聚个人、法人、组织等证照批文信息，已成为各级在审批服务过程中在线共享调用和校验核对数据的源头。二是正在推进“减证便民”措施落地，明确各级各部门审批服务中涉及申请人提交的营业执照、特种行业作业证等多个证书，审批部门不得再要求申请人提交，必须通过全省统一电子证照批文库共享调用来核验，同时也要求核发这些证书的部门必须将证书全集录入共享，如数据不全，核发部门就必须人工来核验，通过共享调用来强力推进证照批文的数据汇聚和应用。

第九章

Digital Government

数字政府的国际实践

为应对全球信息化发展新一波浪潮，全面推进政府数字化转型以适应数字时代经济社会发展的新趋势，很多国家和地区纷纷实施数字政府战略，从政府数据开放、互联互通平台、政府信息系统整合等方面推动政府数字化转型，积累了丰富的经验。

第一节 韩国：数据开放促进数字政府建设

韩国制定了政府 3.0 战略，为数字政府的发展提供了战略规划。韩国将政府数据开放定为政府 3.0 战略的基础和重点，公众作为潜在数据资源的创造者，能够使用由自身创造出来的数据，获得数字时代的便利。

一、数据开放的历程

在政府 3.0 战略提出后，韩国政府数据开放迈开了步伐。2013 年，政府数据开放主要集中在组织架构的完善。同年 10 月，韩国发布了数据开放法，为数据开放提供法律支撑；11 月成立了数据开放中心；12 月成立了数据开放战略委员会和数据开放调解委员会。数据开放战略委员会是数据开放战略政策制定的最高职能部门，其下属的内务部负责对公开数据清查机构绩效进行评估，同时制定总体规划，为数据开放打下基础；数据开放中心隶属于内务部，负责支持公共机构的数据发布和促进开放数据在私有机构内的使用；数据开放调节委员会负责调节有关数据公开的争议；在中央和地方公共机构内设置首席数据开放官，具体负责各部门的数据开放工作。其组织架构如图 9–1 所示。

2014 年，韩国政府发布数据开放相关标准和方案。当年，制定出台数据

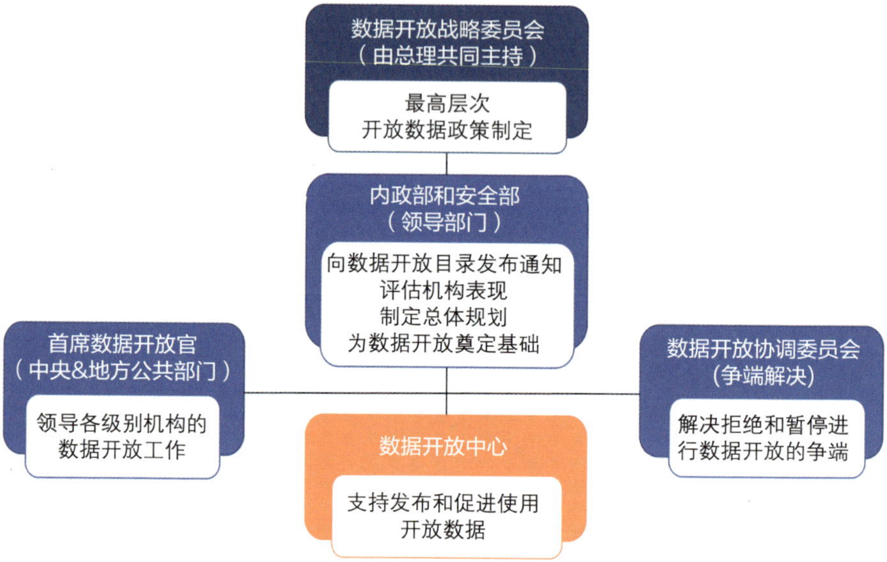

图 9–1　韩国政府数据开放组织架构

开放总体规划，就 2014—2016 年的数据开放战略做了规划。2014 年 12 月，涉及 36 个领域的关键数据开放战略发布，迈开了数据开放的第一步。2015 年，韩国政府发布了数据质量评定框架，对数据开放的质量做出要求并启动数据规划合作方案。2016 年 1 月，成立开放数据孵化中心，促进了数据的开发和使用，提高政府定制化数字服务水平。12 月，制定了第二份数据开放总体规划，规划了 2017—2019 年的数据开放战略。其愿景是建立一个促成公众和企业繁荣的数字社会。其主要目标包括：通过增加日常生活中数据的使用，让公众生活得更好；通过扩大以数据为中心的产业生态系统，创造新的附加值。其战略要旨包括三个层面：支持高质量数据的发布以支持数据产业生态发展；扩大公众参与，促进公开数据在居民日常生活中的使用；创建数据驱动的政府平台和治理框架。其具体的任务包括：适应产业新的需求，增加整合智能的高品质数据的发布量，在此基础上建立一个数据生态系统，用于培育新产业和分发数据，同时，加大对企业利用公开数据进入海外市场的支持力度；为公众使用数据提供便利，提供居民公开参与所需的数据，在社会问题的解决中强调数据使用，加强培训提高全体公众使用数据的能力；建立一个数据驱动的政府，建立一个基于统一平台的开放数据管理框架，在此基础上加强公私协作，扩大私有数据和服务的共享，通过加强政府绩效管理，改进基于生命周期的开放数据质量管理，在全球范围内扩大数据合作伙伴关系。

二、数据开放的实践方案

2017 年 3 月，韩国政府制定了国家重点数据与公司数据融合方案，发布了涉及 14 个领域的“国家重点数据”数据集。这些数据是以解决社会问题为导向的、智能的、整合的数据。在发布程序中，首先发布易与私有部门整合的公共数据，随后致力于支持公共数据和私营数据的融合和提炼，最后发布在智能信息社会发展中举足轻重的，但是不易被挖掘的数据。这一过程是一个公有数据与私有数据整合的过程。以医药行业为例，公有机构提供全国的医疗健康数据，私营机构提供新的药品、治疗方案和护理方案数据，二者整合，得到全国的医疗数据。在整合过程中，人工智能和机器学习发挥了重要作用，为全面和个性化服务提供数字基础。基于公有部门提供的健康数据和私有部门提供的医疗数据结合后，病人可以得到一份最适合自己情况的全面的治疗方案。

与此同时，韩国政府制定出台了数据驱动的平台政府和强化质量管理方案，提出 2018 年实现中央各部门的数据管理，2019 年实现地方政府的数据管理，2020 年拓展到全部的公共机构。其目的是建立一个“政府综合数据管理框架”，以支持数据驱动的决策和服务开发。方案提倡流水线化的数据管理，其实施方法包括：从数据生产开始到数据收集和管理的简化，扩展基于数据生命周期的开放数据质量管理的范围，并将数据管理扩大到整个公共部门；各公共部门进行数据质量的自我评价，建立质量管理反馈体系，在流水线化的数据管理基础上，公共部门利用数据，发挥其作用促进管理和决策。具体的实施策略包括：为综合数据管理奠定基础；开发元数据，利用数据可视化技术绘制地图；为数据驱动的决策建立支持框架；建立政府综合数据分析中心。

数据生态的构建同样促进了新兴产业的发展。2017 年 3 月，立足于培育新兴产业的数据开放生态规划开始实行。规划计划通过行业、学术界、研究机构和政府间的合作，为新兴行业创造一个公开数据发布和使用的环境。具体支持手段包括为每个新兴产业组织一个咨询机构以提供咨询服务。同时由政府牵头，开发和标准化关键行业数据，设计数据发布和管理框架，为开放数据的使用提供便利。

同年 5 月，面向初创企业的 Mega-Collabo 数据开放项目颁布。该项目是一个在公私合作的基础上运营的全面的企业支持计划，涵盖了初创企业建立的整个阶段，包括如何使用开放数据，如何进行融资、营销、拓展海外市场。该计划为初创企业的知识产权申请提供担保和技术评估；为企业提供信用调查和评估服务；支持线上和线下的公关；支持企业举行远距离会议。

三、开放数据门户

开放数据门户是依据韩国公共数据法要求设立的一个政府信息集成平台。这个门户是一个集成站点，它提供公共机构的开放数据。具体的服务包括数据搜索和使用；数据公开和案例共享；企业家访谈；分享开发者的数据开放经验；政策咨询；处理数据公开请求等。其系统框架如图 9–2 所示。

开放数据门户包括网页端、ESB 功能模块、网页服务三大模块。网页端提供了开放的数据和数据使用支持服务，包括开放数据的提供和相关咨询服务。ESB 系统包括管理功能和录入模块。管理功能主要包括数据管理服务和应用程序接口管理等。录入模块包括合同管理、核准名单管理、组织机构管理等。网页服务包括开放数据登记服务、开放平台服务、管理功能和开放平台应用支持。开放数据登记服务包含数据的录入和管理。开放平台服务囊括了案例搜索、开放应用程序接口服务等。管理功能包括标准数据集管理、元数据管理等。开放平台应用支持涵盖了私人信息服务、自动代码生成。网页端由公众、民用部门、公共机构、政府部门使用，其发布者是行政机构和其他公共部门。他们也是 ESB 系统的运营者，同时也操作接口控制系统。网页服务由发布服务器平台运营。该平台管理了包括身份验证接口、数据集录入接口、数据管理接口等功能。

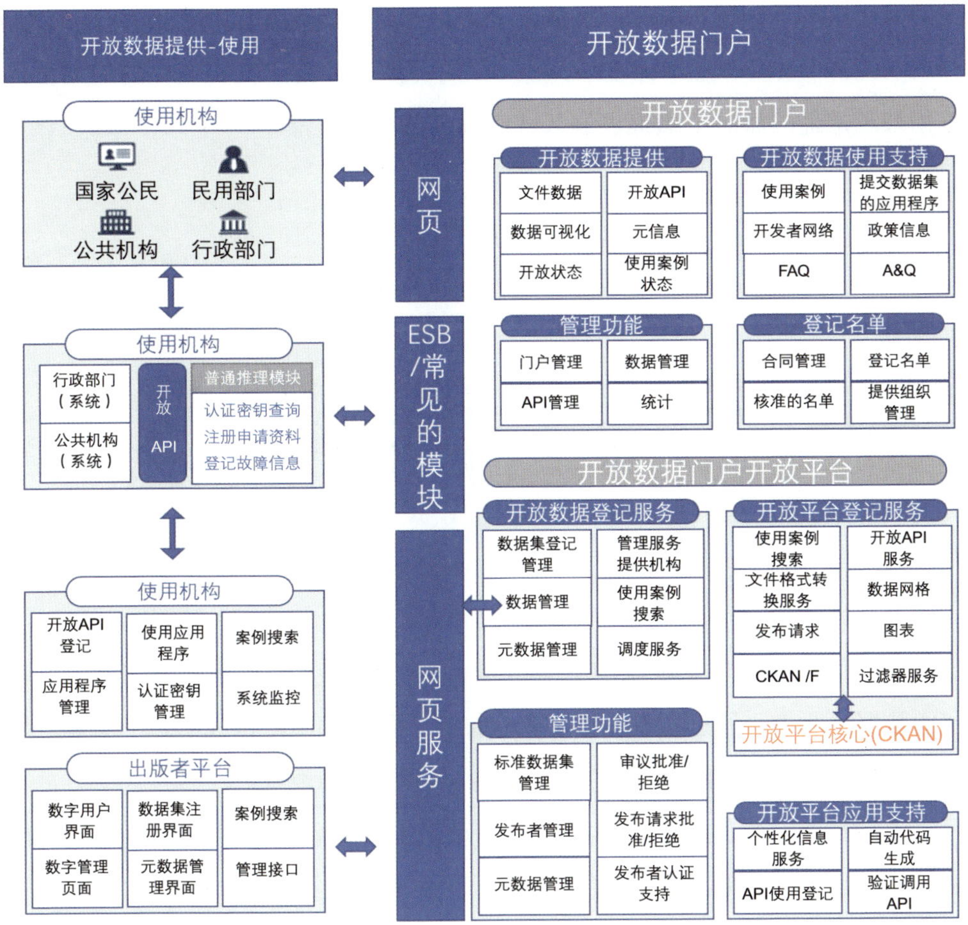

图 9–2　韩国政府开放数据门户框架

开放广场是一个由韩国政府建立的提供全面数据开放服务的场所，在这里，拥有开放数据创意的人们聚集在一起，交流经验和技术，并将他们的想法进一步应用到商业中，创建初创企业。其作用类似创业沙龙。但其作用不限于此，韩国政府定期提供有关开放数据的课程、专题讲座和咨询。

开放数据服务孕育了一批创业项目。Kimgisa Navi 是一款导航软件，其数据来源是数据开放调解委员会提供的道路网信息和公路路况信息。Goodoc 是一款医疗应用，为患者提供医院和医生的收费信息及其他医疗专业领域信息。其数据来源是政府提供的医疗信息。该应用于 2012 年就已诞生，但借助大数据的力量实现了扩展，如今已发展成为了月活100万、总下载量300万的应用，并成功进入日本市场。Red Table 是一款向外国人和游客推荐餐厅的应用，其数据来源是韩国旅游组织提供的区域市场分析。

第二节　爱沙尼亚：在互联互通的政府平台上推动数字化转型

政府即平台是建立在政府共享数据、软件和服务的数字基础之上的。底层的数据注册中心通过信息交换和安全标识，与前端门户构成了一个平台。爱沙尼亚在这个平台上建立了数字服务，并赢得了全球声誉。

爱沙尼亚自独立后就非常重视电子政务建设，作为政府即平台建设的模范国家，1999 年爱沙尼亚政府将其电子政务平台规划为三个“层”，如图 9–3 所示，分别是：一个注册中心和数据交换系统（X-Road），主要作用是允许部门和机构共享数据；一个供民众使用的数字和移动识别系统（E-ID）；一个通过各种门户访问的服务层，其中最大的门户是官方状态门户 EESTI.EE。

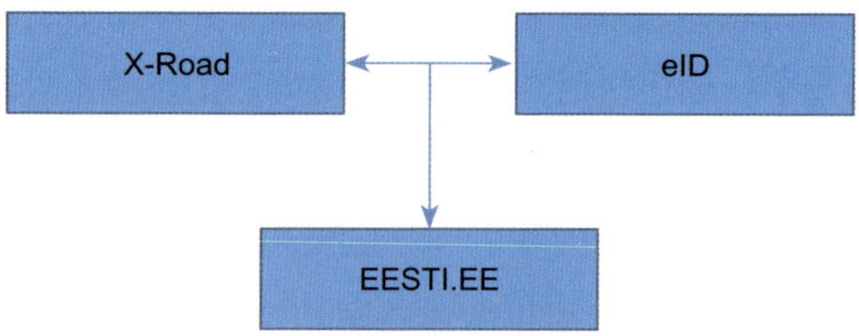

图 9–3　爱沙尼亚数字政府平台

一、数据注册与交换平台 X-Road

X-Road 是一个注册系统，每个注册系统都有一个授权的数据所有者，负责数据的维护和安全。该系统依赖于一个独特的 16 位个人标识符，每个人都可以从任何注册表检索个人数据以及其他一些商业业务信息、产权信息、车辆信息等。其结果的呈现过程就像一个点对点网络，其中的任何数据都是加密的。X-Road 连接了 1700 多个服务项目，900 多个公营和私营机构、注册中心和数据库，每年处理超过 5 亿笔交易，每天接收超过 100 万个请求。它最重要的特征是它是一个完全分布式的系统，每一个用户都拥有自己的数据。

X-Road 是爱沙尼亚数字政府建设的支柱。除了是一个注册系统，它也被当作一个数据交换的平台。X-Road 使爱沙尼亚的公共和私营部门的电子服务信息系统能够协调稳定地联结在一起。例如警务部门，其内部网络系统通过 X-Road 连接，并导入其他部门的数据，为警务服务提供沟通和协调。为公众提供全方位的数字服务是爱沙尼亚数字化建设的重要任务。然而，由于每项服务都有各自对应的信息系统，如果没有一个如 X-Road 一样的统一的用户注册、信息传输系统，公众使用不同的数字服务将变得十分复杂和烦琐。通过 X-Road 高度"数据高效"的设计，系统保持了简洁，系统内没有重复的数据库，也没有数据的"版本控制"问题。因此，系统之间不需要去额外协调。各个部门数据的一致标准和数据共享的权限需要通过法律确定。如《公共信息法》规定了统一标准和相关权限，加强数字架构的互操作性和互连性。

为确保数据的安全传输，X-Road 对所有传出的数据进行数字签名和加密，并对所有传入数据进行身份验证和记录。它与爱沙尼亚提供各种不同服务的信息系统相连接，成为一种可以写入多个信息系统、传输大型数据集，同时在多个信息系统中执行搜索的数字化工具。其安全性也是 X-Road 如今在爱沙尼亚受到广泛欢迎的原因之一。通过人口登记处等其他登记处，公众可以确切地看到有谁访问了他们的数据，这使得公众能够对自己私人数据的上传感到安心。

X-Road 的设计还考虑到了数字化建设规模的增长，因此该系统可以随着新的数字化服务和新的政府平台上线而不断扩大规模。这种安排体现了爱沙尼亚政府在设计 X-Road 时秉承的“开放”的理念。在开放的平台下，用户和开发人员很容易为现有平台增加价值。开放的平台要求开放的标准，开放标准允许不同的服务和产品之间的互操作性。开放标准被广泛使用在所有的爱沙尼亚政府部门，爱沙尼亚经济事务和通讯部（MEAC）提供了一个详尽的列表，涵盖了所有目前正在使用的开放标准。互操作性平台 X-Road 基于开放标准，用开源代码编写，源代码和创建 X-Road 环境所需的所有文件都在 GitHub 上，开发者负责将服务集成到 X-Road，并以这种方式确保互操作性。这一原则很重要，因为 X-Road 的存在为开放和创新提供了坚实的基础。必须注意的是，这种开放愿景与对安全的高度承诺密切相关。X-Road 的开放设计伴随着严格的安全措施——认证、多级授权、高级日志处理和监控、加密和带时间戳的数据流量——这些基本功能都包含在 X-Road 的结构中。

X-Road 的成功产生了世界范围的影响力。爱沙尼亚向包括芬兰、丹麦、巴勒斯坦和阿塞拜疆在内的一些国家推广了“X-Road”，或至少提供了设立“X-Road”所需的服务。这里 X-Road 并不是简单地复制到这些国家，而是推广了 X-Road 的思维：作为一种“中介”存在于现有系统和前端之间。

二、数字身份 eID

爱沙尼亚的数字身份（eID）系统是世界上最先进的数字系统之一，是该国所有数字服务的基础。2014 年，爱沙尼亚开始允许境内的外国公众使用数字身份服务。通过 eID，公众可以登录电子系统获得公共和私营部门的服务。如今 eID 的用户已达到 110 万，大部分爱沙尼亚人都是 eID 用户。

在爱沙尼亚，eID 卡可以用于登录网上银行、数字签名、在线投票、访问政府数据库、申报税费等活动。公众通过 eID 登录 i-Voting 系统，在任何地点均可进行在线投票。在教育领域，最广泛使用的数字服务之一是由私人机构运营的 eSchool，它提供了家长、教师和孩子之间的三种沟通渠道，让家长在孩子的学习中发挥积极的作用。其登录和身份认证也是通过 eID 实现的。到

2016年，超过98%的纳税申报单是通过eTax董事会提交的，纳税人输入eID后，在几分钟内就可以完成税务申报。

eID 在民众中得以广泛应用是因为其简洁性，eID 的使用避免了复杂且昂贵的多通道选项。而法律保障了电子签名拥有的法律效力和纸质签名一样，这使得公众能安心使用 eID。公众在 20 世纪 90 年代早期形成的电子纳税申请习惯促成了今天几乎普遍的电子申请。

eID 的广泛使用是通过政府提供优惠来实现的。2006 年 eID 卡的使用率仅为 3%，但是通过提供培训和附带读卡器的公共计算机，在 3 年内将 eID 卡的使用数提高到 30 万。这个转变是由两家主要银行推动的。eID 基础设施可以提供比他们自己烦琐的 PIN 码和密码安全基础设施更好和更便宜的服务，所以他们举行了一个将用户转移到eID系统的活动。这对于eID的普及非常重要，因为人们每周都会进行银行业务，而普通公众每年只使用 1 到 3 次政府服务，公众不会费心去购买智能代码阅读器或学习如何使用这些服务。

三、电子政务平台 ESSTI.EE

服务层（service layer）可以通过平台 EESTI.EE 访问，eesti.ee 是爱沙尼亚的官方电子政务平台。在平台上，公众可以使用 800 多种服务，其中大部分通过 X-Road 系统连接。

多年来，不同的公共部门都建立了数字化服务。电子商务部门的平台链接到了实体注册数据中心。这个平台还包括一个允许新企业和非营利组织在线公司注册的门户网站。外籍人士通过注册成为爱沙尼亚的电子居民，也可以在爱沙尼亚创办公司。还有一些服务是专门为专业人士使用，如 eNotary，是公证人的在线平台，为协议签订提供数据和信息，这个平台与 EESTI.EE 相连接，用户可以直接从 EESTI.EE 上获取合同的电子复印件。有些数字服务是面向所有公众的，如 eHealth 系统集成了来自不同医疗保健提供者的数据，为每个患者提供全面的记录，医生和患者都可以查看这些记录。这个系统与 EESTI.EE 相连接，EESTI.EE 为公众如何获取医疗保障服务提供了全面详细的指导。

X-Road，eID，EESTI.EE 三个系统是相互联系的，如果没有 eID，X-Road 将无法运行，基于安全可靠的公钥基础设施（PKI）的国家识别系统和基于唯一的个人识别码的国家人口登记作为电子识别的主要制度前提。由于数据在传输过程中是加密的，这些服务的安全性可以保证。

第三节　日本：政府信息系统整合助力政府数字化改革

2017 年日本制定了“数字政府推进方针”，将重点放在真正提高国民、企事业单位的便利性上，而促进各府省独立的政务信息系统向公共平台整合，有利于加强政府的 IT 治理，为公众提供更好的服务。

一、政府信息系统存在的问题

在日本，由于每个府省都建立了独立的政务信息系统，造成了在软、硬件资源的浪费和软件系统开发中的重复投资。通用系统的管理和运营负担沉重，人力资源不足，人力资源无法投入各部的原有业务中。在各府省独立的小型系统中缺乏确保可用性等安全措施。由于各府省独立的系统之间没有协调联系，因此使用和共享持有的信息（如重复获取所需信息）十分麻烦，信息共享进展缓慢，造成信息孤岛的出现。数据协作业务流程的标准化等业务审查进展缓慢。

二、政府信息系统改革思路与实施策略

为了尽快实现政务信息系统的共享升级，日本政府 IT 战略本部在《迈向

数字新时代的新战略：三年紧急计划》中，明确提出构建高效、灵活、安全的系统，降低开发和运营成本，实现业务的共通性，同时考虑在未来与地方政府云的合作，构建“霞之关云”，促进跨府省的业务和系统优化。

在后来的《i-Japan 战略 2015：实现数字安全与活力社会》中也明确提出了为进一步优化行政信息系统，通过构建“电子政府 · 电子市政云”等方式，促进包括服务器在内的行政信息系统的统筹和整合。

为了利用云计算等最新技术进一步优化政府信息系统，总务省成立了“发展政府信息系统研究小组”，旨在探讨统筹和整合政府信息系统以及建立共同的政务信息平台的问题和发展方向，构建了整个政务信息共享平台的框架。

各府省信息化负责人（CIO）联络会议讨论通过《政府共通平台整备计划》，政府共通平台正式开始建立，由总务省负责制定规划与过渡细则，各府省自行组织独立平台向共通平台过渡。2013 年 3 月 18 日，“公共政府平台”建立并开始运作，由总务省行政管理局负责运营维护。

为了更好地促进政府信息系统的整体优化，建立和加强政府的资讯系统治理，根据《政府共通平台整备计划》，原则上将整合所有政府信息系统，并从成本效益的角度考虑，对不再有维护需求的政府信息系统进行废除。为了消除政府信息系统之间的职能重叠，在审查跨部门间系统的具体类型后，将考虑每个系统的更改时间等，并逐步进行整合。此外，具体某部门的政府信息系统，如果“取决于特定技术和操作环境”和“需要特别先进的信息安全措施”，将被认为不适合目前的整合，需要进行持续性和必要性研究，逐步实现标准化和通用化。具体整合中回避或调整的细则由 CIO 联络会讨论决定。

三、政府信息系统改革路线图

为了进一步降低成本，促进各府省独立的政务信息系统向公共平台整合，2013 年 6 月 14 日，内阁通过了《世界上最先进的 IT 国家创建宣言》，内阁利用共通平台促进地方政府的信息系统改革以及地方政府云的建立和采用，同时实现政务信息系统的通用和标准化，以降低成本，扩大地方政府云的使用范围，预计能降低地方政府信息系统 30% 的运营成本。2013 年 12 月 26 日，各府省 CIO 联络会讨论通过了《政府信息系统改革路线图》，决定到 2018 财年将政府信息系统的数量减少到 2012 财年一半的水平。制定了《政府信息系统的建立和管理标准指南》，如图 9–4 所示，作为信息系统采购和项目管理的通用规则，以加强政府的 IT 治理。

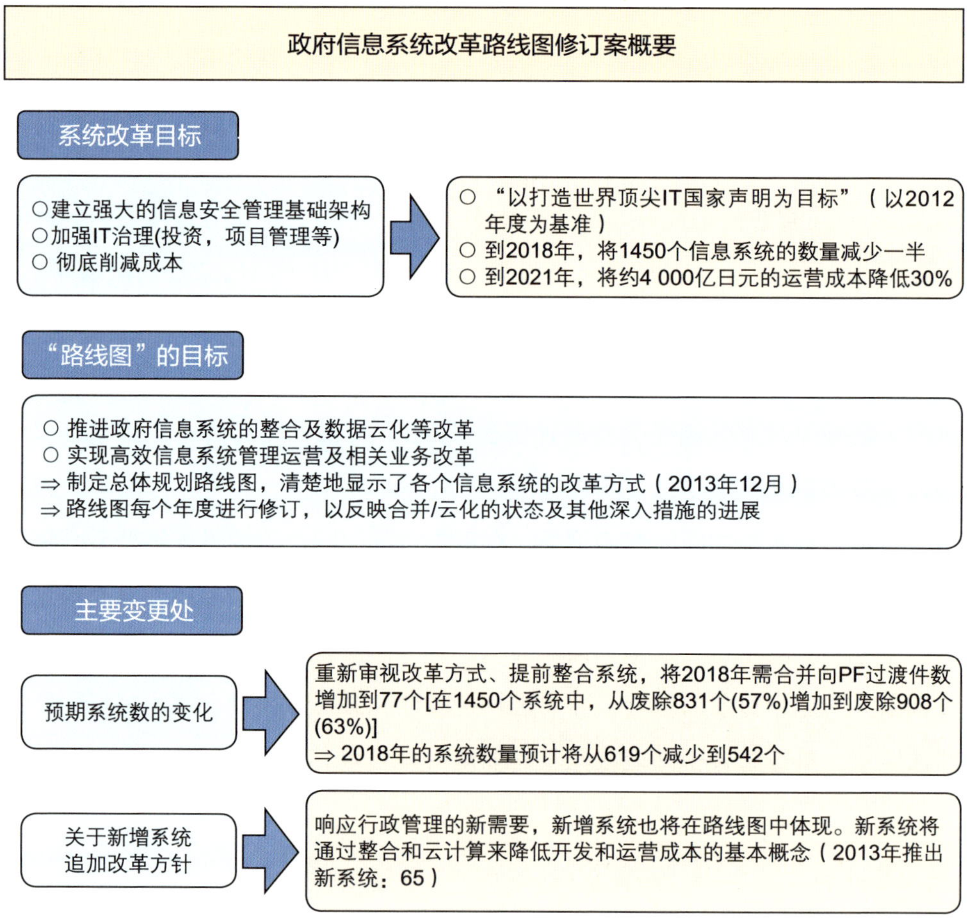

图 9–4　日本政府信息系统改革路线图

参考文献

[1] 杨国栋 . 数字政府治理的理论逻辑与实践路径 [J]. 长白学刊，2018（06）.

[2] 陈振明 . 政府治理变革的技术基础——大数据与智能化时代的政府改革述评 [J]. 行政论坛，2015（06）.

[3] 王啸宇，王宏禹 . DT 时代的治理模式：发展中的数字政府与数据政务 [J]. 河北大学学报（哲学社会科学版），2018（04）.

[4] 刘淑春 . 数字政府战略意蕴、技术构架与路径设计——基于浙江改革的实践与探索 [J]. 中国行政管理，2018（09）.

[5] 黄璜 . 数字政府的概念结构 : 信息能力、数据流动与知识应用——兼论 DIKW 模型与 IDK 原则 [J]. 学海，2018（04）.

[6] 戴长征，鲍静 . 数字政府治理——基于社会形态演变进程的考察 [J]. 中国行政管理，2017（09）.

[7] 孙志建 . 数字政府发展的国际新趋势：理论预判和评估引领的综合 [J]. 甘肃行政学院学报，2011（03）.

[8] 黄建伟，陈玲玲 . 国内数字治理研究进展与未来展望 [J]. 理论与改革，2019（01）.

[9] 黄如花，王春迎 . 我国政府数据开放平台现状调查与分析 [J]. 情报理论与实践，2016（07）.

[10] 西蒙 . 管理行为——管理组织决策过程的研究 [M]. 北京 : 北京经济学院出版社，1988.

[11] 徐慧娜，郑磊 . 面向用户利用的开放政府数据平台：纽约与上海比较研究 [J]. 电子政务，2015（07）.

[12] 冯登国，张敏，李昊 . 大数据安全与隐私保护 [J]. 计算机学报,2014（01）.

[13] 陈美 . 中国政府网站服务体系重构研究 [D]. 武汉：武汉大学，2015.

[14] 刘小伶 . 建设电子证照管理系统提升“互联网 + 政务服务”[J]. 福建电脑，2018（04）.

[15] 曾伟东 . 浅谈“互联网 +”的统一身份认证体系建设——福州市办事服务“一号申请”的实践 [J]. 中国信息化，2018（12）.

[16] 维克托・迈尔 - 舍恩伯格，肯尼思・库克耶 . 大数据时代 : 生活、工作与思维的大变革 [M]. 杭州：浙江人民出版社，2013.

[17] 桑永婷，邓志锋 . 基于大数据的政府决策发展趋势研究 [J]. 东华大学学报（社会科学版），2015（04）.

[18] 胡文俊，邓虹 . 大数据时代对企业经营决策的影响分析 [J]. 商业经济研究，2016（07）.

[19] 王萍，傅泽禄，等 . 数据驱动决策系统 : 大数据时代美国学校改进的有力工具 [J]. 中国电化教育，2014（07）.

[20] 周芳检，何振 . 大数据时代城市公共危机治理的新态势 [J]. 吉首大学学报（社会科学版），2018（04）.

[21] 董飞. 大数据背景下政府决策的机遇、挑战和建议[J]. 天水行政学院学报，2015（05）.

[22] 王荡 . 大数据时代我国地方政府决策的优化路径研究 [D]. 陕西：西北大学，2017.

[23] 黄洁 . 大数据对政府决策机制的影响 [J]. 领导科学，2015（15）.

[24] 刘先君 . 不确定性视野下公共管理者领导能力的构建途径探索 [J]. 现代交际，2009（12）.

[25] 贺雅琪 . 多源异构数据融合关键技术研究及其应用 [D]. 成都：电子科技大学, 2018.

[26] 耿亚东 . 以大数据助推我国政府治理模式转型 [J]. 新疆社会科学（汉文版）, 2017（03）.

[27] 张倩 . 大数据在突发事件政府决策中的应用 [J]. 东北农业大学学报 (社会科学版) , 2013（06）.

[28] 李霖 . 大数据时代政府决策的变革之道 [J]. 厦门特区党校学报, 2014(06).

[29] 中国行政管理学会课题组 . 服务型政府是我国行政改革的目标选择 [J]. 中国行政管理, 2005（04）.

[30] 韦彬 . 电子政务碎片化与整体性治理研究 [J]. 理论月刊, 2013（05）.

[31] 谭宇斌 . 大数据时代行政决策机制优化研究 [D]. 湖南：湘潭大学, 2016.

[32] 隋晋光，胡诗妍 . 大数据对决策工作的影响及优化路径 [J]. 领导科学, 2016（26）.

[33] 刘媛媛 . 大数据背景下我国政府治理创新机遇、挑战与对策研究 [D]. 江苏：中国矿业大学, 2016.

[34] 张毅菁 . 大数据对我国政府信息公开立法修改的启示 [J]. 图书情报工作, 2013（S1）.

[35] 李德平，邹慧玲 . 电子政务建设中的信息安全保障机制研究 [J]. 商业时代, 2007（21）.

[36] 宋志红 . 大数据对传统法治的挑战与立法回应 [J]. 经济研究参考, 2016(10).

[37] 翟云 . 中国大数据治理模式创新及其发展路径研究 [J]. 电子政务, 2018(08).

[38] 李希 . 国外公共数字文化资源整合模式比较研究 [J]. 河南图书馆学刊, 2016（04）.

[39] 韦楠华 . 国内公共数字文化建设与服务文献研究综述 [J]. 图书馆学刊, 2019（02）.

[40] 齐月 . 基于公共数字文化资源建设存在问题及对策分析 [J]. 科技风, 2019(11).

[41] 汪玉凯 . 数字政府的到来与智慧政务发展新趋势——5G 时代政务信息化

前瞻 [J]. 人民论坛，2019(11) .

[42] 李军，乔立民，王加强，高杰 . 智慧政务框架下大数据共享的实现与应用研究 [J]. 电子政务，2019（02）.

[43] 周丽莎，孔勇平，陆钢 . 区块链在数字政府的应用探讨 [J]. 广东通信技术，2018（10）.

[44] 韦楠华，吴高 . 公共数字文化资源共建共享现状、障碍及对策研究 [J]. 图书馆建设，2018（09）.

[45] 李宏 . 公共数字文化体系建设与服务 [J]. 图书馆研究与工作，2017（01）.

[46] 王芳,陈锋.国家治理进程中的政府大数据开放利用研究[J].中国行政管理.2015（11）.

[47] 杨筱敏 . 政府数据开放：国际经验与我国现状 [J]. 瞭望 .2016(19).

[48] 钟源 . 美国地方政府数据开放政策研究 [J]. 国家图书馆学刊 .2016(02).

[49] 王晓珊，郭越 . 国外政府在数据开放中对个人隐私保护的经验借鉴 [J]. 新媒体研究 .2018(18).

[50] 决胜大数据 [EB/OL]. (2013-01-25) [2014-05-10]. http://www.daonong.com/g/19/zhuanti/2013/0125/ 35994.html.

[51] 福建成为全国第一个整体推进电子证照应用的省份[EB/OL]. [2013-12-31]. http://www.mofcom.gov.cn/article/resume/n/201312/20131200445685.shtml.

[52] 发展大数据面临问题：数据孤岛 . 技术差距 . 人才短缺 . [EB/OL]. [2017-07-10]. http://finance.sina.com.cn/roll/2017-07-10/doc-ifyhweua4622433.shtml.

[53] 国务院办公厅关于印发“互联网 + 政务服务”技术体系建设指南的通知 . [EB/OL]. [2017-01-12]. http://www.gov.cn/zhengce/content/2017-01/12/content_5159174.htm.

[54] http://www.gov.cn/zhengce/content/2017-01/12/content_5159174.htm.

[55] https://blog.mattedgar.com/2015/05/12/most-of-government-is-mostly-service-design-most-of-the-time-discuss.

[56] Government design principles [EB/OL]. [2019-5-15]. https://www.gov.uk/guidance/government-design-principles.

[57] Dahlström, P., Desmet, D., Singer, M. The Seven Decisions That Matter in a Digital Transformation: A CEO' s Guide to Reinvention. 2019-03-05 https://www.mckinsey.com/business-functions/digital-mckinsey/our-insights/the-seven-decisions-that-matter-in-a-digital-transformation?utm_source=tuicool&utm_medium=referral?reload.

[58] Tomasz Janowski. Digital government evolution: From transformation to contextualization[J]. Government Information Quarterly, Volume 32, Issue 3, July 2015.

[59] J. Ramon Gil-Garcia, Sharon S. Dawes & Theresa A. Pardo. Digital government and public management research finding the crossroads[J]. Public Management Review, 2017（3）.

[60] William D. Eggers, Joel Bellman. The journey to government' s digital transformation[R]. Deloitte University Press, 2015.

[61] Accenture true. Digital-Government pathway to delivering public services for the future. 2014-3-1 https://www.accenture.com/us-en/digital-government-transformation.

[62] OECD. Recommendation of the Council on Digital Government Strategies[EB/OL]. 2019-01-25. Public Governance and Territorial Development Directorate.

[63] DUNLEAVY P, MARGETTS H, BASTOW S, & TIN — KLER J. New Public Management Is Dead—Long Live Digital-Era Governance[J]. Journal of Public Administration Research and Theory, 2006.

[64] Artem A Kosorukov. DIGITAL GOVERNMENT MODEL: THEORY AND PRACTICE OF MODERN PUBLIC ADMINISTRATION[J]. Journal of Legal, Ethical and Regulatory Issues, 2017.

[65] OECD.The Road to Digital and Smart Government in Switzerland Enabling

government as a platform through a data-driven public sector[J]. DIGITAL GOVERNMENT REVIEW OF SWEDEN,2018.

[66] Lindgren, I., van Veenstra, A. F. Digital government transformation: a case illustrating public e-service development as part of public sector transformation[C], 19th Annual International Conference on Digital Government Research.

[67] Batlle-Montserrat, J., Abadal, E., & Blat, J.. Benchmarking Del e-Gobierno Local: Limitaciones de Los Métodos de Evaluación Comparativa[J]. El Profesional de La Informacion, 2011.

[68] Park, S., Choi, Y.-T., & Bok, H.-S. Does better e-readiness induce more use of e-government? Evidence from the Korean central e-government[J]. International Review of Administrative Sciences, 2013.

[69] Tomasz Janowski. Digital government evolution: From transformation to contextualization[J]. Government Information Quarterly, Volume 32, Issue 3, July 2015.

[70] Jungwoo Lee, Byoung Joon Kim,SeonJu Park.Proposing a Value-Based Digital Government Model:Toward Broadening Sustainability and Public Participation[J]. Sustainability 2018.

[71] Rick Howard, Andrea Di Maio. Introducing the Gartner Digital Government Maturity Model 2.0[EB/OL].2019-01-24.https://www.gartner.com/doc/3764382/introducing-gartner-digital-government-maturity.

[72] Waseda University. The 14th Waseda-IAC International Digital Government Rankings 2018 Report[EB/OL]. 2019-3-21. http://iacio.org/iacio2018/.

[73] The Memorandum for the Heads of Executive Departments and Agencies on Transparency and Open Government.（2011-10-27）http://www.whitehouse.gov.

[74] Helen Margetts, Andre Naumann. Government as a Platform: What can Estonia Show the World. 2017.

[75] INVESTING IN THE FUTURE DIGITAL TRANSFORMATION 2021-2027[EB/OL]. [2019-05-01]. https://ec.europa.eu/commission/sites/beta-political/files/budget-june2018-digital-transformation_en.pdf.

[76] The journey to government' s digital transformation[EB/OL]. [2019-05-12]. https://www2.deloitte.com/uk/en/pages/public-sector/articles/the-journey-to-governments-digital-transformation.html.

[77] The Digital Competence Framework for Citizens[EB/OL]. [2019-05-12]. http://publications.jrc.ec.europa.eu/repository/bitstream/JRC106281/web-digcomp2.1pdf_(online).pdf.

[78] The Journey to Digital Government[EB/OL]. [2019-06-20]. https://www.gartner.com/smarterwithgartner/when-less-becomes-more-the-journey-to-digital-government.